资助项目：国家社会科学基金一般项目（项目编号：17
资助单位：桂林理工大学商学院

西南地区
新型城镇化多元化投融资体系构建研究

曾繁荣　陈　茫◎著

RESEARCH ON
THE CONSTRUCTION OF THE DIVERSIFIED
FINANCING SYSTEM FOR NEW URBANIZATION IN
SOUTHWEST CHINA

经济管理出版社
ECONOMY & MANAGEMENT PUBLISHING HOUSE

图书在版编目（CIP）数据

西南地区新型城镇化多元化投融资体系构建研究/曾繁荣，陈茫著. —北京：经济管理出版社，2023.9
ISBN 978-7-5096-9241-7

Ⅰ.①西… Ⅱ.①曾… ②陈… Ⅲ.①城市化—建设—投资体系—研究—中国 ②城市化—建设—融资体系—研究—中国 Ⅳ.①F299.21

中国国家版本馆 CIP 数据核字（2023）第 172903 号

组稿编辑：曹 靖
责任编辑：郭 飞
责任印制：黄章平
责任校对：张晓燕

出版发行：经济管理出版社
　　　　　（北京市海淀区北蜂窝 8 号中雅大厦 A 座 11 层　100038）
网　　址：www.E-mp.com.cn
电　　话：(010) 51915602
印　　刷：唐山昊达印刷有限公司
经　　销：新华书店
开　　本：720mm×1000mm/16
印　　张：13.25
字　　数：231 千字
版　　次：2023 年 10 月第 1 版　　2023 年 10 月第 1 次印刷
书　　号：ISBN 978-7-5096-9241-7
定　　价：88.00 元

本书撰写人员名单

曾繁荣　陈　茫　李佳蓉　尹燕华　张　程

前　言

　　2012年11月8日，在中国共产党的十八大报告中，提出了进行新型城镇化建设的方针，自此之后新型城镇化建设成为各方关注的焦点。西南地区属于我国七大自然地理分区之一，此区域居住着我国大量少数民族，拥有丰富的自然资源，并与多国接壤，西南地区的新型城镇化建设也是我国建设全面小康社会中的重要一环。2013年11月3日，习近平总书记在湖南省湘西土家族苗族自治州调研时进一步指出，加快民族地区发展，核心是加快民族地区全面建成小康社会步伐。西南地区要缩小与东部地区经济和社会发展的差距，必须在全面推进小康社会建设的步伐下，进一步贯彻落实国家的民族政策。目前我国正处于新型城镇化建设的高速发展阶段，2014年3月，国务院发布的《国家新型城镇化规划2014-2020年》提出了坚持以人为本、公平共享、四化同步、统筹城乡等全面协调发展原则，并指出要在2020年使我国城镇常住人口达到60%。推进城镇化建设需要庞大的资金支持，仅依靠政府财政难以为继，为了缓解政府财政压力，达到国家城镇化建设计划的要求，必须确保新型城镇化建设所需资金充足。因此在新型城镇化建设过程中，多元融资体系的构建与完善显得尤为重要。本书研究西南地区新型城镇化建设中多元化融资体系的构建与完善路径，对维护西南地区区域的稳定，提高西南地区人民幸福感与生活质量以及确保国家整体规划的顺利落实具有重要意义。

　　本书旨在研究分析西南地区新型城镇化建设中多元化融资体系的构建与完善路径。首先通过文献研究法对国内外现有城镇化建设与多元化融资体系构建的理论知识进行梳理。其次通过知识图谱法将有关数据可视化并进行热点聚类研究分析，根据有关研究的不同聚类分析我国学者对于新型城镇化建设过程中多元化融资体系构建的研究结论并进行了一定的总结。针对这些总结发现了西南地区新型城镇化建设融资体系构建存在的一些问题。再次以扎根理论方法为基础，运用扎根理论建立西南地区新型城镇化多元融资体系模型，得到西南地区新型城镇化与多元融资体系构建和完善之间的内在关系。在此基础上，运用多元线性回归对西南地区新型城镇化进程中投融资方式与城镇化质量进行分析并得出结论。最后根据分析结果提出构建相应的西南地区城镇化建设过程中多元化融资体系与完善相应的路径的对策。具体来说，本书的内容主要包括四个部分：

第一部分：本书通过梳理整合国内外有关城镇化、新型城镇化与多元融资体系构建的相关文献，以马克思主义经典城镇化理论、二元经济结构理论、可持续发展理论、"政府干预"相关理论、"农村金融市场"理论、"不完全竞争市场论"理论和公共产品理论等为下文的研究提供充足的理论知识支撑。

第二部分：通过综合不同学者提出的观点、意见以及研究成果，概括出西南地区新型城镇化过程中资金融资需求的五大核心构成，分别为基础设施、公用事业、公共服务、城市开发以及其他。同时，运用科学知识图谱法结合软件针对2002~2021年有关城镇化以及投融资的研究进行数据可视化分析，最终将有关研究大致分为中央政策、地方政府、银行贷款、投融资平台、债券融资、土地融资以及其他的研究热点聚类，并根据不同聚类的研究结论进行一定的总结。针对这些总结发现了西南地区新型城镇化建设融资体系构建存在的一些问题，包括融资主体的政府融资占比过高、融资渠道较为单一、融资方式较为传统以及有关法律保障不健全、融资过程存在一定风险等。

第三部分：运用扎根理论方法研究西南地区新型城镇化多元融资体系的构建与完善路径，深入分析得出中央财政、地方税收、银行贷款、土地融资、债券融资、投融资平台六个方面的主范畴，通过分析得出这些关键投融资方式是实现城镇化建设的直接驱动因素。同时，对所得出的主范畴进行饱和度检验和有效性分析，构建相关理论模型，发现归纳出的范畴均与新型城镇化建设有直接关系。

第四部分：通过采用2008~2017年广西、四川、重庆三个西南地区省份在新型城镇化进程中的各项数据作为研究样本，构建城镇化质量评价体系，在符合评估城镇化质量标准的前提下，从经济发展质量、社会发展质量、基础设施质量、城镇生活质量、生态环境保护质量、城乡一体化质量六个方面对西南地区三个省份的城镇化质量进行衡量。选取人均财政一般预算支出（PPBE）、人均金融机构存贷款量（PDLFI）、人均社会消费零售总额（PTIFA）以及人均全社会固定资产投资额（PTRSCD）作为自变量，以人均国内生产总值作为控制变量，构建多元线性回归模型。研究表明，社会消费品零售总额、全社会固定资产投资和财政一般预算支出对城镇化存在正向影响，人均金融机构存贷款量对城镇化有负向影响。通过以上多种分析综合提出西南地区新型城镇化建设中多元化融资体系构建与完善的对策与路径。

目　录

第1章　绪论 ……………………………………………………… 1

1.1　研究背景 ……………………………………………… 1

1.2　研究目的与研究意义 ………………………………… 3

1.3　研究内容与研究思路 ………………………………… 5

1.4　研究的主要方法 ……………………………………… 9

1.5　研究的创新之处 …………………………………… 11

第2章　相关理论基础与文献综述 …………………………… 12

2.1　相关的概念内涵 …………………………………… 12

2.2　相关基础理论 ……………………………………… 16

2.3　国内外研究综述 …………………………………… 25

2.4　项目的研究逻辑框架 ……………………………… 35

2.5　本章小结 …………………………………………… 35

第3章　西南地区新型城镇化多元化投融资体系构建的现状分析 …… 37

3.1　西南地区新型城镇化融资需求构成及其特点 ……… 37

3.2　新型城镇化投融资研究热点及其可视化分析 ……… 45

3.3　西南地区新型城镇化建设融资体系的主要问题 …… 65

3.4　本章小结 …………………………………………… 68

第4章 西南地区新型城镇化多元化投融资体系构建的模型构建 ·············· 69

    4.1 模型构建的方法与流程 ·············· 69

    4.2 数据资料的访谈与设计 ·············· 77

    4.3 质性分析的编码与提炼 ·············· 79

    4.4 理论模型的构建与阐释 ·············· 101

    4.5 本章小结 ·············· 105

第5章 西南地区新型城镇化多元化投融资体系构建的实证分析 ·············· 106

    5.1 实证研究方法 ·············· 106

    5.2 城镇化质量体系的构建 ·············· 114

    5.3 投融资与城镇化质量的关系分析 ·············· 135

    5.4 本章小结 ·············· 151

第6章 西南地区新型城镇化多元化投融资体系构建的对策及路径 ·············· 153

    6.1 加大中央及地方财政支出 ·············· 153

    6.2 完善政府申请贷款的制度 ·············· 156

    6.3 吸引社会资本的有序投入 ·············· 160

    6.4 完善地方税收的有效征管 ·············· 162

    6.5 加强土地融资与公共服务联系 ·············· 166

    6.6 完善地方的债券融资制度 ·············· 170

第7章 结论与展望 ·············· 174

参考文献 ·············· 177

第1章　绪论

1.1　研究背景

2012 年 11 月 8 日，在中国共产党的十八大报告中，提出了进行新型城镇化建设的方针。2013 年 11 月 3 日，习近平总书记在湖南省湘西土家族苗族自治州调研时进一步指出，加快民族地区发展，核心是加快民族地区全面建成小康社会步伐。西南地区要缩小与东部地区经济和社会发展的差距，必须在全面推进小康社会建设的步伐下，进一步贯彻落实国家的民族政策。而西南地区的新型城镇化建设没有大量的资金支持是无法实现的。2015 年 2 月 10 日，习近平总书记在中央财经领导小组第九次会议上提出，城乡公共基础设施投资潜力巨大，要加快改革和创新投融资体制机制。这为西南地区的新型城镇化建设提供了新的发展思路。因此，西南地区新型城镇化建设中多元化融资体系构建与完善是保持城镇化健康可持续发展，响应党的十八届三中全会和《国家新型城镇化发展规划》提出建立透明规范的城市建设投融资机制，逐步建立多元化、可持续的城镇化资金保障机制的关键。

创新城镇化融资模式，可以解决城镇化资本存在的部分问题，革除"城市病"的弊端，由城镇化所产生的巨大潜在投资需求转换为现实需求（马庆斌和刘诚，2012；刘国艳等，2012）。城镇化融资需求主要由基础设施、公共服务和公用事业三方面构成，从国际经验来看，许多发达国家都经历了从政府主导投资到私人投资再到公私合作模式的发展过程。早在 20 世纪初，发达国家就开始建立财政转移支付制度，用以支持财政薄弱的地方政府和村镇，如日本的地方交付税、德国的财政调整法和美国的国库交付金制度等（管伟，2014）。20 世纪中叶，经济成长阶段理论认为发达国家在发展初期大都以国家财政和财政融资方式保证城镇化建设。1990 年开始，Clayton 对城镇化融资主体、规模和效率等方面开展了大量的研究，且认为私营企业、公共机构、政府三者投资效率递减（Clayton 和 Nikolai，1994），城镇化建设应实行最大的资源配置，并投向市场（Werna，1998）。同时，学者们对城镇化融资的公私合作进行了探讨，认为政府完全可以与私人建立合作关系（Gibb 和 Nel，2007），并提出了针对公私合作中经济、财政、风险分担和设立代理机构的可能性（Leruth，2012）。国外研究成果认为，城镇化所需资金构成复杂多样，需求规模也十分庞大，因此必须构建多元化的融资渠道。在融资主体上除了财政投资外，还应该联系金融机构和非金融机构（Alam，2010），包括税收支付、财政投资、资本债券、金融贷款、机构投资、基金投资等多个资金来源（Hao 和 Lingxin，2012），建立财政投资、市政债券融资、FDI、PPP、BOT、PEI 等融资方式（Grimsey 和 Lewis，2005），并且强调建立融资跟踪和监督机制，保证资金的使用，预防风险和不当投入（Grimsey 和 Lewis，2002；Frank 和 Faboz，2006）。在实践方面，形成了政府主导的法国模式、资本市场主导的美国模式、混合的日本模式、以区域金融协调为主的加拿大模式和以公私合营为主的英国模式等（蒋旭成等，2014）。

我国新型城镇化建设过程中的融资体系经历很多不同的阶段。由最初的政府完全计划控制配合财政预算支付逐渐转型为由财政资金引导与市场资金配合的市场化融资模式（李宝庆，2011；马庆斌和刘诚，2012）。近年来，关于新型城镇化的研究成果主要集中在以下几个方面：①新型城镇化资金需求的构成和特点（贾康和孙洁，2011；唐晓旺，2012；向林生，2015）。②新型城镇化建设的融资方式，包括中央财政、地方税收、银行贷款（巴曙松，2011）、土地融资（刘尚希，2012）、债券融资（梁瓒，2010）、投融资平台（周小川，2011）等。③新型城镇化建设融资存在的问题，包括资金瓶颈（马青和蒋录升，2011）、体制机制障碍（赵丽丽，2012）、金融抑制、融资主体和融资方式单一（唐晓旺，

2012）、间接融资方式比例过高（向林生，2015）等。④新型城镇化建设融资对策研究，包括建立公私合作伙伴机制（贾康和孙洁，2014）、发行市政收益债券（董仕军，2013）、发展产业基金（徐策，2014），以及实行 PPP/PFI、REITS、ABS 等新型融资模式（刘薇和李桂萍，2012）等创新对策。⑤部分学者研究了西部地区与东中部地区城镇化的差异性、约束条件及城镇化融资的创新对策（唐建，2010）。

综上所述，国内外对于城镇化投融资体系的有关研究成果主要体现在城镇化建设中的基础设施、公共服务、公共产品等多个领域。本书对融资的模式、影响因素、所存在的问题及相应对策均有所研究，但对如何在新型城镇化建设过程中构建多元化融资体系方面缺乏相应研究。与国外研究相比，国内城镇化融资发展的政策建议主要是以定性分析为主，较为缺乏定量分析。同时我国有关研究主要聚焦于某单一领域成果，但针对全局的有关研究成果较少。我国对新型城镇化融资体系的研究时间较短，对相关政策的实施效果缺乏定量评估分析和长期跟踪，研究深度不足。除此之外，我国目前新型城镇化建设的相关研究较少考虑西南地区。

基于以上有关新型城镇化建设的研究背景，本书结合《国家社会科学基金项目 2017 年度课题指南》中"管理学"学科内的条目"14. 完善社会资本进入服务业领域的公共政策研究"对西南地区新型城镇化建设中多元化融资体系构建与完善路径进行综合论证。

1.2 研究目的与研究意义

1.2.1 研究目的

创新城镇化融资模式对于解决流动性过剩和城镇化资金瓶颈并存的问题具有重要意义。随着我国城镇化进程的加快，经济发展方式也在不断变化，现行的经济发展方式与传统的融资模式出现了矛盾。我国城镇化融资目前存在资金缺口大、财税收入较少、土地财政不可持续、地方投融资平台不规范、债务风险高等缺陷。西南地区新型城镇化建设的融资也面临较大压力。西南地区现有的传统融资模式不能满足新型城镇化建设的需要，必须建立多元化的融资体系来保障西南地区的城镇化建设。

通过对西南地区新型城镇化进程中融资体系存在的突出问题的政策研判，以及对新型城镇化建设与多元化融资体系建设之间关系的逻辑演变、理论框架、实证检验和实现路径的深入研究，得出在西南地区新型城镇化建设中，应通过构建和完善多元化的融资体系的方式，来满足西南地区新型城镇化建设的资金需求，从而保证西南地区新型城镇化建设又好又快发展。

本书主要从以下几个方面来进行论述：第一，阐述本书的研究背景、研究目的及研究意义、研究主要思路、研究主要方法和研究创新之处。第二，描述相关理论基础及文献综述。界定城镇化与新型城镇化概念，梳理城镇化相关基础理论，回顾城镇化融资国内外相关文献并进行评述，明确项目的研究逻辑框架。第三，分析西南地区新型城镇化多元化投融资体系构建的现状。总结西南地区新型城镇化融资需求的构成及其特点，捕捉新型城镇化投融资研究的研究热点并进行可视化分析，得出西南地区新型城镇化建设融资体系的主要问题。第四，构建西南地区新型城镇化多元化投融资体系构建的模型。运用扎根理论方法，选择样本案例，设计研究问题，建立开放式编码、主轴式编码和选择式编码，提炼出西南地区新型城镇化多元融资体系模型。第五，实证分析西南地区新型城镇化多元化投融资体系构建。选取关键指标，构建城镇化质量体系，分析投融资与城镇化质量的关系。第六，从中央财政、地方税收、银行贷款、土地融资、债券融资、投融资平台等方面提出构建与完善西南地区新型城镇化多元化投融资体系的对策。

1.2.2　研究意义

1.2.2.1　理论层面

本书丰富和发展了新经济地理学、金融发展理论的相关成果。通过深入剖析典型案例，总结了西南地区城镇化发展过程中融资渠道的创新，促进了我国城镇化建设理论、新经济地理学、金融发展理论的发展。

丰富和扩展了当前城镇化建设融资模式的理论体系。站在经济新常态下实现城镇化健康可持续发展的战略高度，研究采用定性和定量、宏观和微观相结合的研究方法，通过定量评估和长期跟踪分析了西南地区新型城镇化建设融资过程中的制约因素，探讨推动城镇化建设融资的新路径。

1.2.2.2 实践层面

本书有利于地方政府构建多元化的创新式融资体系来支持西南地区新型城镇化建设。借鉴西方发达国家市场化投融资先进理念及我国沿海地区城乡建设融资的成功案例，从融资主体、模式和环境三方面着手，研究在西南地区新型城镇化建设中如何策划项目和撬动民间资本投入，促进融资主体多元化、模式多元化、环境制度化以及项目建设市场化。对如何构建和完善西南地区新型城镇化建设中多元化融资体系有着重要的现实意义。

本书对缓解西南地区城镇化发展过程中的资金问题有一定的现实指导意义。"十三五"期间是我国新型城镇化建设的关键时期，资金保障是城镇化快速发展和质量提升的重要环节。随着经济增速放缓，土地出让金及各项税费不断减少，地方融资平台的风控能力有限等问题逐渐凸显。西南地区新型城镇化建设融资将面临更大压力，西南地区现有的融资模式难以满足新型城镇化建设的需要，必须构建多元融资体系保障西南地区城镇化建设。

多元化的融资体系可以有效地缩小城乡差距，加速西南地区新型城镇化建设。多元融资体系的逐渐健全将极大缓解发展较落后地区的经济压力，解决了很大一部分资金问题，是地方政府发展地方经济的重要方法之一。

1.3 研究内容与研究思路

1.3.1 研究内容

1.3.1.1 研究对象

本书拟从典型事实描述、理论构建、实证检验和政策设计四个方面，以西南地区新型城镇化建设中多元化融资体系构建与完善的政策研判、逻辑演进、理论架构、实证检验与实现路径为研究对象进行系统性研究。

1.3.1.2　总体框架

第一，对西南地区新型城镇化建设中多元化融资体系构建与完善中存在的突出问题的政策研判。

从文献分析的角度，梳理当前有关新型城镇化建设与多元化融资体系构建的理论研究，如马克思主义经典作家城镇化理论、二元经济结构理论、我国城乡一体化理论、可持续发展理论、"政府干预"相关理论、"农村金融市场"理论以及"不完全竞争市场论"理论等，探究西南地区新型城镇化建设中多元化融资体系构建之间的关系。

从理论结合实际的角度，提出实现西南地区新型城镇化建设中多元化融资体系构建与完善的金融发展理论与现实依据；研判西南地区新型城镇化建设中多元化融资体系构建与完善的政策走向和后续影响。

第二，西南地区新型城镇化建设与多元融资体系构建和完善之间关系的逻辑演进。

从新型城镇化的内涵、特征和构成维度的角度，重点分析西南地区新型城镇化建设过程中对融资需求的核心构成，分为基础设施、公用事业、公共服务、城市开发以及其他。并且基于西南地区城镇化建设所具有资金需求总量大和建设资金需求多元化的特点，提出多元融资体系的构建与完善有助于拓宽私营资本的投资渠道，缓解西南地区新型城镇化建设资金短缺的困境，加快提升西南地区新型城镇化建设的进程。

运用科学知识图谱方法，将近20年有关城镇化以及投融资的研究进行整合分析，使用图谱的方式展现出中央政策、地方政府、银行贷款、投融资平台、债券融资、土地融资以及其他方面的研究热点聚类，通过结合国内外学者的研究分析，得出当前西南地区新型城镇化建设多元化融资体系构建与完善中存在的突出问题，如融资主体方面政府融资所占比例过高、融资方式方面间接融资比例过高、融资工具方面财政支出和银行贷款两种传统融资工具使用过多及融资过程中法律保障不到位等。

第三，西南地区新型城镇化建设与多元融资体系构建和完善之间关系的理论架构。

从西南地区新型城镇化建设与多元融资体系构建和完善之间关系的理论模型构建的角度，运用扎根理论方法，系统性地收集和分析有关"城镇化融资"的相关文献研究，静态地分析西南地区新型城镇化建设与多元融资体系构建和完善之间关系的作用机理。通过建立开放式编码、主轴式编码和选择式编码，得出西南地区新型城镇化多元融资体系最终归纳为中央财政、地方税收、银行贷款、土地融资、债券融资和投融资平台六个主范畴。

　　第四，西南地区新型城镇化建设与多元融资体系构建和完善之间关系的实证检验。

　　选取西南地区新型城镇化进程中社会发展质量、经济发展质量、城市生活质量、基础设施质量、城乡一体化质量和生态环境保护质量六个层面的 35 个重要指标，利用重庆、四川、广西城乡居民调查的大样本数据，运用熵权法确定西南地区新型城镇化进程中各项指标对城镇化质量的影响权重并进行回归分析。

　　从西南地区新型城镇化进程中融资多元化与城镇化整体质量的角度，先对城镇化质量和融资多元化做综合测度，再进行计量分析，验证融资多元化与西南地区城镇化质量的关系。

　　第五，西南地区新型城镇化进程中多元融资体系构建和完善的实现路径。

　　从西南地区新型城镇化进程中融资体系的多元化构建及发展趋势的角度，探讨西南地区如何构建多元化融资主体和多元化融资模式，发挥政府的引导作用，鼓励和保障社会资本充分参与新型城镇化建设，以促使融资主体多元化，提升资金的筹集能力。以西南地区各城镇政府的实际情况为基础对融资模式进行积极创新，采取政府财政投资、地方政府发债、发展公私合营等模式，实现融资模式的多样化，以进一步丰富资金筹集路径，适应多样化的市场需求。

　　从西南地区新型城镇化进程中多元融资体系构建和完善的实现路径的角度，将西南地区新型城镇化进程中多元融资体系构建和完善的运行机制设计、保障体系设计两个维度作为约束条件提出优化的实现路径。其中，运行机制设计主要包括管理体系、规划体系、组织体系、运行体系等方面；保障体系设计主要包括法律制度和监管体系、资金保障体系、社会信任体系、利益共享和风险分配机制等方面。

1.3.2 研究思路

本书旨在分析西南地区的新型城镇化和地区投融资之间的关系，主要运用文献研究法、理论模型构建法、实证模型检验法、案例研究法和政策系统设计分析法五种方法，为完善我国城镇化建设与多元融资之间的关系建言献策。

第一，对国内外城镇化建设与多元融资体系建设和完善的现状以及问题进行文献梳理，选取城镇化建设问题较为突出的西南地区作为本书的样本，根据国内外文献，探寻当前多元化融资体系构建与完善在西南地区新型城镇化建设中普遍的问题以及产生的背景、原因和发展趋势，以典型案例研判突出问题的现实背景、原因和走向，并比较西南地区与东部地区，探讨两者关系及实现路径的特殊性，研判政策走向及后续影响。

第二，整理城镇化建设的相关内容，如城镇化建设研究的理论基础和研究的相关概念内涵，其相关的概念内涵主要包括城镇化与新型城镇化和多元融资体系，同时对城镇化融资理论、主体、资金来源和模式的相关文献进行整理和评述。

第三，对西南地区的城镇化建设的现状进行描述，主要包括城镇化发展的现状和地区的投融资发展的现状。城镇投融资发展现状主要包括新型城镇化建设的融资方式及其存在的主要问题。

第四，面对西南地区新型城镇化存在的问题，本书对西南地区的城镇化与投融资之间的关系进行理论模型的构建，主要运用扎根理论进行质性分析编码构建城镇化与投融资模型，并对模型进行相应的阐述。为了检验构建的体系模型相关性，本书接着对西南地区新型城镇化进程与投融资体系进行实证检验，主要是验证西南地区新型城镇化进程中投融资规模与就业率之间的关系、融资模式创新与城乡居民创业之间的关系、融资多元化与城镇化质量之间的关系以及东部沿海地区新型城镇化建设经验测算。

第五，根据实证结果总结出西南地区新型城镇化与投融资之间的关系，提出加大中央及地方财政支出、完善各地政府的贷款制度及吸引社会资本的投入等建议，以期能够为建设新型城镇化提供相应的帮助，从而助力新型城镇化建设。

1.3.3 技术路线

本书的技术路线如图 1-1 所示。

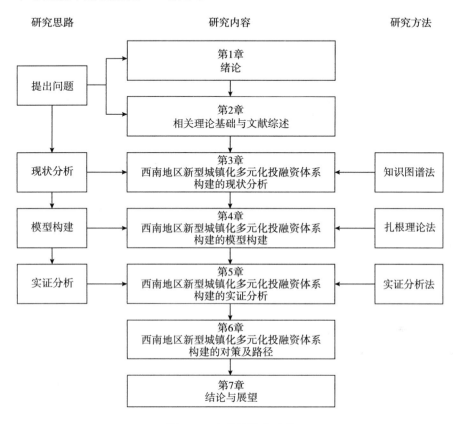

图 1-1 本书的技术路线

1.4 研究的主要方法

1.4.1 文献研究法

通过阅读相关书籍、论文和报道等对国内外有关新型城镇化的多元融资体系的研究进行整理和归纳，找寻该领域中学者们研究的不足之处和有待深化的空间，进一步确定本书的研究方向和研究内容。并且通过理解和总结相关理论基础和概念，为下文的研究和论述提供坚实的理论支持。

1.4.2 知识图谱法

科学知识图谱的相关技术起源于近代西方国家，其核心理念是通过图形概念来解释某些收集到的原始数据，目前已广泛应用于管理学及图书情报学等学科。知识图谱法是一种通过计算机技术将大量数据进行整合分析，最终以图谱的直观形式将这些对象之间的关系表现出来的研究方法。数据可视化研究方法可用于处理数据量较大的研究对象，通过对大量数据的分析与整合聚类形成可视化的科学知识图谱，对研究对象的热点、现状以及未来发展趋势进行分析研究。通过对所需研究的主题词进行检索，将获取的信息进一步进行筛选整理，运用 Citespace 软件对研究内容进行发文量基础分析、关键词聚类分析以及研究热点演变分析等并进行阐述与总结。

1.4.3 扎根理论法

扎根理论是一种定性研究的方式，主要是在经验资料的基础上建立的理论方式。研究运用扎根理论建立西南地区新型城镇化多元融资体系模型，得到西南地区新型城镇化与多元融资体系构建和完善之间的内在关系的作用机理，分析西南地区新型城镇化与多元融资体系构建和完善之间的关系。扎根理论是一种定性研究方法，其基本目的是在经验数据的基础上建立一种理论。扎根理论必须有经验数据的支持，但其主要特征不是经验性的，而是从经验数据中抽象出新的概念和观点，发现新的互动和组织模式。扎根理论法的主要思想体现在开放式编码、主轴式编码和选择性编码。

1.4.4 实证分析法

运用回归分析法对西南地区新型城镇化进程中融资模式创新与城乡居民创业之间的关系进行验证，得出西南地区新型城镇化与投融资之间的关系；同时通过实证分析出东部沿海地区新型城镇化建设与多元融资体系构建和完善之间的关系，并以此作为参照系，验证西南地区的新型城镇化建设与投融资之间的关系，模拟出西南地区新型城镇化进程中多元融资体系构建和完善的发展趋势，以此为西南地区的新型城镇化发展投融资设计相应的路径，从而促进西南地区的城镇化建设健康发展。

1.5　研究的创新之处

1.5.1　研究视角上的创新

本书重点研究了西南地区新型城镇化建设中多元化融资体系构建与完善的相关问题，相对于将研究对象集中于东部地区成熟的城市群的城镇化或仅针对区域单一融资体系问题的研究具有一定的创新性。

1.5.2　研究方法上的创新

本书从理论到实证对我国现阶段新型城镇化融资路径进行了系统全面分析。运用 Citespace 软件对城镇化投融资的有关文献发文量、关键词聚类和有关研究热点演变等进行可视化分析与阐述；运用 Logistic 回归法对西南地区新型城镇化进程中融资模式与城镇化质量的关系进行验证；运用扎根理论法构建了西南地区新型城镇化多元融资体系模型。

1.5.3　研究内容上的创新

以往学者在衡量城镇化水平时，采取的指标往往比较单一，而本书从社会发展质量、经济发展质量、城镇生活质量、基础设施质量、城乡一体化质量、生态环境保护质量六个方面构建指标体系综合衡量新型城镇化质量，使研究更加全面和具有说服力。

第2章　相关理论基础与文献综述

2.1　相关的概念内涵

2.1.1　城镇化与新型城镇化

2.1.1.1　城镇化

（1）城镇化的含义。

城镇化表示从乡到城不断转化的渐进的历史过程。《中共中央关于制定国民经济和社会发展第十个五年计划的建议》中第一次正式提出城镇化战略，肯定了城镇化在国家经济发展中的地位。随着城镇化研究的不断深入，国内有不少学者从不同角度对城市化的含义进行解释，从人口流动视角定义，城镇化是由欠发达地区人口向经济发达地区转移、农村地区人口向城镇地区流动的过程。在这个过程中，城镇化率在不断提升，对区域发展具有重要推动作用（杨传开和宁越敏，2015）。从社会融入水平思考，城镇化进程是流动人口思想、行为、价值观转变，从而融入城市社会的过程（杨菊华，2015）。从经济角度出发，一方面促进产业转型、优化产业布局可以推动城镇化；另一方面以城镇化建设为重点也可以拉动产业升级调整，从结构上解决经济社会持续发展问题（沈正平，2013）。

（2）我国城镇化的发展特点。

自中华人民共和国成立以来，我国城镇化发展大约经历了三个阶段，呈现曲折、波动式发展特征。总体进程缓慢，主要受限于户籍制度、土地制度对人口自由流动的强力约束。第一阶段：城镇化发展初期（1949～1978 年）。该阶段我国城镇化率由 10.6% 上升到 17.9%。第二阶段：城镇化持续发展时期（1979～2012年）。这个阶段我国城镇化率首次超过 50%，得力于我国生产力的解放和发展，催生了城镇化的快速发展。第三阶段：现代化经济体系时代的城镇化高质量发展期（2013 年至今），也是我国新型城镇化道路建设的时期。

2.1.1.2　新型城镇化

新型城镇化是以城乡统筹、城乡一体、产城互动、节约集约、生态宜居、和谐发展为基本特征的城镇化，是大中小城市、小城镇和新型农村社区协调发展、互促共进的城镇化。随着信息化社会的到来，新型城镇化是传统工业、农业转型背景下的必然进程。走新型城镇化道路符合中国国情的要求，也是促进经济高质量发展和构建和谐社会的重要举措。

（1）新型城镇化的内涵。

韩林飞和刘义钰（2014）对我国以往城镇化发展历程做出了总结，指出传统城镇化进程中城市问题越发严重，农村和农业地区的关注度不够，经济结构也面临转型，走新型城镇化道路可以借助新的城镇化动力、新的政府与市场关系、新的城镇化指标、新的城镇结构和城乡关系适应当今中国和世界的发展新环境。王素斋（2013）认为新型城镇化应以科学发展观为引领，尊重经济社会发展规律，赋予低碳、智慧、绿色等内涵，以城镇化推动工业和农业现代化。刘沛林（2015）提出新型城镇化并不是一味地向大城市开发和改造，而是需要"留住乡愁"。通过打造特色小镇保存乡土记忆和民俗风情，带动当地旅游业，从而促进消费和经济发展。只有农村与城市相得益彰，才能真正实现城乡统筹。新型城镇化是对传统城镇化的升级和优化，在发展理念、发展模式、空间格局、城乡协调几个方面区别于传统城镇化。新型城镇化应以人为发展中心，提高生产要素、促进城镇空间优化并注重城乡统筹规划，实现生活质量和人口素质的综合提升（熊湘辉和徐璋勇，2018）。新型城镇化的内涵分为三部分：民生城镇化、可持续发展城镇化、质量城镇化。民生城镇化体现在缩小收入差距、提高社会保障和福利水平、完善体制制度和加强城市建设；可持续发展城镇化体现在加快产业转型升级、提升文化软实力、创建服务型政府和推动绿色环保发展；质量城镇化体现在形成低碳节能型经济发展模式、提升社会文明程度和健康水平、健全有关民生的法律法规、加强城市公共服务质量和环境质量（单卓然和黄亚平，2013）。

（2）新型城镇化的特点和要求。

第一，新型城镇化的发展道路规划起点高。科学规划才能得到最大效益，不合理的规划会带来巨大损失。城镇建设、发展、管理都要将规划放在首要环节，做到站得高、看得远、想得深、谋得实，以高标准建设城镇化，才能加快推进城乡高质量融合。第二，新型城镇化发展道路途径多元化。我国发展不平衡，东部地区与中西部地区经济差距大，各地区之间地貌地形特点也不同，在新型城镇化发展的途径上需要因地制宜，采用多元灵活的发展方式，促进经济、社会、生态的平衡发展。发展过程中也要保留自身个性、发挥自身优势，建设具有特色、与众不同的城镇。第三，新型城镇化建设聚集效益佳且辐射能力强。在扩大城镇规模和数量的同时要将城镇发展建设做强做实，并且利用自身优势向周边落后地区辐射，带动周边经济发展。第四，新型城镇化建设强调以人为本，一切发展的目的都是为人民服务。城镇化建设道路的一切都应该围绕人民开展，坚持人民至上的思想，营造良好的人本环境和气氛，促进人民自由、全方位地发展（陈明星等，2019）。

总的来说，与新型城镇化相比，传统城镇化的内涵较为单一，过度追求人口向城市靠拢的速度，主要以人口总数量和城市发展规模衡量城镇化进程，忽略了其整体质量的研究。尽管各位学者对于新型城镇化的研究角度和内容侧重点不同，但共同点都是以人为本，更加注重城镇发展的集约性、协调性和可持续性，更加注重城镇化发展质量和价值的提升。我们要认识到传统城镇化内涵的局限性，坚定发展中国特色新型城镇化建设。

2.1.2 多元融资体系

2.1.2.1 多元融资体系的兴起

从 20 世纪 70 年代开始，无论是发达国家还是发展中国家、资本主义国家还是社会主义国家，都掀起了城镇化项目经营体制改革热潮（Shunfeng，2002）。

人们逐渐认识到由政府主导的单一融资模式有诸多弊端和缺陷：第一，随着人民生活水平的提高，日益剧增的城镇化建设资金需求让政府财政难以负担和支持，政府垄断使城镇化进程中的融资效率低下，不利于城镇化的发展。第二，凯恩斯的政府干预理论和萨缪尔森的公共产品理论在意识形态上受到冲击，逐渐被农村金融市场理论、不完全竞争市场理论和公共选择理论等新型理论代替。20 世纪70 年代，经济发达国家遭遇失业率和通货膨胀率猛增及经济增长率下行的冲击，使政府财政入不敷出，难以为继（Blane，2014）。种种原因使政府和私人资金共同参与的混合融资模式脱颖而出，这种融资体系更加符合社会的发展和城镇化的建设要求，原先的城镇化融资体系开始瓦解，融资模式开始向全社会开放。

2.1.2.2　城镇化进程中的多元融资体系

《国家新型城镇化规划（2014-2020 年）》（以下简称《规划》）第二十五章中指出应加快财税制度改革，优化金融服务，创新城镇化资金保障机制，目的是构建城镇化建设过程中多样化的融资方式和合理的融资体系，促进城镇化的健康发展。该《规划》认为可以通过地方政府发行债券、创新金融服务和产品、社会资本和公共基金参与公共建设等方式来拓宽城镇化建设过程中的融资渠道，形成多元投资体系（任映红和奚从清，2016）。与传统城镇化融资体系比较，新型城镇化推进过程中的融资结构发生了较大改变，要创新融资工具和融资渠道、实现资产证券化、融入民间资本、建立多元和可持续融资模式才能满足公共服务和社会保障日益增长的需求（张云，2014）。多元融资体系应同时包括融资主体和融资模式的多元化，在政府引导下强化市场对资产分配的主导力，并且完善金融市场为多元化的融资体系提供支持。具体而言，就是要充分发挥政府融资模式、公私合营模式和金融市场的作用（向林生，2015）。周林洁（2019）研究了发达国家的城镇化投融资体系，认为发达国家的多元化投融资是投融资主体和渠道的多元化。不管是偏向政府主导还是市场主导的经济体，都不全由政府干预，而是充分发挥民间资本在内的各种社会资本的影响作用，其资金还甚至可能源于海外投资、外国政府和金融机构借款等。

2.1.2.3　多元融资体系的构建

多元融资体系应该从主体、资金来源和方式多元化三个方面构建。首先，清楚政府和市场的职责和定位，根据不同的城镇化建设项目性质确定其投融资主体。对于非经营性、公益性较强和具有自然垄断性的项目的融资应由政府主导，而一些经营性和竞争性的建设项目可以由市场主导，由企业和金融机构作为融资主体。其次，打通多种融资渠道。一是加强政府债务管理；二是推进城市资产的资本化运营；三是加大信贷力度，特别是发展开发性金融融资方式；四是发挥培育机构投资者，引入多元化的竞争机制；五是通过加速发展债券市场拓宽直接融资渠道。最后，灵活借鉴国外的融资方式，将市政债券、资产证券化融资、融资租赁方式等融入我国多元化融资体系当中。同时，不断探索新的投融资方式，如设备按揭贷款、打包信贷、可提前收回和可延期债券、含优先股权融资租赁、售后回租等（毛腾飞，2006）。

2.2 相关基础理论

2.2.1 城镇化相关理论

2.2.1.1 马克思主义经典作家城镇化理论

马克思主义经典作家虽然没有对城镇化进行针对性的创作和论述，但他们的作品《德意志意识形态》《哲学的贫困》《政治经济学批判》《反杜林论》等都大量涉及对城镇化的论述和见解。马克思科学地指出了城乡对立的矛盾与不良影响，认为城乡统一和融合是历史必然的发展趋势，深刻剖析了城镇化的起源、特点、价值、内在矛盾和发展趋势，对我国当前城镇化建设研究具有极高的理论指导价值（杨佩卿，2016）。

首先，马克思主义经典作家的城镇化理论论证了现代城市的起源。马克思和恩格斯没有对"城市"给出具体的定义，但是展开讨论了城市的功能和特征。他们认为城市是政治、文化和经济领域集中的区域，包含各种要素的聚集。通过物质和精神文明可以区分出城市与乡村。不同城市在形态、规模和作用方面也存在差异，但是不论城市如何发展变化，城市都具有非农性、密集性、系统性等特征。有关现代城市的起源，马克思秉持经济决定城市起源论，提出城市是生产力发展和社会大分工的产物。社会生产力的发展促进城镇的产生和演化，并使城镇化发展不断与商品经济发展进程相匹配。当社会生产力发展到一定程度时就会出现社会大分工的情形。社会大分工改变人类的生活生产方式，农业和工业劳动出现分离，由此城市和乡村产生对立（Peter，2016）。马克思指出在推动城镇化进程中要始终遵循这一城市起源规律。

其次，马克思主义经典作家的城镇化理论指出消除城乡对立是社会统一的关键。生产方式的变化、贫富差距的扩大及人类社会文明程度的提高导致城乡之间出现利益冲突和矛盾激化，城乡之间也出现对立情况。但由于社会历史发展规律和生产力的发展，生产资料私有制的消灭使城乡融合成为必然趋势和结果。马克思和恩格斯提出的"城乡融合"的思想，勾勒出城市和乡村之间实现各种要素畅通交流、城乡协同发展的美好状态（仲德涛，2018）。他们认为要消除城乡对立，需要实现生产力在全国各地的均衡分布，生产力的高度发展是促进城乡融合的首要条件。生产关系得到解放，社会分工得以改善，达成社会全体成员的自由平等的发展才能够缩小城乡之间的差距。随后，列宁和斯大林指出工业在城镇化发展中的重要性。工业可以生产出充足的产品满足人们的需求，推动现代化农业和商品经济的发展，实现农业和工业产品的相互流通和交换，以此缩小城乡差距。

最后，马克思主义经典作家的城镇化理论阐述了城市发展的重要价值意义。马克思在《哲学的贫困》作品中提出城乡关系的改变影响着整个社会的发展。城镇化过程是各种生产、人口、需求和资本等要素向城市转移的进程。城市的形成为社会经济发展提供了空间，孕育出了复杂的社会经济关系，是推动社会经济发展的重要力量和社会经济关系活动的纽带（Bradley，1981）。此外，马克思经典作家的城市发展思想认为城市发展对人与自然的和谐相处和人的自由发展具有重要意义。城乡对立使人类滥用科技和技术手段开展生产活动，对自然资源进行无节制的索取，最终会受到自然的惩罚。城乡融合发展打破了城市与乡村之间的界限，脱离了地域限制后，人与自然之间才能进行自由的物质交换，人与自然才能够和谐共生。城乡融合也打破个人活动的范围限制，从而激发出个体无限的脑力和体力潜能，使人从片面走向全面，实现自由发展（江思南，1998）。

马克思主义经典作家的城镇化理论是本书研究西南地区特色城镇化建设实践

的根本指导思想。不仅帮助本书正确认识城市的起源和发展，有助于指导本书对消除城乡对立和促进城镇化发展的研究，还指出了城市发展的重要性和必要性，揭示了本书研究的意义和当代价值。

2.2.1.2 二元经济结构理论

（1）经典二元经济结构理论。

二元经济结构理论在20世纪中叶由经济学家刘易斯第一次提出，他认为发展中国家一般存在着两个不同的经济部门，其生产方式、收入水平、经济运行机制等完全不同。一个是比较先进但是占比小的现代经济部门，另一个是占比庞大但是欠发达的传统农业部门。这两部门构成了"二元经济结构"。在农业部门劳动力向现代部门转化的过程中，刘易斯认为过剩的农业劳动力能为工业发展提供无穷无尽的支撑，城市经济的发展能够促进工业资本的膨胀和就业机会的增加，从而又进一步促进农村劳动力的转移。他认为农业经济依靠城市经济的资本积累，强调了城市发展的带动作用，而削弱了农业发展的重要性（Kingsley，1955）。

随后，古斯塔夫·拉尼斯和费景汗等人提出不同观点，对刘易斯的二元经济结构模型进一步作出了补充和修正，提出了费景汗—拉尼斯模型。费景汗和拉尼斯是支持农业与现代工业并存的，他们认为农业水平发展是农村劳动力向城市转移的关键，而提高劳动农业效率、生产出更多农业剩余是农业劳动力流入工业部门的先决条件，以此才能促进城市工业。需要将有限的资源在两个部门之间合理分配，使农业生产率和工业化进程保持一致，从而实现农业和工业的协调发展（龚建平，2003）。

乔根森对刘易斯—拉尼斯—费景汗模型做了修改，乔根森模型中表明农业剩余是指农业总产出超过人口最快增长时所需的农产品数量的部分，农业剩余一旦产生，农业劳动力就开始向工业部门转移，工业部门便开始增长。并且农业剩余增长速度越快，其转移速度越快（Gautam，1996）。乔根森理论是依托新古典主义和农业剩余劳动理论而创立的，他认为由于人们消费结构变化，剩余劳动力的转移过程是不可避免的。

以上几种模型构成了二元经济结构的经典模型。这几种观点对发展中国家存在明显的二元经济结构有着一致的看法，认为工业和农业的劳动生产力的差距是导致这种结构的根本原因，而瓦解此结构的办法就是缩小农业占比，提高工业比重。不同的是，刘易斯认为消除二元经济结构的关键是大力发展城市经济及提高城市发展水平，以城市工业发展带动农村发展，实现两个部门向一个部门转化。而其他学者的观点认为要想实现城乡一体化，使工农发展处于平衡状态的关键是如何使农村劳动力转移到工业部门。简单地依靠工业扩张是不能解决问题的，而是要通过发展农业。

（2）二元经济结构理论与我国城乡一体化理论。

二元经济结构理论是研究城乡关系的主要理论之一。我国城乡一体化理论就是结合我国自身情况，在二元经济结构理论基础上演变发展而来的。城乡一体化的研究方法、内容和政治主张与二元结构大致相同，并在此基础上根据中国发展特点作出了一定的延伸和拓展（王国敏，2004）。第一，在研究方法上，它们都是采用结构分析法将一个系统分成不同的组成部分，分析各组成部分的联系与影响，促进整体和谐发展。除此之外，城乡一体化理论还利用制度经济学、新古典经济学等研究方法分析了城乡一体化进程中的制度、分工演进对其的影响。第二，在研究内容上，城乡一体化理论除了以人口流动和劳动力转移为主要研究内容，还从社会制度变革、城乡空间布局和关系演变等角度丰富了其内涵。第三，在政治主张上，城镇一体化理论认同二元经济结构中两个部门转化为一个部门的途径。两个理论都认为在消除二元经济结构进程中除了需要注重农业本身发展和工业的引领作用之外，还应完善就业、教育、住房等方面的制度，促进资源要素整合和合理分配，实现城乡市场、公共服务、规划和制度一体化，从根本上消除二元经济结构。

二元经济结构理论为在我国西南地区实现城乡一体化提供了启发，要实现城乡一体化不仅要促进农村劳动力的转移，加快完善农村公共服务、促进农业产业结构升级，通过教育投入提高农民的人力资本，形成城乡经济互动的良性发展模式，还应提供城镇住房和各种配套设施、就业机会、改革和完善相关的政策与制度。因此，二元经济结构模型为本书第 4 章和第 6 章所涉及的城乡一体化及人口与经济城镇化等多方面论述奠定了理论基础，为西南地区农村和城镇的协同发展提供指导，对本书研究具有重要支撑作用。

2.2.1.3 可持续发展理论

随着社会的进步，人类从 20 世纪开始爆发式地创造出大量物质财富，极大地促进了人类社会物质文明。然而，在这快速发展背后，却存在着影响深远的隐患。全球变暖、生态资源骤减、物种灭绝及人口迅速增长等全球性生态问题逐渐暴露，影响着人类的生存与发展。在资源有限的前提下，为了促进发展的协调性、持续性、共同性和公平性，满足本代人需求的同时不影响后代人的发展空间，可持续发展理论应运而生。可持续发展理论最初源于西方学者莱切尔提出的"人与自然和谐共处、共享地球"的思想，而后在各种国际学术组织和联合国发表的报告中不断发展并被赋予了更多的内涵。在全球普遍认可的概念中，可持续发展应包括共同发展、协调发展、公平发展、高效发展和多维发展。可持续发展的目标是维持人类生存、发展人类文化，追求发展与生态之间的动态平衡，以公平性为核心，在满足当代人需求的同时不影响后代人的福祉。具体来说，现代可持续发展理论包括整个现代社会的经济、生态、社会诸方面都得到可持续发展。其中，经济可持续发展是基础，生态可持续发展是条件，社会可持续发展是目的（刘思华，1997）。

首先，经济可持续发展是基础。国家实力和经济财富的积累建立在经济可持续发展上。经济可持续发展兼顾的是人类发展的长期利益，包括当代和未来各代的协调发展。基于此，经济发展过程中不能只注重速度，应该追求经济高质量发展。应当关注当代发展过程中资源配置问题，不以牺牲环境为代价发展经济，大力发展绿色的环保产业、进行技术创新，从传统的高投入、高污染、高消耗生产转变为集约型经济增长方式。关注人们的消费习惯，形成一种全人类节约型文明消费模式。经济可持续发展要求利用有效资源创造长期财富，社会总资本存量随着时间的推移必须大于或等于以前，以满足各代人的需求和消费为前提，形成经济与生态环境、社会的良性循环发展关系（鲍健强等，2008）。

其次，生态可持续发展是条件。生态可持续发展为经济和社会可持续发展提供基础保障（Walter，1900）。无论经济和社会以什么形态运行，都离不开从生态系统中索取，将自然资源和环境成本转换为人类社会所需的物质资源。维护和修复地球生态环境、保持和增加生态存量，使人类社会发展在地球生态承受能力范围之内，对人类方方面面的发展起着有益作用。所以，生态可持续发展强调发展要有限制，高速的自然资源消耗最终反而会抑制经济和社会的发展。可以通过技术手段和政府介入使资源得到高效使用，促进系统各部分和谐共生以增强环境自我调节能力，使自然资源的消耗速度低于资源可再生速度，形成一种最佳的、有效的生态系统。在保持生态完整性的同时能够满足人类各种需求，使人类的生存环境得以持续。

最后，社会可持续发展是目的。《保护地球——可持续生存战略》强调了可持续发展的落脚点是人类社会，认为可持续发展是以人为本，满足人类对物质和精神的双重需求，从而实现人类全方位发展，谋求社会全面进步的社会可持续发展。社会可持续发展是现代社会提升人类生活质量和健康水平、促进社会多要素协调全面发展的重要前提，为人们创造一个公平、自由、健康、稳定的社会环境打下基础。

经济、社会和生态三方面可持续发展相互促进、相互作用、相互影响，在可持续发展理论中占据同等重要的地位（Zhu，1900）。如今，可持续发展已成为全球性任务，是人类社会发展中的重要指导思想，在全球治理中有着举足轻重的地位。为了实现可持续发展总目标，全球人民必须共同努力，在发展过程中尊重各方利益，形成共同责任感和意识，从管理、法制、科技、教育、公众参与等多方面建设可持续发展能力。

可持续发展理论贯穿于本书的始终。首先，我国经济已由高速发展阶段向高质量发展阶段进阶，并正处于结构化转型、提高经济社会健康可持续发展的攻坚期。新型城镇化作为国民经济社会高质量发展的重要环节，可持续发展理论正是本书研究新型城镇化的最基本要求和方向。其次，在本书第 5 章构建新型城镇化指标评价体系时，以经济、社会、生态可持续发展理论为基础选取的相关指标进行衡量。最后，本书第 6 章在提出多元融资体系完善路径时也是以可持续发展为目的和前提的。

2.2.2　投融资相关理论

2.2.2.1　"政府干预"相关理论

20 世纪中叶，凯恩斯提出了"政府干预"理论，强调了政府介入市场的重要性。他认为社会供给不能直接决定社会需求，人们储蓄的意愿总是大于消费，导致社会的有效需求不足，社会供求关系不平衡，进而影响经济稳定发展。而国家干预方针和政策对经济稳定有着重要作用，政府通过增加公共支出与投资，刺激社会有效需求和实现充分就业等，解决了社会供给和社会需求发展不同步的问题。所以，在城镇化基础设施建设投融资中，政府可以发挥资源分配和宏观经济调节作用，并且补充私人投入资金的不足。之后，Musgrave（1959）提出了"财政分权"理论，他肯定了中央政府和地方政府的重要性和存在必要性。由于经济主体的变化性和庞大的财力需求，对宏观经济的调控和收入再分配应由中央政府介入和干预。同时，他认为地方政府进行资源配置会比中央政府更加有效，所以应在城镇化建设进程中对其赋予更多税收权力和更大支出责任范围，让地方政府能够更加自主地制定预算支出，将有助于地方政府更好地参与到市场融资活动中，体现了民主性和公平性，更好实现社会福利最大化。此外，"经济成长阶段"理论指出西方发达国家在城镇化发展初期阶段和成熟阶段都需要政府加大财政支出来维持城镇化的持续发展（黄景贵，2000）。

2.2.2.2 "农村金融市场"理论

20 世纪 80 年代以后，新古典经济学派开始盛行，强调市场机制为主导作用的"农村金融市场"理论应运而生。罗纳德（1997）强调政府对金融市场的干预在一定程度上限制了金融活动，比如低息政策会影响农村居民的储蓄积极性、过度依赖外部资金的注入会影响贷款的回收率，从而抑制了金融发展。想要促进发展中国家经济的发展，就必须发挥金融对经济的带动作用，阻止政府对金融体系和市场的介入与干预，解除其对金融自由发展的抑制作用。金融与经济之间有着相互促进和相互牵制的关系，过度管制利率会难以使利率市场化，限制资产配置的效率，从而不利于金融和经济之间的良性促进发展。应该放松管制，防止政策对真实市场的扭曲，发挥市场机制的调节作用，实现利率自由化和市场化，帮助农村金融中介机构更好地经营，从而调动居民储蓄热情，促进金融发展的市场化和自由化（Shaw，1973）。

2.2.2.3 "不完全竞争市场论"理论

20 世纪 90 年代以后，农村金融市场理论在实践过程中暴露出局限性。人们逐渐意识到，在失去政府干预的情况下，由于金融机构和借款人之间的信息不对称问题，完全市场化和自由化的金融市场会失灵。为了解决市场失灵问题，适当的政府干预可以起到调整和纠偏作用。于是，经济学家们提出"不完全竞争市场论"，认为发展中国家的农村金融市场是一个非完全金融市场，金融市场机制并不完善。农村的资金筹集方式应以农村内部资金为主，外部资金为辅。肯定了政府干预这一非市场要素的积极推进作用，同时认为应该加强提供贷款的农村金融机构介入（Joseph 和 Michael，1976）。为了更好地发挥政府对宏观经济的管制和调控作用以及商业金融机构的积极作用，政府应该关注改革，构建完善的体制和制度，通过适当监管和调控保障信贷的安全性，化解由信息不对称引起的金融风险，保证农村金融市场的有效运行，对当前金融市场具有较强实践指导意义。

以上有关投融资理论的发展是本书多元化融资体系研究的基础，打破了传统的以政府为主导的融资模式，为第 4 章西南地区新型城镇化多元化投融资体系模型构建提供了方向，有助于为本书研究创新新型城镇化投融资机制和探索新的城镇化投融资优化路径，解决城镇化建设中的融资约束问题并为我国新型城镇化建设提供有力的保障。

2.2.3　公共产品理论

公共产品的供给能够推进生产要素扩散和产业聚集从而增加就业机会。良好的公共服务水平吸引农村居民向城镇的聚集，进而城市规模得以扩充，城镇化进程得以加速。

17 世纪 70 年代，经济学家大卫·休谟在《人性论》中提出的集体消费品概念，为后人对公共产品的研究拉开了序幕。随后亚当·斯密等（2013）初步区分了公共产品和私人产品，他在《国富论》中划分出政府的必要职能，认为保护社会和社会上的个体不受其他主体侵犯是政府的基本职能，并且提出了公共事业和公共设施应由政府和国家负责，政府应该利用税收手段筹集资金为社会、政治、文化等发展提供相应的公共服务和保障，只有政府介入才能解决"搭便车"的问题。萨缪尔森和诺德豪斯（2012）对公共产品定义做出了进一步修正，并为公共产品的供给问题提出最佳资源配置模型。他明确区分了公共物品和私人物品两个概念，指出了两者的差异。公共产品与私人物品或劳务在效用、消费和受益方面都有着明显区别：

第一，公共产品在效用上具有不可分割性（萨缪尔森和诺德豪斯，2012）。

公共产品不像私人产品一样能分割为很多单位，付款者即为受益者，消费者与物品之间具有权属关系。公共产品是向全社会提供的，社会各个成员能够对其进行集体消费和共同享受。

第二，公共产品在受益方面具有非排他性。当某个人或组织对公共产品进行消费时，不会排斥其他个人和组织同时消费该公共产品的效用和成本。而且就算你不愿意消费此类产品，也没有办法将其排斥。

第三，公共产品在消费上具有非竞争性。没有任何人能对此类产品赋予竞争性。某个人对公共产品的消费不会减少其对他人的供给。某个人享用该产品获得的收益不会减少其给他人带来的收益。并且，不需要追加对公共产品生产投入成本就可以满足日益增长的消费者需求。总的来说，公共产品的非竞争性使同一单位公共产品可被多人同时同量同质进行消费和享用。

正是由于以上公共产品的这些特征，使公共产品难以用一个标准的市场价格体系去衡量和评价。所以，萨缪尔森和诺德豪斯（2012）认为政府需要对公共产品资源进行配置和管理，使公共产品供应长期为政府所垄断，不支持市场的介入和私人参与。但是，相关评论对公共产品的定义，随着时间的推移被质疑，对公共产品的内涵和划分也具有局限性，政府垄断供应暴露出许多弊端。James 和 Buchanan（1963）认为萨缪尔森和诺德豪斯对公共产品的定义是对纯公共产品的诠释，从理论回归现实，社会中纯公共产品其实是很少的，如有关医疗、教育、公共图书馆等公共产品是难以实现社会成员等量消费的。很多商品是介于私人产品和纯公共产品之间的"混合商品"或"准公共产品"。由政府垄断提供公共产品，单方面决定其规模和内容，会导致公共产品供应不足和不能满足公共需求的问题。于是，人们开始转换思维，对公共产品理论进行不断延伸和创新，重新思考公共产品的多元化供应问题。适当地在公共产品管理模式中引入竞争和激励机制，可以提升公共产品管理效率，所以公共产品供应者应由政府、社会部门和民间组织等共同担任，以满足人民对公共服务的多样化需求。

公共产品理论是财政支出的基础理论，不光有助于本书第 3 章更加深层次地研究城乡差距等社会现象的内在机理，对本书研究新型城镇化建设中公共产品的投资问题也有着较大意义。结合我国实际，我国大城市和发达地区的城镇化水平高且公共产品供应充足，而中西部欠发达地区的公共资源投入和效益没有得到重视，公共服务水平的低下拉大了城市间的发展差距。所以在城乡发展问题上，公共产品供给问题成为了城乡统筹的重要内容。财政的非农偏好和财力有限、公共产品供给结构不合理、供给主体和供给责任划分不明等问题也加剧了城乡二元经济结构。根据公共产品理论改革现行财政体制，建立公共财政体制，优化政府公共支出结构以提高政府公共财政资源利用效率，优化公共产品的空间布局和结构，促进公共服务均等化，对缩小城乡差距、打破二元经济结构、推进我国新型城镇化建设进程等有着至关重要的作用。

2.3　国内外研究综述

2.3.1　城镇化融资理论的相关研究

国内外学者对城镇化融资的研究，主要集中于两个方面：一是城镇化与投融资之间的关系研究；二是城镇化建设进程中投融资体系研究。

2.3.1.1　城镇化与投融资之间的关系研究

Ronald（1974）认为发展中国家由于政府过多干预、金融机构形式单一等原因对金融发展产生抑制效应，导致金融市场融资效率低下、减缓了城镇化的进程。他强调金融机构介入和金融市场功能的重要性，可以在城镇化进程中发挥资金杠杆作用，提升资金对城镇化建设的利用效果。蒙荫莉（2003）进一步由城镇化水平受工业发展水平和速度的影响，而工业的快速成长又依托于资金的支持，推出城镇化水平和金融资金之间存在某种关系。她用 OSL 回归分析和格兰杰因果关系检验证实了金融深化与城市化之间确实存在双向因果关系。城镇化和现代金融两者之间是相辅相成的关系。一方面，城镇化发展依托经济要素流动与汇拢，现代金融作为经济社会的中枢，可以提供资金支持和运营保障，为城镇化发展源源不断地"造血""输血"，起到宏观调控作用，城镇化离开了金融支持将会寸步难行；另一方面，金融改革与发展需要有完善的外部条件，而城镇化则提供了一个有效的平台和良好的外部环境（郭新明，2004）。李宝庆（2011）对投融资体系构建与经济发展和城市化的关系进行了研究。首先，他通过建立投资—经济增长总量模型，对 1950~2008 年我国 GDP 增长和投资增长关系进行了实证分析，证明了我国经济变动随着投资增长而增长，两者之间具有正相关关系；其次，他用主成分分析法证明了全社会固定资产投资与城市化率呈正线性相关关系，投融资的增长可以助力城市化发展水平；最后，他将城镇固定资产投资资金与国家预算内投资资金做比较，发现前者是后者的近 20 倍，证明了地方政府对我国城镇化融资的贡献巨大，地方政府的财政支出在城镇化建设过程中起主导作用。

2.3.1.2 有关城镇化建设进程中投融资体系研究

最先把城镇化进程的投融体系建设作为重点关注对象的金融机构是世界银行。世界银行（1994）对基建投资问题进行了分析，认为发展中国家基础设施建设对国家的社会效益和经济发展具有重要意义，而在当前投融资体制下，政府主要通过举债和税收等方式为基础设施建设筹集资金，没有发挥市场的融资能力。现行融资体系应向以市场为基础的体制转变，让国内资本市场为基础设施的融资提供有效、可靠的服务，比如建立基础设施开发银行和新的基础设施建设发展基金来扩大新的融资渠道。资金问题是我国城镇化建设进程中的关键问题，资金出现问题会严重制约城镇化进程。传统城镇化投融资机制存在缺陷、财政资金杠杆作用发挥不够、"土地财政"融资不可持续以及新型城镇化投融资创新不足等都是导致我国新型城镇化建设资金的供需矛盾的原因。一方面，城镇化投融资供需总量不平衡，建设投资规模速度不能满足人民日益增长的需求。随着人民生活水平的进一步提高，对基础设施建设资金、公用事业建设资金及公共服务建设资金的需求增长较快，而投融资供给速度没有较大幅度增长，导致投融资供求缺口逐年扩大。另一方面，供求结构矛盾。巨大的资金缺口问题让城镇化投融资体系改革成为必然。为了适应日益增长和多样化的资金需求、解决城镇化建设资金矛盾，除了深化城镇化投融资体制改革，通过扩充投融资主体、拓展和创新投融资渠道来优化融资结构，还应注重降低融资成本、提升融资风险管理能力和效率（曾小春和钟世和，2017）。

根据城镇化进程中的资金需求，将需要大量资金的城镇化建设项目分为三类：基础设施、公用事业和公共服务。不同类型的城镇化建设项目适用于不同的融资方式。首先，基础设施包括各类交通干道设施，具有对资金需求量巨大、资金支持周期长、经济收益有限等特点。这类项目既有经营性的，也有非经营性的。对于高速公路、港口等经营性项目的融资可采取市场化运作模式，对于市内道路、桥梁、隧道等非经营性项目的融资应由政府主导，由政府给予财政支持。其次，公共事业是与居民日常生活息息相关、具有一定投资性的项目。公共事业包括水电气的供应与管理、邮政通信事业、公园体育场所建设和运营等，涉及居民日常生活的方方面面，是城市运转和生产经营的基础。因此，对公共事业的融资具有一定前景，且由于其涉及每个人的利益，可对它的使用建立收费标准，并且价格上具有垄断性和地域性。所以，对这类项目的融资就可采用公私合作的融资手段。最后，公共服务主要是涉及人类就业、医疗、住房、教育等多个领域的基本服务。一方面，公共服务具有基础性，是对居民生存和发展的基本保障，对城镇化水平的高低有重要影响作用；另一方面，公共服务具有广泛性，它的服务对象包含了全社会的每一个家庭和每一个公民。对于这类项目的建设，应该采用以政府为主体、其他社会组织进行补充和配合的融资模式（吴娟，2018）。

2.3.2　城镇化融资主体的相关研究

从 20 世纪 90 年代开始，就有国外研究学者针对城镇化融资主体展开研究。城镇化的投融资主体主要由政府、企业、公共及私营机构组成，而政府是最主要的融资主体（Nikolai，1994）。但随着城镇化建设进程中资金需求的逐渐扩大，以政府作为投融资主体的传统融资体系必须有所改变和完善，为了优化城镇化建设中的资源配置，必须提升市场在融资体系中的影响力（Werna，1998）。此时，可以将城镇化建设项目按照是否可以进行收费来划分，对于要收取费用的项目可采取公私合营的方式，由政府和私人企业共同进行投资；对于公益性的项目则由政府主导，通过举债和税收来筹集资金。

随着制度改革的深入，我国城镇化发展中的投融资主体步入由政府、民营和外商共同投资的新格局。在国内研究中，王辰（1998）较早讨论了城镇化建设中的基础产业投融资问题，指出现行的融资体系必须与时俱进，要对其进行优化以适应市场化改革的进程。他利用公共物品理论中对公共物品特征的定义，从是否营利的角度对不同性质的基础产业进行划分和界定。对于具有竞争性和营利性的基础产业应充分发挥市场主体的主导地位，非营利性基础产业的资金需求可通过政府财政、政策性金融和资本市场补充的融资方式来满足。毛腾飞（2006）对王辰的研究进行了进一步的验证和补充，他用数理分析证明了由于排他成本、信息收集成本和政府偏好的存在，城镇化建设过程中对基础设施的投资不能单一地由政府或者私人提供。接着从项目的资产收益特性和自然垄断性行业的公私经营效率方面分析了不同城镇化项目适用的融资主体是不同的，应综合考虑项目特性和融资主体特点进行选择。为了更好地发挥主体多元化的作用，一方面需要打破单一融资主体结构、引入市场竞争机制，兼顾多方利益；另一方面需要政府制定相关招商引资的鼓励政策、建立补偿机制，还可以大力发展非公经济、引入各类私人资本，为城镇化项目建设提供大力财政支持。为了解决城镇化建设中资金不足和不稳定的问题，在城镇化进程中政府财政投入比例过大，城镇化建设融资平台的融资主体实质上还是政府，所以政府需要承担较大的风险。应规范城镇化建设融资平台，脱离政府独立掌控，激发公司治理潜能（唐晓旺，2012）。构建多元投资主体战略联盟，从多方位筹集资金以支撑城镇化建设，城镇化多元主体战略联盟的主体应是政府、社会、城建私募股权基金形成的长期战略联盟关系，从营利性和非营利性角度进行投融资，丰富资金来源渠道和数额，有效整合各种资源（牛东旗，2014）。

乔恒利（2009）分析了不同主体在城镇化建设中进行融资行为的特点。他首先根据城镇化建设融资主体性质的不同，将投资分为两类：国有资本投资和非国有资本投资。国有资本投资包括政府投资和国有企业投资；非国有资本投资包括民营企业、社会公众和金融机构投资，还可以包括国外政府、企业、个人和金融机构等主体的投资。不同主体在城镇化建设中进行融资行为具有不同特征：第一，中央政府作为投资主体。其投资重点一般为城市公用事业、市政工程设施和城市事业型设施、极少数大型骨干企业和高端装备制造产业、新材料产业、生物产业等战略产业和新兴产业的投资。第二，地方政府作为投资主体。其主要对区域性公用事业、基础设施和公共服务等方面进行投资。第三，企业作为投资主体。企业作为市场上相对独立的主体，其投资行为是与市场需求紧密相连的，会根据项目市场营利情况作出相应的投资决策。第四，个人作为投资主体。相对于其他投资主体而言，个人财力较小，但是个人投资的覆盖面广、灵活度高，具有其他投资主体没有的优势。

在推进投融资主体多元化的进程中，为了更好地培养综合资源整合能力的融资主体，首先，应该适度放松政府对投融资主体的监管要求并打破政策瓶颈；其次，重点培育新型融资主体，引导这类主体以新方式参与到城镇化进程中；最后，政府应促进融资主体参与城镇化进程中的多个关键环节，加强各部门与机构对接和合作，提升其综合运作能力（徐国贞，2015）。另外，要注意避免政府借公司法人之名借壳上市、融资主体数量和类型过多、融资责任不明确等问题。政府应该规范自身行为、加强相关政策法律法规的配套建设，充分考虑城镇化的建设规模、性质和经济效益等多方面情况，从而综合选择合适的融资主体（戴世明和陆惠民，2002）。

2.3.3　城镇化融资渠道的相关研究

我国基础设施建设资金来源主要有政府财政拨款、国内贷款、民间资本、外来投资等。中央和地方财政收入是最主要的资金来源，其中，政府财政预算收入、城镇建设专项资金、土地出让收入及城建系统预算外收入都属于我国城镇化过程中基础设施建设的财政收入（齐恩泽，2015）。目前我国城镇化建设资金主要有政府融资、准政府融资、公私合营和市场融资四大融资渠道。政府融资包括财政投资和政府债券；准政府融资是指地方融资平台、事业单位和国有企业的投资；公私合营融资是指政府和社会资本的联动，搭建政府、银行和企业三方之间的利益共享机制，从而发挥各个主体的融资优势；市场化融资渠道通过吸收民营资本和外资，不仅大大缓解了城镇化建设的资金压力，还可以通过社会主体的加入提升资金的管理和使用效率。融资结构与社会发展程度相关，从短期来看，政府及准政府类融资可以暂时缓解城镇化项目建设资金少的部分不足问题，但从长期来看，大量的资金缺口还是需要由社会资金充分发挥主导作用进行填补（杨根全等，2015）。

随着城镇化建设过程中的资金需求越来越大，传统的融资渠道供应不足，不能为项目建设提供充足的财力支持。因此，需要实现融资渠道的多元化。第一，优化政府债务融资渠道，建立透明的市政债券发行机制，稳定政府的收入来源。第二，优化信贷融资渠道，发挥开发性金融在城镇化建设中的优势作用，突破基础设施建设中的融资约束。第三，培育机构投资者，推动资本市场健康发展。第四，完善和发展债券市场，发挥债券的财务杠杆作用（张菲菲，2019）。

2.3.4 城镇化融资模式的相关研究

在城镇化建设中，为获得充足持久的资金支持，国内外学者一直在探索创新城镇化融资模式。其中，以政府财政为主的投融资模式、融资租赁投融资模式、资本市场投融资模式、公私合营模式等是国内外学者的研究重点。

2.3.4.1 以政府财政为主的投融资模式

政府财政支出是公共服务供给的主要来源，是实现公共服务均等化的重要保障，有利于促进以人为本的城镇化建设（Marialaura 等，2009）。以政府财政为主的投融资模式适用于非经营性项目及准经营项目，如社会公益事业项目、某些公用基础设施项目、水利设施项目、能源工业项目等。以政府为担保，构建政府投融资平台模式吸收外来资金，可以弥补城镇化建设过程中的政府投资的不足，减轻政府债务压力（龙寒英，2014）。在新型城镇化大量资金需求下，许多基础设施建设资金大部分还是由地方政府承担，且地方政府融资渠道还较为单一。在城镇化发展过程中，传统的资金来源主要有以税收为主的地方一般公共预算收入，以国有土地使用权出让收入为主的政府性基金收入以及地方融资平台的债务资金。地方融资平台使政府能够以较少的财政资金获得数倍的信贷资金，大大缓解了新型城镇化建设中的融资约束问题，但这种杠杆性的融资方式也可能引发过度举债带来的系统性风险（张梅和李丽琴，2018）。为了化解政府债务带来的财政风险、金融风险和社会风险，首先，应该完善分税制财政体系、地方税收体系和转移支付制度，为政府债务的治理提供坚实的制度保障；其次，应该加强政府投融资平台的运营管理水平，提升平台的偿付能力；最后，应该创新投融资体制，促进融资平台的转型（李伟和张洋洋，2019）。

2.3.4.2 融资租赁投融资模式

在城镇化基础设施建设过程中，很多基础设施项目建设往往需要购买大型、昂贵的机器设备，利用融资租赁这一现代投融资方式具有多方面好处。一方面，可以很好地缓解购买设备的资金压力。融资租赁的租金成本低并且享有国家专门制定的税收优惠，其不用一次支付货款等特点使之不需要付出太多代价就可获得同样的收益。另一方面，融资租赁提升了项目建设的工作效率。设备或机器的获得往往需要通过融资和购买两个步骤，而融资租赁将融资和融物合二为一，简化了手续，节约了时间（王斌和唐洁，2014）。城市基础设施建设中采取融资租赁是具有可行性和必要性的。当前我国城镇化进程中存在融资渠道狭窄、融资主体单一、融资风险大等问题，而融资租赁模式能够有效将多方利益相关者联系在一起，并且租赁方式多样，承租人可以根据自身情况灵活选择，使自身利益达到最大化（于佳，2019）。

将融资租赁方式划分为三类：直接融资租赁方式、杠杆融资租赁方式和售后回租方式。直接融资租赁方式是一种常规融资租赁方式，即租赁公司利用自有资金、贷款或募集股金方式获得的资金购买设备，再将设备租给承租人，使承租人花少量资金就可将租来的设备投入项目建设中。杠杆融资租赁方式是一种特殊的融资租赁方式，适用于所需设备购置成本非常高昂的项目。出租人拿自筹资金和以设备抵押获得的银行贷款购买设备，再将其出租，由承租人支付租金向银行偿还贷款。售后回租方式是指将自有资产出售，买方再将其租用给卖方，买方又为出租人，卖方又为承租人。承租人既获得了出售资产的资金，也拥有了设备的使用权（高圣平，2014）。直接融资租赁方式很好地缓解了购买方以一次性支付方式购买设备的资金压力，有利于推动城镇化建设进程。杠杆融资租赁的参与主体丰富，可以为基础设施项目吸引更多投资，在一定程度上降低了融资风险。售后回租式租赁有效地盘活了城镇化建设中的资产，增强了资产流动性（孙赫骏和杨颖，2018）。

2.3.4.3　资本市场投融资模式

（1）发行市政债券。

国外学者 Cohen 和 Hammer（1966）指出发行市政债券能缓解政府对城市基础设施投资的压力，并且用线性规划的方法很容易地确认了最佳票息和到期日表。对于新兴经济体的政策制定者来说，利用市政债券为城市基础设施融资的优势日益明显，比如印度尼西亚、菲律宾、波兰和南非四个新兴经济体正在努力加快本国市政债券市场的发展（Leigland，1997）。世界上越来越多的国家和地方政府已经意识到市政债券融资的优越性和先进性，并采用方程组方法，实证检验了在市政部门信息不对称程度较低的情况下，评级较高的债券比评级较低的债券期限更长（Kenneth 等，2010）。

我国传统融资渠道对城镇化进程日益增长的资金需求有较大局限性，国际经验表明，发行市政债券是突破城镇化融资困境的有效融资模式。我国政府融资信用良好、民间资本对金融产品需求量大、金融市场的日益完善等条件都为我国市政债券的发行提供了可行性（余晨阳和邓敏婕，2013）。当前我国城市基础设施建设资金来源单一且问题诸多，市政债券的发行有利于解决城镇化建设中项目资金匮乏问题，可以加快地方经济与城市公共事业发展，促进城市化建设进程。市政债券的发行主体包括政府和其下属部门或机构，遵循市场化和规范化原则。发行规模要根据地方政府每年财政收入来适当规划，既不能太大给政府带来过多债务压力，也不能太小以影响债权的流通性（刘芹，2010）。通过完善和修订《预算法》和《证券法》、改革政府预算会计制度、加快推进市政债券发行和管理机制建立、成立专门的债券机构、建立市政债券信用"双评级"制度等措施，使市政债券融资更加透明化和市场化，以逐步取代融资平台融资（陈伦盛，2015）。同样地，我国在发行市政债券时应更加市场化、法治化和规范化，可通过完善市政债券的法律地位、建立市政债券保险制度、完善信用评级制度、建立和完善信息披露制度来保障我国市场化证券市场的健康、可持续发展（苗丽静和李爽爽，2016）。

（2）资产证券化。

国外学者 Zweig 在《资产证券化手册》一书中指出资产证券化是一个将产生现金流量的金融工具组合重新包装成证券或可交易的资本市场工具，以便转移给投资者（陈春锋，2020）。资产证券化可以提高原本资产的流动性、为发起者提供更低成本的筹资渠道，并且可以剔除风险资产，在城镇化融资进程中大有可为。资产证券化不仅是美国最重要的融资工具之一，而且在世界范围内的应用也在迅速扩大，并阐述了资产证券化及其独特的好处，发行者通过资产证券化可以降低净融资成本，投资者因持有风险较低的投资而受益，最后讨论了证券化和保理融资（一种事先融资方式）之间的区别（Schwarcz，1994）。

资产证券化在我国新型城镇化建设中的实施具有可行性及优越性。首先，城镇化项目周期长、投资大且回报稳定与资产证券化的优势相匹配，资产证券化能够很好地盘活其资产流动性。其次，参与证券化市场的各方主体日渐成熟，运行也逐渐规范，为资产证券化的发展提供了很好的保障。最后，资产证券化的宏观金融环境逐渐完善，无论是政策的制定还是债券市场的不断扩大都为资产证券化发展提供良好的金融环境（陈伦盛，2015）。资产证券化在我国的发展分为信贷资产证券化、企业资产证券化和资产支持票据三大类。其低融资成本、控制优质存量资产和提升资产负债管理效率等优势可以盘活地方政府融资平台公司贷款，分散政府大规模存量资产的风险，优化资源配置。需要注意的是，证券化交易程序和环节复杂，参与的主体繁多，若缺乏监管和标准，其存在的风险和隐患会给金融带来很大的危机（胡海峰和陈世金，2014）。为了更好地推动资产证券化，需要完善资产证券化相关法律法规以约束和保障资产证券化交易中的各个环节，严控证券化的基础资产标准以防过度证券化带来的不稳定因素，鼓励证券化产品的创新、完善信用评价系统和建立多元投资体系以多层投资者去降低非系统性风险（许余洁，2013）。

2.3.4.4　公私合营（PPP）模式

PPP 模式的重要性日益凸显，其不仅有利于整合社会资源，盘活社会存量资本，激发民间投资活力，拓展企业发展空间，还能提升经济增长动力，促进经济结构调整和转型升级（Maria，2011）。良好的治理机构特别是政府机构独立高质高效地监管，有助于 PPP 的良好表现，对投资的增长有积极影响作用（Mohamed，1988）。PPP 在全球范围内被广泛采用，用于提供公共基础设施。尽管世界范围内的经验表明，PPP 可以为政府提供各种各样的利益。但要实现利润最大化，PPP 项目需要管理好几个关键问题，其中包括特许权期的确定（Nunzia 等，2014）。

国内学者贾康和孙洁（2014）认为，PPP 通过公共和非公共部门合作，在实现政府公共部门职能的同时，也让公共部门参与管理、提供服务，共同承担风险，也各自从中获得利益。PPP 的核心主体是特殊目的的载体公司（SPV），由载体公司的股东、政府公共部门、各执行单位、各类金融机构为 SPV 提供不同类型的资金。通过这种公私合营的方式，能够最大效率地以合作形式提供公共产品和服务，将资源发挥其最大的作用。为了更好地采取 PPP 模式助力城镇化发展战略的实施，应该完善法律体系和政策、加强机构建设、提高项目开发和储备能力、促进能力建设、加强合同管理、加大监管执行力度和强调风险管控等。方达和张广辉（2017）从城镇化不同维度出发，阐述了在土地城镇化进程中，PPP 模式可以帮助多方筹集资金以及签订风险共担协议。因为由不同利益方监管，这能提升城镇化项目的资金使用效率，拓宽资金渠道。PPP 模式采用市场和政策相结合的方法解决人口城镇化中就业安置和基本权益保障问题。还可利用 PPP 模式进行合作建设产业园区，促进产业城镇化。王蕾等（2017）为 PPP 的研究开辟了新视角，通过引入博弈论的思想，首先遵照 Shapley 值理论的思路构建了 PPP 项目风险分担模型。其次引入项目属性、合作机制、风险属性、风险控制及损失承受五个维度的风险分担影响因素，并利用 ANP 模型确定其权重。最后对合作博弈 Shapley 值风险分担结果进行修正，为 PPP 参与主体面临的风险提供了定量衡量，对深入研究 PPP 模式的风险分担策略具有重要的理论和实践意义。

2.3.5　国内外研究评述

综上所述，国内外学者对于城镇化建设过程中的融资主体、融资渠道和融资模式等问题都展开了丰富的讨论和研究，对于我国新型城镇化建设和发展有着极为重要的参考价值和指导意义。但通过整理和归纳学者们的研究成果，发现现有研究存在部分不足之处：

第一，从多元化融资体系模型构建来看，现有研究从各种角度对各种具体投融资模式的类型和特点进行了详细的阐述，也对城镇化各个领域中项目建设的性质进行了研究和分析，但对城镇化建设进程中多元化融资模式选择的机制缺乏深入的研究。城镇化建设项目与投融资具体方式之间的关系研究不足，投融资方式的选择缺乏针对性和匹配性，导致城镇化建设进程中多元化融资体系模型不够具体和完善。

第二，从变量选择来看，学者在研究城镇化和投融资之间的关系时，选取的指标较为片面。学者普遍只是采用单一的城镇化率来衡量新型城镇化的质量，即以地方财政一般收入和国内贷款作为融资衡量指标。

第三，从建议和措施可行性角度来看，大多学者给出的建议可实施性较弱。由于实证分析系统性不足且缺失针对性，使提出的多元融资体系建设没有数据支撑。另外，我国对新型城镇化融资体系研究起步晚，研究深度欠缺，对提出的政策实施效果尚待检验。

第四，从研究方法来看，大多数研究成果属于描述性的定性研究，虽然也有部分进行了定量研究，但大多数研究是针对经济增长与金融发展之间的关系，有关城镇化发展与投融资机制和优化路径结合起来的研究较少。

第五，从研究视角来看，学者研究大多基于全国或省级角度，没有针对某一地区的城镇化融资情况进行分析并提出意见，而与新型城镇化建设水平较低的西南地区相关的文献更是少之又少。

2.4　项目的研究逻辑框架

本书的整体逻辑框架如图 2-1 所示。

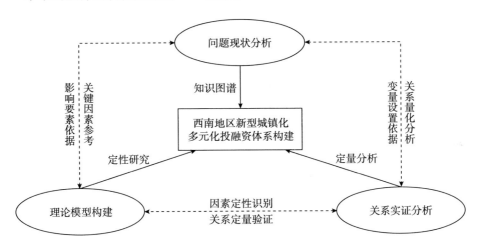

图 2-1　本书的研究逻辑框架

2.5　本章小结

本章采用文献综述法，通过阅读相关书籍、论文、报道等，首先，阐述了与本书相关的专有名词概念和内涵，包括新型城镇化、多元融资体系的政策性补贴，规范了本书的研究内容。其次，梳理了与本书研究相关的基础理论，包括城镇化相关理论、投融资相关理论和公共产品理论，并阐述了这些理论如何对本书相关研究提供理论支撑。最后，回顾了国内外学者对城镇化融资理论、城镇化融资主体、城镇化融资资金来源、城镇化融资模式的相关研究，从中找出了已有研究存在的一些不足之处，主要包括多元化融资体系模型缺乏系统性的归纳及构建、变量选择不全面、研究视角单一等，为本书的后续研究提供了思路和方向。

第3章　西南地区新型城镇化多元化投融资体系构建的现状分析

3.1　西南地区新型城镇化融资需求构成及其特点

西南地区属于我国七大自然地理分区之一，此区域居住着我国大量少数民族，拥有着丰富的自然资源，并与多国接壤，西南地区的新型城镇化建设也是我国全面建设小康社会中的重要一环。

我国新型城镇化建设以及新型城镇化投融资体系的建立经历了一个逐渐转变的过程。在早期，我国新型城镇化投融资体系的建设主要是由政府牵头主导进行的，具体表现为通过各级政府层层制定相应计划加强控制，配合政府财政预算支付，从而达到新型城镇化建设过程中的融资目的。此后逐渐转型为由财政资金引导与市场资金配合的市场化融资模式，由市场作为主导以及作为主要的融资中心。我国学者对我国新型城镇化过程中融资的需求构成及特点目前还未能形成统一的结论。其原因可能是我国国土幅员辽阔，由于地理、文化、历史和其他多种原因导致我国不同地区的城镇化发展水平差别较大，因此城镇化投融资需求在区域方面表现出异质性。通过对相关文献的梳理整合，大体归类出五个我国西南地区新型城镇化投融资中的核心构成，以及我国西南地区新型城镇化融资表现出的主要特点，并通过知识图谱的方法概括出了西南地区新型城镇化投融资的七大主要方式，同时说明目前通过这些方式进行西南地区新型城镇化过程中投融资所存在的一些需要解决的问题。

根据国家"十一五""十二五""十三五"规划专家委员会委员，前财政部财政科学研究所所长贾康在《城镇化进程中的投融资与公私合作》一文中提出我国城镇化进程中的投融资需求主要体现在基础设施、公用事业以及公共服务三大领域的大量资金需求上。吴伟等（2014）则认为，基础设施、公用事业以及公共服务虽然是我国新型城镇化的三个主要方面，但不足以构成我国新型城镇化资金需求的全部内容，他认为在新型城镇化建设过程中的城市开发类项目以及基本保障类项目也同样需要大量的资金支持。我国新型城镇化进程中的资金需求除了贾康提出的基础设施、公用事业以及公共服务三大方面外，还应侧重城镇化人口的医疗教育、居民消费等方面（黄娟，2015）。

综合不同学者提出的观点意见和研究成果，本书概括总结出西南地区新型城镇化过程中资金融资需求的五大核心构成，分别为基础设施、公用事业、公共服务、城市开发以及其他需求。

3.1.1 核心构成

3.1.1.1 基础设施

基础设施建设作为城镇化最基础的构成必然有大量的资金需求，如城镇公路修建、地下管道的建设、隧道、桥梁等。城镇基础设施的融资需求主要表现为以下几个特点：

（1）资金需求量大。

基础设施的建设资金需求量巨大，仅靠当地政府财政资金与中央财政拨款难以达到所需资金目标。基础设施的建设多为多个工程结合的大项目，如城镇化进程中开发区的建设，这些项目通常在城镇荒地或郊区进行建设开发，各项基础设施都需要从头建设，项目内容复杂且占用资源多，对资金的需求量巨大（Pandey 等，2022）。如果仅依靠政府财政与银行贷款将会出现大量的资金缺口，严重影响城镇化建设的进度，甚至出现资金链断裂从而导致城镇化进程停滞。

（2）资金需求周期长。

资金需求时期较长，相较于其他类型的投融资，基础设施所需资金不仅总额庞大且资金的支持周期也较长。这是基础设施的工程建设周期长的特性所导致的，建造周期甚至可以达到 10 年以上（Soumyadip，2015）。基础设施建设的这种特性，就对投融资所获得的现金流的持续性以及稳定性提出了较高的要求。这种期限长且金额庞大的贷款融资需求由于其融资周期较长、融资金额较大所带来的高风险，仅通过商业银行贷款或者政府财政拨款来支撑整个项目的融资需求是不现实的，这就对基础设施建设投融资的多元化提出了更高的要求。

（3）投资效益不明显。

投资回报有限即经济收益不明显，城镇化过程中很多基础设施建设项目本身的经济收益十分有限，甚至没有经济收益可言。这类型的基础设施建设工程主要包括公路建设、城市管道建设和城市公园建设等。还有一些基础设施的建设，例如轨道交通、桥梁、隧道等虽然可以收取一定的使用费，但仍然很难通过收取使用费弥补投资建设这类基础设施的资金投入（Elliott，2015）。总体而言，投资回报有限、经济收益不明显是基础设施建设投资区别于其他类型投资的典型特点，这个特点也是基础设施建设融资相较于其他类型融资更加困难的原因之一。

3.1.1.2　公用事业

城镇公用事业是服务于城市生产、流通和居民生活的各项事业的总称，居民、企业和事业单位共享的特性是城镇公用事业的一个基本特征。与国外资本主义国家的公用事业营利性和私人资本兴办等特点的不同点表现在，我国大部分城市的公用事业是由国家以及各省市财政投资建造且由各级政府部门主持。

城市公用事业一般包括：环境安全事业，如垃圾焚烧、污水处理、防旱防洪等。交通运输业，如公共交通汽车、地铁、轻轨、出租车、高架桥、电车、停车场等。水电煤气等的生产以及供应，如自来水、天然气、煤气、电力等。其他公用事业，如体育场、墓地、公园等。

公用事业是一个城市生产经营、市民日常生活中不可或缺的核心构成要素，如果一个城镇没有所谓的公用事业，那么将不再被定义为城镇。

公用事业有着如下特点：

（1）不可或缺性。

公用事业是城镇居民生活以及生产不可或缺的，城镇的发达程度以及宜居程度在很大程度上取决于这个城镇的公用事业水平的高低，高水平公用事业的城镇能够提供安全的社会空间、优美的生态环境、便捷的生活条件和优良的文娱场所等。

（2）营利性。

相比于基础设施，公用事业由于涉及不同人的不同利益且大部分公用事业的使用具有消费排他性，因此可以通过使用公共事业收费的机制获取一定的经济收益，这些公共事业包括但不限于地铁、轻轨、公交、水电煤气和体育场等。但需要明确的是有一部分不具备这种属性的公用事业则无法通过收费来获得经济回报，这些公用事业包括但不限于消防、给排水、治安维护和防洪抗旱等。

（3）地域性。

公用事业成本及使用价格具有较强的地域性和地区性，受到地域差别、自然条件以及不同城镇的规模经济水平等自身特殊性质影响，其成本与价格具有地域性和垄断性，通常公用事业会形成垄断或者寡头市场，很难形成完全竞争市场。公用事业通常形成卖方市场，消费者是价格的被动接受者，不同地域、不同地区的城镇公用事业价格差异较大。

3.1.1.3 公共服务

公共服务主要是指由政府部门、国有企事业单位和相关中介机构履行的法定职责，当提供不足时其他组织可以进行一定的补充。公共服务根据公民、法人或者其他组织的要求，为公民、法人或其他组织提供帮助及办理有关事务。公共服务因其自身的持续久、规模大和覆盖广等特性，在其建设与完善过程中，同样也需要大量的资金支持。在对城镇化过程融资需求的考量中，公共服务的融资需求也是必须考量的关键要素之一，基本公共服务水平是衡量城市居民生活质量的重要标志（Michalos，1999）。我国的基本公共服务总体上还跟不上城镇化进程，基本公共服务供给方面存在很大缺口。在城镇人口扩张期，城镇公共服务的实施表现出较多不足，在城镇化进程中新增的城镇居民、农民进城务工等人员由于公共服务的缺陷不足将面临"看病难、入学难、保障低"等问题（Julian，2020）。因此在西南地区城镇化过程中对于公共服务的建设同样十分重要，公共服务建设的融资也是西南地区新型城镇化过程中十分重要的一环。在建设城镇化的过程中其主要包括三个基本方面：

第一，最基本的用于保障居民基本生活的相关服务。包括但不限于就业服务、住房保障服务与养老保障服务等。在我国就业服务通常是由各级劳动保障部门提供的公益性就业服务，起到促进就业，维护社会稳定，改善社会福利的作用。住房保障服务是政府实施的一系列住房保障政策体系的具体措施，旨在保证人人有房住，主要包括发放公积金、提供货币补贴、经济适用房以及人才福利房等措施。2017 年 10 月 18 日，习近平总书记在党的十九大报告中指出，要完善城镇职工基本养老保险。养老保障服务作为保障居民基本生存权的重要一环，同样是城镇化过程中在公共服务建设过程中必须考虑的一部分。

第二，基本的教育和文化服务。教育的建设程度是一个国家发展社会、经济、文化、政治等功能的重要影响因素，同时更是直接影响人类发展的关键因素之一。教育有助于促进社会流动，促进社会整合与社会公平。文化服务是指满足人民文化兴趣和需要，具有同一性、品牌性、不确定性以及个性化等特性，文化服务的提供者可以是政府也可以是其他组织，可以是商业性的也可以是非商业性的。通常由政府提供的文化服务是非商业目的的，包括图书馆、文化宫和博物馆等。

第三，基本的医疗保障和公共卫生保障。基本的医疗保障制度是整体社会保障体系的重要组成部分之一，包括城镇职工基本医疗保险、城镇居民基本医疗保险、城乡医疗救助制度以及新型农村合作医疗险，这四个保险共同构成我国的基本医疗保障体系。基本医疗保障起到一个国家社会稳定器的作用，衡量一个社会的福利水平高低很重要的一环便是基本医疗保障制度是否完善、覆盖是否全面，基本医疗保障在公共服务里体现着重要的作用，是居民安居乐业的重要保障。基本的公共卫生保障也是城镇化公共服务建设中不可缺少的一部分，公共卫生保障的建设可以有效预防、控制和消除突发公共卫生事件，保障人民生命安全，维护社会正常秩序，构建公卫医护组织以及长期维持这样一支队伍，也需要大量资金的支持（Jiang 和 He，2009）。同时，由于医疗保障资金筹集有限，我国人口老龄化加剧等原因，导致基本医疗保障资金短缺，如何保证在城镇化过程中基本医疗保障和基本公共卫生保障的资金充足，同样是新型城镇化过程中融资的重点。

3.1.1.4 城市开发

城镇化过程中的各类土地征收与拆迁工作，征收土地的收储与出售，房地产业的商品住宅开发、保障房开发以及商业设施群与相关物业的开发等，统称为城镇化过程中的城市开发。

城市开发同样对资金的需求巨大，也是城镇化过程中融资的重点之一，城市开发程度的高低在很大程度上决定着城镇化进行的成功与否。城市开发由于其自身的经营性比较明显，其开发过程中的资金不仅源于政府，同样也源于市场。其中，土地的征收与出售，俗称"土地财政"，更是我国很多缺乏融资渠道或者融资困难的地方政府的一种饱受社会关注与诟病的办法。城市开发过程中的大量资金需求同时源于政府财政与市场，城镇化过程中的土地征收与拆迁工作以及土地的收储和一级开发等准经营性项目主要由政府主导，由政府提供相应的资金需求。商品住宅的开发与出售以及商业设施的开发运营等有关经营性项目的资金需求则主要是由市场上各类相关企业提供。

3.1.1.5 其他需求

随着时代的进步，我国新型城镇化过程中的融资需求还体现在生态文明以及信息化"智慧城市"的建设中。

2012年中央经济工作会议提出，应当走集约、智能、绿色、低碳的新型城镇化道路（张占斌，2017）。2014年出台的《国家新型城镇化规划（2014-2020年）》提出，要走以人为本、四化同步、优化布局、生态文明、文化传承的中国特色新型城镇化道路（杨伟，2014）。随着人们对生态环境重要性的逐步认识，人们意识到以工业文明为主轴的城镇化是不可持续发展的粗放式城镇化道路，加速了自然资源的消耗速度，破坏了生态自然环境，提高了城镇居民患病风险。我国新型城镇化进程中生态文明的建设体现出有别于以往传统城镇化建设的特点。新型城镇化进程中的生态文明城市建设同样需要资金支持，不仅要保护自然生态环境，合理规划城市绿化来降低"城市病"的发生，同时还要发展绿色生态生产，减少环境污染，提高生产效率，由曾经的粗放式生产转变为高质量生产。建设新型生态文明城镇，不仅可以提高居民的健康水平，也能提高居民的幸福感。

建设生态文明城镇要靠科学技术，现代化城镇生产力充分发展要靠科学技术实现，保障居民绿色生活消费实现美好生活安居乐业同样也要靠科学技术。现如今，新型城镇化建设的需求同样也体现在以人为本、可持续发展的"智慧城市"建设中（黄娟，2015）。

全球最大的信息技术和业务解决方案公司 IBM 曾对何为智慧城市进行了解释，智慧城市是这样一种城市，其能够充分运用信息技术手段将城市运行核心系统所获得的信息进行分析、整合，最终得出城市运行过程中的各种关键信息，从而对包括民生、环保、公共安全、城市服务、工商业活动在内的各种需求作出智能响应。建设智慧城市早已成为全球城镇化过程中追求的一个共识，我国住建部早在 2012 年便出台了相应的试点建设通知，各地也积极响应，2013 年我国就有 100 多个地区进行了试点，许多地区取得了不错的效果。智慧城市的建设依赖高科技的信息处理系统研发投入与运营，同样对于资金投入的需求巨大。

3.1.2　主要特点

由于西南地区的地理特殊性，同时该地区与多国接壤，该区域内居住着我国大量少数民族，存在着不同的历史文化习俗，等等，导致在新型城镇化建设过程中既表现出我国城镇化建设投融资过程中的普遍特点，也体现着具有地方特色的地区特点，大体可以概括为以下两点：

3.1.2.1　新型城镇建设资金需求总量大

我国城镇化率每增加 1 个百分点，将会带来 7 万亿元的投资与消费需求，拉动经济增长 0.7 个百分点。随着城镇化的快速推进，新型城镇化对于基础设施、公用事业、公共服务、社会保障与城市开发等建设的压力愈发增大，新型城镇化建设急需大量资金的融入，到 2020 年我国新型城镇化建设过程的资金需求总量为 30 万亿元~40 万亿元（胡凡，2015）。城镇化是我国实现社会主义事业现代化，实现全面小康社会建设的必经之路。截至 2020 年，我国新型城镇化率将达 60%，城镇化建设过程所需要的投资总量将达 42 万亿元。与以往城镇化相比，新型城镇化的核心是以人为本，这就对除了基础设施之外的公用事业、公共服务、社会保障与城市开发等同样提出了要求，因此导致了新型城镇化资金的需求量大、需求期长、需求多样化的特点（王保安，2014）。孙东琪等（2016）借助 SPSS 和 ArcGIS 等工具，通过时间序列预测法、Logistic 估算法以及复合函数估算法等方法估算出 2020 年我国城镇化率将达 60%，2030 年我国城镇化率将达 70.12%，2015~2030 年我国新型城镇化建设资金至少需要投入 105.38 亿元，资金需求量巨大。我国除了应对新型城镇化过程中的基础设施建设保持持续资金投入，同时还需注意政府应在未来的新型城镇化总体建设进程中做到对公共服务、公用事业等方面资金的弥补。我国预计在新型城镇化建设过程中的公用事业与基本公共服务等方面，平均每年还存在 2 万亿~3 万亿元用于完善全面覆盖城镇居民基本公共服务的资金缺口（邱俊杰和邱兆祥，2013）。

结合众多学者针对新型城镇化建设过程中投融资需求问题的研究，本书得出新型城镇化建设是一个庞大的系统性工程，由于新型城镇化建设的核心思想是"以人为本"，新型城镇化建设除了基础设施的建设以外，同时也包括了公用事业、公共服务、社会保障、城市开发、绿色生态以及智慧城市等一系列需要大量资金投入的内容，据此得出新型城镇化建设对于资金的需求总量巨大这一特点。

3.1.2.2 新型城镇建设资金需求多元化

新型城镇化建设的核心是"以人为本"，建设内容覆盖多个领域的新型城镇化建设的资金需求必然呈现出资金需求多样化的特点。资金需求的重点表现在房地产、交通运输、水电燃气等领域。我国目前由政府主导的多元化融资体系存在不足，多元化融资总体运行不成熟等问题。主要有以下三点原因：一是在新型城镇化投融资中政府资金所占比例过大，政府在整个融资过程中如果作用过大则会导致政府挤出效应，从而不能很好地发挥市场的作用；二是在新型城镇化投融资中相比于直接融资（商业债券、股票、基金等），间接融资（银行借款等）的比例过大，导致不能很好地发挥私营资本的潜力；三是在新型城镇化投融资中传统的融资手段使用过多而通过商业债券、股票、理财产品等新型融资手段方式较少。这三点都限制了我国新型城镇化建设的融资总量。同时还存在着融资模式的局限性，比如许多地方财政都是靠着卖地补贴政府开支这种不可持续的发展模式，相关法律的不健全，缺乏相应的法律法规规范整体新型城镇化建设市场的运行，同样也限制着新型城镇化投融资多元化的发展。新型城镇化是以"以人为本"为大前提的，新型城镇化的建设要满足可持续发展的要求保护生态环境，因此在新型城镇化建设过程中节能环保产业、生态文明建设、信息化智慧城市建设等方面都存在一定的资金需求（向林生，2015）。我国新型城镇化进程中的安居房工程建设和以医疗、文娱为主的服务业是新型城镇化过程中重点的资金需求建设对象（安国俊，2014）。

3.2　新型城镇化投融资研究热点及其可视化分析

3.2.1　研究方法运用

本章关于新型城镇化投融资相关的热点研究可视化分析主要包含两个研究方法，分别为数据可视化研究方法、文献研究法。数据可视化研究方法可用于处理数据量较大的研究对象，通过对大量数据的分析、整合聚类形成可视化的科学知识图谱，对研究对象的热点、现状以及未来发展趋势进行分析研究的一种科学客观的方法。文献研究法则通过收集有关新型城镇化投融资问题研究的相关文献，了解相应问题的有关理论背景并对相关文献进行梳理，概括参考文献的研究方法和结论，参考其重要概念的界定，再通过数据可视化软件对整理好的相关文献进行总结分析。

3.2.2　知识图谱及其研究现状

科学知识图谱的相关技术最早起源于近代西方国家，其核心理念是通过图形概念来解释某些收集到的原始数据，目前广泛应用于管理学、图书情报学等学科。知识图谱法是一种通过计算机技术将大量数据进行整合分析，最终以图谱的直观形式将这些对象之间的联系表现出来的研究方法。

Bertin 是最早提出图表理论的学者，其提出可以通过图表来构建模型的基本框架（Keim，2002），随后耶鲁大学教授 TuRe 也发表了他的数据图理论。这两种理论对知识图谱的发展起到了促进作用。Robertson 是首个提出知识图谱这个专业概念的学者。此后，知识图谱法被广泛用于图书情报学、计量学、计算机科学等领域，为学者们进行文献分析研究等提供了巨大帮助。Garfield 利用知识图谱的概念将历史上各种重大科学事件的发生进行了可视化处理，并从中发现了这些重大科学事件之间的内在联系。White 和 Mccain（1998）运用知识图谱工具，利用因子分析法和作者共被引法构建了信息科学的相关知识图谱。Small（2003）以科学知识图谱为研究工具推测了科学范式的演变历程，其通过运用知识图谱有关工具，利用关键路径法代替皮尔森相关系数将作者共被引实现可视化。

我国学者同样也在知识图谱与信息可视化技术上有着大量的深入研究，我国学者陈悦和刘则渊（2005）较早提出了知识图谱这种工具对于学术研究的帮助。刘则渊（2006）通过知识图谱研究了中外科学理论体系，描述了中外科学理论体系的现状并预测了未来发展趋势。2002~2011 年，我国有关信息可视化的文献逐步增多，这些有关信息可视化的文献主要的热门研究领域包括图书情报领域和地理信息系统领域（赵蓉英和郭月培，2014）。余波（2019）运用知识图谱法对中外图书情报领域进行了信息可视化分析与比较，指出了我国未来图书情报领域的发展方向。信息可视化技术随着计算机与网络技术的日益发展也逐渐在全球范围内得到广泛应用，本书使用的基于 Java 的 Citespace 数据可视化软件便是其中一种，该软件由美国德雷克塞尔大学陈超美教授开发。其他有关的信息可视化软件还包括 VOSviewer、Hiscite、BibExcel 等。

3.2.3　样本数据的选取与处理

本书的数据库选择为中国学术期刊网络出版总库（CNKI），在中国学术期刊网络出版总库（CNKI）高级检索中选定关键词为"城镇化""投融资"等，时间选择为 2002 年 1 月至 2021 年 12 月进行检索获得的数据进行预处理后并将获取的信息进一步进行筛选整理，通过对有关文献发文量基础分析、关键词聚类分析和有关研究热点演变等运用 Citespace 软件对城镇化投融资相关研究进行可视化分析与阐述。

在电脑中新建一个文件夹，并在此文件夹下再建立四个文件夹分别命名为 input、output、data 以及 project，然后登录中国学术期刊网络出版总库（CNKI）官网 www.cnki.net，点击高级检索进入检索区，选择主题为"城镇化"与"投融资"，检索发表时间为近 20 年的有关文献，即选择 2002 年 1 月 1 日至 2021 年 12 月 31 日发表且收录于 CNKI 的相关文献，如图 3-1 所示共搜索到 1899 条结果，其中学术期刊 1271 条、学位论文 455 条、会议等其他项目 106 条，本书仅选择分析有关学术期刊论文的 1271 条结果。但值得说明的是，CNKI 检索的结果中可能存在新闻、会议通知等杂项内容，因此需要在数据收集时进行检查删除，解决此问题可以在下载有关文献数据时逐页检查并进行挑选删除无关数据。点击"全选"按钮，将此页面 50 条信息进行选择，然后点击下一页，直到将所有项目选中，需要注意的是 CNKI 仅允许一次下载 500 条记录。

图 3-1　CNKI 城镇化与投融资主题的相关文献

筛选完相应所需的文献后，下一步就是进行数据的导出，勾选完 500 条所需数据后点击"导出"，选择 Refworks 格式，将数据下载至最开始建立的文件夹中的 input 文件夹中，并对下载的文件重命名为 download_ XXX，否则 Citespace 软件将无法识别相关文件，按照上述重复操作，由于存在 1271 条有关文献，CNKI 每次仅能下载 500 篇，依次命名为 download_1、download_2、download_3 并将其全部下载至 input 文件夹中。

3.2.4　工具软件的选择与使用

科学知识图谱的有关研究依赖于相关计算机软件的应用，常见的相关软件包括 Citespace、VOSviewer、Hiscite、BibExcel 等。不同软件的功能特点不同，如Hiscite 仅可以进行文献的引文分析，BibExcel 除可以进行引文分析，还可以进行引文耦合分析等，VOSviewer 功能性较好但其操作较为繁琐，综合考虑本书选择使用基于 Java 平台的 Citespace 数据可视化软件，选择使用的软件版本为 6.0.R1。本书以中国学术期刊网络出版总库（CNKI）为数据库进行收集和筛选有关数据，本书利用科学知识图谱作为分析方法，运用 Citespace 软件对"城镇化""投融资"等主题词进行检索，将获取的信息进一步进行筛选整理，通过对有关文献发文量基础分析、关键词聚类分析和有关研究热点演变等相应知识图谱对城镇化投融资相关研究进行阐述与分析。

本书选择使用基于 Java 平台的 Citespace 数据可视化软件进行数据处理可视化操作，选择使用的软件版本为 6.0.R1。该软件由美国德雷克塞尔大学信息科学与技术学院的陈超美教授开发。Citespace 软件是用于科学分析对象中潜藏的内在联系与潜在知识，其主要的用处在于该软件能通过可视化的手段将所研究的引文知识结构、内在联系与规律以及其分布情况科学地呈现出来，从而得到一些数据可视化的图形，这些图形被称为科学知识图谱。

先要确保所运行的环境安装了 Java，并将 Citespace 6.0.R1 软件打开，来到如图 3-2 所示的 Citespace 主界面。

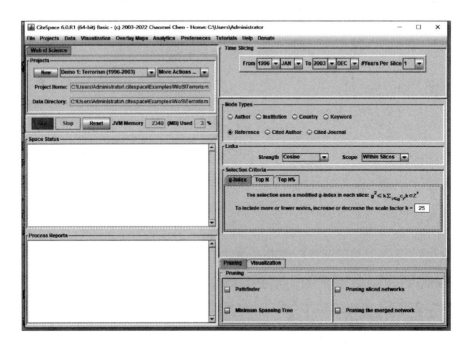

图 3-2　Citespace 6.0.R1 软件主界面数据转换功能区

由于本书所选数据库为中国学术期刊网络出版总库（CNKI），登录www. cnki. net 进行收集和筛选有关所需数据。在主界面点击"Data"选择"import/export"进入"Data Processing Utilities"，如图 3-3 所示。可以看到 Citespace 6. 0. R1 软件支持的数据库包括 WOS、Scopus、CNKI 以及 CSSCI 这几个数据库，本书选择 CNKI 数据库进行数据分析。

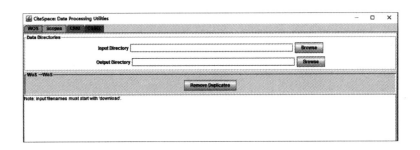

图 3-3　Citespace 6. 0. R1 软件数据导入转换界面

按照图 3-4 将之前经过处理好的数据文件 download_ 1、download_ 2、download_ 3 导入 Citespace，选择 CNKI 数据库并选择之前的 input 文件夹与导出数据存放的 output 文件夹，点击 CNKI Format Conversion 进行转换，并将转换后的文档复制到 data 文件夹中。

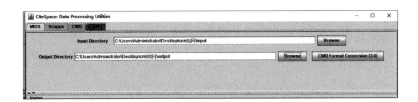

图 3-4　Citespace 6. 0. R1 软件相应数据转换设置

在 Citespace 主界面点击 New，新建一个 New project，将有关文件位置填好后保存，并在主界面调整选择相关参数。本书选择研究 2002 ~ 2022 年的有关城镇化投融资的文献，故 Time slicing 选择 2002 年 1 月至 2021 年 12 月，Node Type 勾选 Keyword 关键词选项，并对其他相关参数进行设置，如图 3-5 所示。

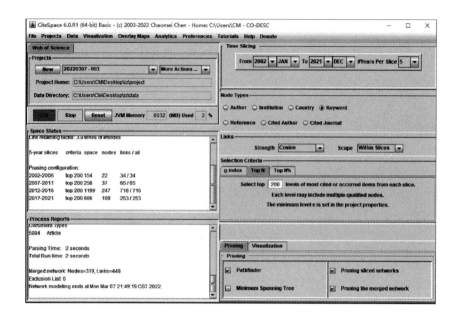

图 3-5　Citespace 6.0.R1 软件运行相关参数设置

点击 GO，然后对弹出对话框点击 Visualize 进行数据可视化处理，得到相应的知识图谱，待程序运行完毕图谱趋于稳定后点击 Keyword，按关键词进行聚类，并在 Control Panel 处进行有关调节等，从而得到较为满意的知识图谱。

3.2.5　研究样本文献计量情况

首先对本书在中国学术期刊网络出版总库（CNKI）所收集整理的近 20 年有关城镇化和投融资的 1271 篇相关文献进行逐年发文量统计，如图 3-6 所示。

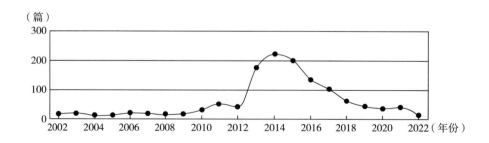

图 3-6　2002~2022 年 CNKI 发文量统计

由图 3-6 可知，我国城镇化与投融资相关的研究在早年（2002～2008 年）研究较少且常年无明显增加，2002～2008 年发文量各年均未超过 20 篇，分别为 2002 年 17 篇、2003 年 19 篇、2004 年 11 篇、2005 年 13 篇、2006 年 20 篇、2007 年 19 篇、2008 年 15 篇。我国相较于国外发达国家在有关城镇化建设所需资金的投融资体系建设上的研究起步较晚，虽然改革开放以来我国城镇化总体水平显著提高，国力有所提升，但不得不承认我国与世界发达国家的城镇化水平相比，还存在一定的差距（见表 3-1）。从数据上便可窥见其差距所在，据世界银行（The World Bank）统计，2002 年世界各国整体的平均城镇化率为 46%，在这之中发达国家的平均城镇化率约为 75%，发展中国家的平均城镇化率约为 62%，落后国家的平均城镇化率仅为 30%。而根据 2006 年的《中国统计年鉴》可知，我国 2005 年的城镇化率为 42.99%，不仅远远落后于世界发达国家的水平，同时也落后于世界的平均水平（张淑欣，2008）。我国直到 2001 年加入 WTO 才正式进入全球国际贸易中，经济实力才慢慢开始有所提升，同时由于我国早年间投融资体系较为不健全等种种原因导致我国早年间的城镇化政策较为传统，因此国内与城镇化投融资相关的研究较少。

表 3-1　我国改革开放以来城镇化率　　　　　　　　单位:%

年份	1978	1989	1997	2000	2002	2004	2008
城镇化率	17.92	26.21	31.91	36.09	39.09	41.76	45.68

经过多年的经济发展，我国综合实力大大提升，由图 3-6 可知，2008～2012 年国内学者关于城镇化建设与投融资体系的相关研究逐渐增多，这一时期我国经济环境也更加市场化，同时经过 2008 年的全球金融危机的影响，我国学者更加关注金融体系构建的相关问题，因此，相应的城镇化建设与投融资体系的研究逐渐增加。2012 年 11 月 8 日在北京召开的党的十八大正式提出要坚持走中国特色新型城镇化道路。新型城镇化是中国特色社会主义特有的一种城镇化模式，党的十八大提出了"以人为核心""集约、智能、绿色、低碳"的新型城镇化发展道路，新型城镇化是放弃了传统的以物为本的价值取向的新型发展模式（蒋彬和王胡林，2018）。自 2012 年党的十八大的胜利召开以来，新型城镇化的研究热度不

断增加，我国学者关于新型城镇化建设与投融资相关的研究迎来了井喷式增长，并于 2014 年达到 221 篇的最高峰，达到发文量高潮期。2018 年我国城镇化总体进程已达到较高水平，新型城镇化的有关研究热度有所下降，截至 2020 年末，我国常住人口城镇化率达 63.89%，较 2019 年的 60.60% 又提升了 3.29%，在新冠肺炎疫情暴发严重冲击全球经济发展的大背景下我国城镇化进程仍保持着稳步攀升的趋势。

综上所述，我国关于城镇化与投融资的有关研究经历了 2002～2008 年的缓慢发展阶段、2009～2012 年的稳定增长阶段、2013～2017 年的急速增长阶段以及 2018～2022 年的平稳降低阶段。根据近 20 年来 CNKI 上有关研究的整体发文量折线图预计未来也会呈现出稳定在一个普通研究热度的水平。

由图 3-7 可以看出，有关城镇化与投融资的相关研究绝大部分都集中在"新型城镇化"与城镇化建设过程中的"投融资模式""金融支持""小城镇"等研究中，新型城镇化的融资模式研究中 PPP（Public-Private Partnership）即政府和社会资本合作的模式的有关研究最多。英国是全球最早使用 PPP 模式进行尝试的国家，英国的研究者发现当项目融资采取 PPP 模式后，相关项目的总体质量得到提升的同时实现了降低成本费用的效果。

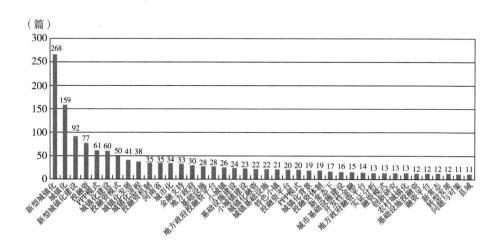

图 3-7　近 20 年城镇化与投融资研究主要主题分布

近 20 年来，PPP 模式逐渐在我国市场中得到应用且其与我国新型城镇化的以人为本以及多元化要求十分契合，成为新时代公共基础建设的主要核心。"特色小镇"也是我国新型城镇化进程中的一个创造性尝试，国家发展改革委于 2016 年底曾在针对"小城镇开展建设投入资金的提供"相关通知中特别指出，将 PPP 模式作为核心融入旅游特色小镇建设中具有切实的可行性。同时，各级政府部门应当提倡并支持社会资金注入特色小镇建设中，建立完善的基金管理体系，鼓励银行等相关金融机构提供金融支持。特色小镇新型城镇化建设中采用 PPP 模式后，使整个小镇的建设步伐加快，获得源源不断的资金支持，打破了原来传统的城镇化建设土地财政等不可持续发展模式，城镇化建设资金来源变广，城镇化建设整体效率变高，引入民间资本共同合作开发，不断降低当地政府进行城镇化建设的资金压力，无论是城镇化建设的施工建设效率还是城镇化建设的资金运用效率都得到了显著的提升。这也侧面表现出在政府有关文件的大力推崇下，以及 PPP 模式在解决公共资源配置问题时取得的优异成效，使 PPP 模式与我国新型城镇化建设的有关研究成为新型城镇化融资体系建设研究中不可缺少且极为重要的一个研究热点。

我国对于城镇化与投融资有关研究做出突出贡献的学者包括徐绍史、贾康、温来成、徐文舸等，其中最具代表性的是前国家发展和改革委员会主任徐绍史以及中国财政部前财政科学研究所所长贾康。徐绍史（2015）在其《精准调控扩投资、积极作为稳增长》一文中提出的十项促进投资稳定增长的措施为研究城镇化投融资相关问题提供了很重要的参考价值。作为长期担任我国财政部财政科学研究所所长的贾康关于城镇化与投融资的研究成果也颇多，其主要将视角聚焦于公私合作 PPP 模式的城镇化投融资创新机制的研究以及乡村振兴与城镇化投融资创新的相关研究，并产出了大量研究成果，他提出我国城镇化进程中的投融资需求主要体现在基础设施、公用事业以及公共服务三大领域的大量资金需求上，为后来学者的有关研究奠定了基调，其后又有许多学者根据他提出的观点进行补充丰富，使城镇化投融资的需求研究逐渐成熟，同时他是国内很早就对公私合作 PPP 模式进行研究与推广的学者之一，在党的十八大明确建设新型城镇化之后，探索了 PPP 模式是否能很好契合新型城镇化建设过程中的投融资问题，贾康和孙洁（2014）在其《公私合作伙伴机制：

新型城镇化投融资的模式创新》一文中提出了 PPP 模式的三个特征即项目目标一致、利益共享、风险分担，以及 PPP 模式可能存在的问题和城镇化投融资中如何选择公私合作的形式等都给我国学者关于新型城镇化投融资的模式创新研究提供了很大启发。

　　表 3-2 和表 3-3 展示了有关"城镇化"与"投融资"为主题的发表论文数量最多作者以及发表论文数量最多的机构组织。两个表较为一致地体现出近 20年我国学者在"城镇化"与"投融资"为主题的有关研究中，国家发展和改革委员会以及中国财政部是相关研究的主要组织机构，其有关研究的核心代表人物分别为徐绍史和贾康。可以看出进行有关研究的机构主要集中于北京，其包含了国家发展和改革委员会、中国财政部等行政机关，也包含了中国人民大学、中央财经大学、北京大学等高校组织，这可能是由于北京是我国首都，有关政策文件由中央进行商讨决定，相应的如国家发展和改革委员会以及中国财政部等中央行政单位能获得第一手研究资料并进行最前沿、最宏观的城镇化投融资研究，同时党的十八大提出的新型城镇化、以人为本的核心概念等文件精神与要求等使其所在地区的高校单位可以更及时更准确地掌握政策细节及新的方向，因此北京地区对于新型城镇化投融资的研究气氛浓郁。不难发现，由表 3-2 和表 3-3 可以看出西南地区也同样有着浓厚的研究氛围，表现在贵州大学、四川大学、云南大学等高校机构有关"城镇化"以及"投融资"相关研究的发文量上，其可能原因是虽然西南地区本身远离北京政治中心，政策方针研究氛围及信息获取能力不如北京当地机构，但由于地理环境原因以及历史原因该地区经济相对我国发达地区较为落后，同时此区域居住着我国大量少数民族，拥有着丰富的自然资源，同时西南地区与多国接壤，地理战略意义重大，故西南地区的新型城镇化建设也是我国建设全面小康社会中的重要一环。同时响应把论文写在祖国大地上的号召，西南地区的学者及机构也更愿意研究有关新型城镇化投融资相关内容以促进西南地区提高城镇化率、进行新型城镇化建设。

表 3-2　发表论文数量最多作者前 10 名　　　　　单位：篇

序号	作者	作者单位	发文量
1	贾康	中国财政部	11
2	徐绍史	国家发展和改革委员会	10
3	温来成	中央财经大学	5
4	徐文舸	中国宏观经济研究院	5
5	赵剑锋	广东金融学院	5
6	辜胜阻	武汉大学	4
7	蔡建明	中国科学院	4
8	姜爱林	北京工业大学	4
9	冯奎	国家发展和改革委员会	4
10	程哲	西安建筑科技大学	4

表 3-3　发表论文数量最多组织前 10 名　　　　　单位：篇

序号	发文组织	发文量
1	国家发展和改革委员会	25
2	中国人民大学	17
3	中央财经大学	14
4	北京大学	11
5	贵州大学	10
6	中国财政部	10
7	四川大学	10
8	中国财政科学研究所	9
9	武汉大学	9
10	东北财经大学	8

3.2.6　相关的关键词聚类分析

按照 3.2.4 的介绍，登录中国学术期刊网络出版总库（CNKI）选择收集相应所需以"城镇化"与"投融资"为主题的近 20 年发文数据并将相应数据预处理后使用 Citespace 6.0.R1 软件进行分析，按照如图 3-8 所示设置相应参数，选取关键词（keywords）进行聚类分析，并进行阈值调整等调节使其得到更加直观方便分析的知识图谱，最终得到结果如图 3-9 所示。

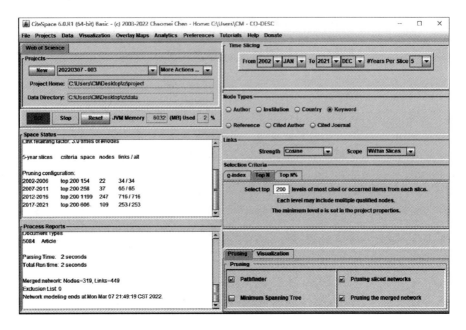

图 3-8 Citespace 6.0.R1 软件运行相关参数设置

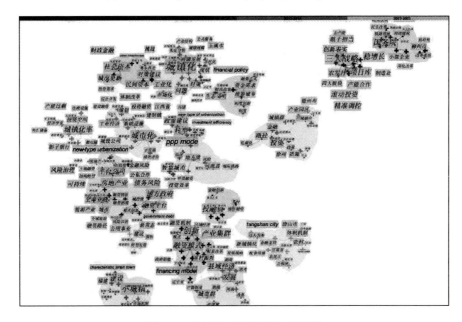

图 3-9 关键词共现聚类知识图谱

在图 3-9 关键词共现聚类知识图谱中各节点的大小表明关键词在其所在文献里出现频率的大小水平，节点越大则表明关键词出现的频率越高即关键词出现的次数越多。节点的中心度通过背景阴影表现，阴影越明显则中心度越高，中心度越高表明该关键词与其他关键词同时出现在同一篇文献的情况就越多。根据关键词共现聚类知识图谱，可以得出有关关键词出现的次数，如表 3-4 所示。

表 3-4　近 20 年城镇化投融资文献前 40 位高频词及首次出现年份

序号	关键词	频次	首次出现年份	序号	关键词	频次	首次出现年份
1	城镇化	204	2002	21	国务院	15	2013
2	投融资	121	2002	22	工业化	14	2002
3	新型城镇化	60	2012	23	路径	14	2010
4	城市化	57	2002	24	新常态	13	2015
5	基础设施	43	2002	25	地方债	12	2014
6	金融支持	42	2010	26	金融创新	12	2013
7	地方政府	40	2013	27	社会资本	11	2014
8	对策	39	2002	28	PPP 模式	11	2015
9	融资	29	2005	29	民间资本	10	2013
10	小城镇	28	2002	30	融资机制	10	2014
11	转型发展	25	2011	31	智慧城市	9	2013
12	特色小镇	22	2017	32	产城融合	8	2014
13	融资模式	22	2011	33	市场化	8	2002
14	创新	19	2004	34	平台公司	8	2012
15	河南省	19	2012	35	产业集群	7	2005
16	融资平台	19	2013	36	土地财政	7	2012
17	发展	18	2010	37	产业园区	5	2013
18	市政债券	17	2002	38	三大战略	4	2015
19	县域经济	16	2006	39	城市群	4	2014
20	城镇化率	16	2012	40	生态文明	4	2013

由表 3-4 以及图 3-9 可知，我国城镇化投融资的各个主题研究并不是孤立的，其中许多研究主题都有着较为密切的联系构成一块块聚类，从而共同形成了一整个大的研究网络，由表 3-4 近 20 年城镇化投融资文献前 40 位高频词及首次出现时间表可以看出，城镇化与投融资作为最核心的研究对象，出现频次理所当然表现为最高的两位且自 2002 年开始统计的当年就出现了，除了城镇化与投融

资以外，高频次关键词还包括新型城镇化、城市化、基础设施、金融支持、地方政府、对策、融资、小城镇、转型发展、特色小镇、融资模式、创新、河南省、融资平台、发展、市政债券、县域经济、城镇化率、国务院、工业化、路径、新常态、地方债、金融创新、社会资本、PPP 模式、民间资本、融资机制、智慧城市、产城融合、市场化、平台公司、产业集群、土地财政、产业园区、三大战略、城市群、生态文明。

由图 3-9 中可知节点越大则表明出现频次越频繁，根据聚类图可以观察到各个小聚类组成的大聚类，以城镇化、城市化为中心向外形成辐射，由图表可以看出，我国近 20 年关于城镇化与投融资相关关键词的研究面涉及十分广泛，特别是 2012 年党的十八大召开之后提出了以人为本、城乡统筹发展一体化、产城互动产能结合的新型城镇化建设目标后，我国学者对于新型城镇化建设投融资体系的构建与完善研究热情更加高涨。

我国学者对于城镇化与投融资有关研究呈现出多元化研究的特点，每一个大的聚类之下又可以延伸出不同的研究中心。笔者在此关键词贡献聚类知识图谱的基础上，根据投融资方式的不同类型大体概括形成了"中央政策""地方政府""银行贷款""债券融资""土地融资""投融资平台""其他"7 个以"城镇化"与"投融资"为关键词进行聚类的多中心研究格局，如图 3-10 所示。

（1）聚类一：中央政策投融资。

在该聚类下我国学者研究所聚焦的关键词包括：国务院、政府性、产能结合、稳增长、三大战略、四大板块、小微企业、农发行、深化改革、改革重组等。代表作者为徐绍史、贾康等。可以看出该热点聚类衍生出的主要研究内容为我国新型城镇化进程中投融资体系多元化发展的建设中，结合中央政策的导向作用进行有关研究。

我国学者关于"中央财政"的研究单位主要是由中国财政部与国家发展和改革委员会牵头进行，中国财政部与国家发展和改革委员会作为我国的中央职能机构，管理中央财政与统筹规划的两个部门对于城镇化与投融资的有关研究起到整体导向作用。徐绍史（2017）在《创新求实谋发展、敢于担当促改革、以优异成绩迎接党的十九大胜利召开》中提到要协同推进"三大战略"和新型城镇化，城乡区域发展格局正在重塑优化。要充分发挥"三大战略"与"四大板块"

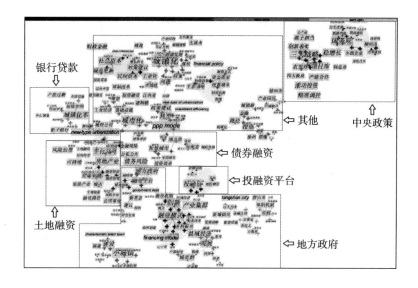

图 3-10　关键词共现知识图谱聚类分类

之间的联系，从而提升我国新型城镇化建设的总体质量。

三大战略分别是党的十八大以后习近平总书记与党中央所提出的"一带一路"、长三角经济带以及京津冀协同发展三个重要发展战略，四大板块是指将我国根据地理位置划分为中部、西部、东部以及东北地区这些老工业基地，其特点就是经济发展缓慢，新型城镇化进程落后，是我国协调区域整体发展工作的重中之重。各个地区应该主动积极参与"一带一路"，并且提出要将区域发展的总体战略与地方差别化战略进行深入实施，要在金融、网络、产能结合、产城结合等领域充分创新，确保西南地区加速发展新型城镇化建设。本书所研究的西南地区就属于所谓的"四大板块"的西部范畴。

孔德继（2019）在研究我国自 1949 年以来的总体国家发展战略对我国城镇化建设进程的影响中发现由于我国政治体制的特色，我国的城镇化进程受到中央财政政策的显著影响。具体表现为早期我国城镇化建设受到我国计划经济的影响，在全国实行计划经济之下城市作为工业、商业、经济中心的功能被强化，而农村作为为城市提供资源补给的角色，城乡二元关系首先出现。二元关系产生的冲击导致我国当时很多农村乡镇发展停滞，城市发展更加迅猛。五年计划、两次经济危机以及改革开放之后我国经济增长突飞猛进之下的中央财政政策等都在一定程度上影响了我国城镇化的模式与进度。他认为，受党的十九大传递的全面建设社会主义现代化国家的要求以及党的十九大所提出的乡村振兴战略的影响，为满足人的全面发展的精神要求，现阶段我国新型城镇化建设将由中央财政的调控引导，呈现出以人为本、城乡全面协调发展的新阶段。

黄国平（2013）从金融支持体系的改革完善以更好地支持我国城镇化发展的视角出发，通过研究世界主要国家进行城镇化建设过程中的金融支持政策以及相应的政策与制度特点，同时分析我国城镇化进程中的金融支持现状，归纳总结出一系列重要的结论。从而得出我国城乡二元经济的特征导致我国当前很多农村乡镇发展较为缓慢，逐渐变得落后，当务之急是中央金融部门需完善农村区域和小城镇的金融支持体系的构建。池密燕（2016）提出了关于中央财政对我国城镇化建设作用的观点，他认为中央拨款是我国城镇化建设过程所需资金的重要源头之一，中央财政拨款金额一般比较大，通常可弥补民间资本等融资方式融资金额少、投融资项目有选择性的缺点。并且中央财政拨款通常有严格的预算，是对资金的合理配置，在一定程度上防止了某些项目社会资本融资过度以及融资款项滥用的情况。

中央政策是我国新型城镇化建设的向导，为我国学者关于新型城镇化建设中多元化投融资体系的构建与完善提供了研究的大框架。研究中央政策与党的精神，深刻把握核心思想，将中央政策与精神贯彻落实到新型城镇化的有关研究中去，才能更好地深入开展新型城镇化投融资体系建设的相关研究。

（2）聚类二：地方政府投融资。

在该聚类下我国学者研究所聚焦的关键词包括：地方政府、地方税收、小城镇建设、县域经济、乡村振兴、城市群、城乡结合、旅游小镇、农村体制、改革发展以及各地级市与省份等关键词。该热点聚类中的地方政府作为城镇化建设过程中直接相关的部门，其在城镇化建设过程中的重要性十分明显。地方政府与城镇化投融资的有关研究表现出十分热烈的研究氛围，并衍生出了许多其他小的研究热点聚类。

地方政府最常见的融资手段就是税收，政府的主要经济收入来源便是税收（王静，2016）。税收作为国家向社会提供公共产品与公共服务，满足公共需求的一种无偿取得财政收入的手段，最大的特点就是强制性、无偿性以及固定性，非常适用对于公益性的城镇化基础建设过程所需资金的融资。为了响应国家乡村振兴、城乡结合、产城结合的号召，地方政府积极建设特色小镇，本质上是地方政府解决小城镇的县域经济问题，进一步解决城乡二元关系实现城乡统筹发展。2016年10月由住建部与财政部、国家发展和改革委员会等提出到2020年在全国范围内建设1000个特色小镇的计划又一次激发了学者们对于小城镇新型城市化建设问题的研究热情。截至2020年末，我国已顺利完成目标计划的特色小镇建设数量（刘国斌等，2017）。我国特色小镇的建设是新时代背景下地方政府促进小城镇新型城镇化建设进程的一剂良药，特色小镇建设对加快我国产业转型升级同样具有重要的作用（张颖举和程传兴，2019）。地方政府在进行新型城镇化建设过程中的投融资安排需要符合国家与地方政府的有关规定、响应国家与地方政府的有关政策与战略方针（姚尚建，2017）。不然很容易进入林雪（2018）提出的特色小镇误区，要么是简单地变成旅游小镇，要么是简单地变为房地产小镇。

地方政府与新型城镇化投融资体系的建设关系十分密切，作为实际实施城镇化建设的直接部门，需要做到加强地方政府对城镇化建设过程中资金的运用监管，完善融资过程、资金运用的监管，制定严格的政策。同时积极构建新型城镇化多元融资体系，提出一些诸如特色小镇等的产城结合的创新产业生态圈城镇化建设构想。

（3）聚类三：银行贷款投融资平台。

在该聚类下我国学者研究所聚焦的关键词包括：银行贷款、影子银行、外汇储备、投融资平台、地方融资、金融创新、发展改革委等。银行贷款作为最为传统的融资模式之一，对于城镇化建设过程中多元化融资体系的构建也是不可缺少的一个重要组成部分。地方投融资平台与城镇化建设过程中投融资的相关研究主要围绕着地方投融资平台的构建、融资手段的创新以及投融资平台可能存在的风险等。在银行与投融资平台的研究上同样衍生出了许多其他小的研究热点聚类。表现出浓厚的研究氛围。

银行贷款通常具有资金庞大、长期稳定等特点，是新型城镇化建设中资金主要的来源之一。通常城镇化建设过程中银行贷款的主体为地方政府建立的融资平台，但受限于负债率要求、贷款限额等政策规定要求，银行贷款受到了很多的限制，因此众多学者对"影子银行"的商业银行贷款与地方政府投融资平台进行了研究（李程和贺凯然，2021）。"影子银行"的逐渐增多以及地方政府投融资平台的风险日益增大，主要原因是银行贷款以及《预算法》等法律法规的限制与政府财政收入资金不足但又需庞大资金之间的矛盾，导致地方政府只能依靠商业银行与投融资平台获取城镇化建设所需的庞大资金。

地方融资平台实际是由地方政府利用自身地位将优质资源进行整合建立，通过市场化的手段为城镇化建设所需资金进行融资。地方投融资平台的建立有效地弥补了地方政府仅靠财政税收获得资金量的不足，也为各大商业银行、券商的商业贷款、债券等提供了一个交易平台。胡海峰和陈世金（2014）针对如何化解新型城镇化融资困难问题进行研究时就提出地方政府投融资平台所存在的风险逐渐增大，根据他们的研究可知我国投融资平台存在的风险主要有偿债流动性风险、融资平台自身的经营风险以及政策风险影响。如何降低地方政府融资平台的风险成为迫切需要解决的问题。

本书综合现有不同文献关于以上问题的研究，认为解决这些问题应该尽快修改相应法条降低一定的银行贷款限制条件，避免由于银行贷款受到限制而选择一些风险较大的融资方式。同时应该加强对地方投融资平台的监管与指引，对投融资平台的构建与运营增加一定的防控风险机制等，使投融资平台更加正规化和透明化。在放宽银行贷款硬性限制之余确保投融资平台成为新型城镇化多元化投融资体系建设的重要组成部分。

（4）聚类四：债券融资。

在债券融资的聚类之下衍生出了众多小的研究热点。在该聚类下我国学者研究所聚焦的关键词包括：市政债券、地方债、公私合作、金融风险、举债融资、投资效率等。其中关于债券融资所带来的风险问题研究以及关于城投债、市政债等地方政府性债券的相关研究较多。

在进行城镇化建设过程中地方政府财政压力巨大，市政债券可能是新型城镇化建设融资的一个新的渠道。所谓市政债券是指由我国各地方政府或者由各地方政府授权的认证机构发行的一种到期还本付息的长期债券，该债券是以地方政府信用为保证的信用债券，市政债筹资的目的很明确，就是用于城镇化基础设施、公用事业、公共服务等项目建设。发行市政债在国际发达国家进行城镇化融资中属于普遍做法（余晨阳和邓敏婕，2013）。我国已经具备发行市政债的市场基础与客观条件，但同时也存在一些诸如《预算法》上的法条约束、地方政府纪律不严格可能出现贪污腐败、信用评级机制以及信息披露制度缺失或不完善等障碍（陈峥嵘，2013）。城投债虽然有助于解决城镇化建设过程中地方政府财政压力，但如果不能做好信用评级以及信息披露将会存在许多风险（吴亮析和田鹏，2013）。曹婧等（2019）则通过 2006～2015 年的我国城投债的基础数据库进行研究，得出城投债近年持续增长的主要原因并非是财政压力，而可能是受到市委书记晋升压力与地级市的发展压力的刺激效用，因此需要制定合理的有关政策规定，降低地方债务的风险。

综合不同学者关于新型城镇化建设过程中运用地方债券进行融资的研究，本书认为市政债券与城投债等债券融资都是新型城镇化建设多元化投融资体系中不可或缺的组成部分。信息披露制度是否完善可信以及相关的法律是否完善、地方政府的公信力是否强大等原因是普通民众判断市政债与城投债风险大小与是否愿意购买的主要依据。运用好市政债券与城投债进行城镇化建设融资，地方政府就需要做到及时披露其有关信息，制作政府财务报告公布给大众，明确政府主体提高地方债券的透明度，在降低购买者疑虑以及风险之外还应完善相应的风险预警以及控制机制。

（5）聚类五：土地融资。

在该聚类下我国学者研究所聚焦的关键词包括：土地融资、土地金融、结构转型、房地产业、土地财政、公用事业、模式创新等。土地融资是我国地方政府为满足地方财政需求进行融资的一种普遍方式，进入 21 世纪第二个十年之后，由于我国多元化融资体系的逐渐发展以及可供出让的土地越来越少等多方面原因，土地融资所占地方财政收入比重在逐渐缩小。

我国地方政府为满足地方财政需求对土地融资的依赖度巨大，2010 年我国各地土地出让金达到了地方财政预算收入的 67.62%（孙建飞和袁奕，2014）。土地财政问题的出现始源于 1994 年我国实现的"财权上收、事权下放"的分税制改革，这项举措导致了地方财政收入大幅缩减，地方政府为应对财政收支不平衡产生的基础设施建设资金缺口，逐渐采用租售土地来获取地方性的财政收入用以支撑地方建设支出，自此之后土地融资成为各级地方政府进行财政融资的主要手段（周业安和章泉，2008）。

我国学者在新型城镇化建设投融资模式的研究中对于土地融资的态度也各有不同。2013 年我国土地融资获得的财政收入为 3.9 万亿元，占各级地方政府财政收入的 46%，在我国新型城镇化建设的投融资模式中仍然占有巨大的比例，但由于土地的稀缺性、不可再生性等因素，土地融资必然是新型城镇化建设过程中一种不可持续的融资模式，在新的时代背景下应该加快进行财税体制改革（陈伦盛，2015）。戴双兴（2013）则提出了不同观点，他基于我国城镇化进程所处的阶段、进行新型城镇化建设所需的资金体量以及分税制实施之后土地融资对于对方政府财政收入的意义等多个方面进行综合分析，认为虽然土地财政、土地金融存在一定的消极影响，但土地融资是新型城镇化建设进程中地方政府进行筹集资金的最可靠保障。

彭江波和王媛（2013）经过对国外城镇化建设的借鉴以及对国内情况的认真研究，提出当下我国的土地财政对我国新型城镇化进程中融资手段产生了一定的阻扰效应，需要改变这种模式进而纠正我国新型城镇化建设过程中的投融资模式。巴曙松（2011）从城镇化建设的角度研究常见的融资模式得出，如果不能很好地解决中央财政与地方财政之间的关系，那么将很难构建出能够稳定持续供应城镇化建设所需资金的长期融资途径。地方政府将很难从土地财政的不可持续融资模式中跳脱出来，因此如何处理好地方财政与中央财政之间的关系以及如何进行多元化融资模式的构建与完善是从城镇化建设过分依赖土地财政进行融资转型的关键。

综合各方学者的不同观点，本书认为在进行新型城镇化建设进程中需要在传统土地财政以及土地金融的基础上进行一定的融资模式创新，逐渐减少对土地融资的依赖，转变为更加多元化的融资模式。

（6）聚类六：其他。

在该聚类下我国学者研究所聚焦的关键词包括：PPP、社会资本、民间资本、体制改革、协调发展、产业结构、特色小镇、产业园区、产城融合、低碳化、生态文明等。

我国学者关于城镇化建设以及投融资相关研究除了以上有关中央政策、地方政府、银行贷款、土地融资、债券融资以及投融资平台的研究之外，其他相关研究也十分众多，包括对社会资本与民间资本的研究，对生态文明与新型城镇化相结合的绿色金融研究以及对产城结合、城镇化制度创新、城市圈建设等众多研究。

在新型城镇化建设过程中创新融资模式与我国城镇化建设相结合的研究主要包括了 BOT、ABS、TO、PPP 等不同融资模式的优缺点以及与我国社会的适配性研究，其中最热门的是 PPP 融资模式，该模式在公共资源配置问题中起到了显著效果。

我国学者在 PPP 模式与特色小镇相结合的研究探索中得到了许多重要的研究成果。蒋煦霖（2018）曾在他的文章中提出特色小镇的建设，特别是旅游特色小镇的建设，首先需要解决的就是新型城镇化建设过程中资金匮乏的问题，使用 PPP 模式可以减轻地方财政在进行新型城镇化建设时遇到的资金压力，能够较好地解决特色小镇建设过程中资金不足的问题。苏海红等（2017）在经过缜密的研究后同样得出类似结论，她从经济学的利益相关者角度对 PPP 模式与特色小镇建设相融合的风险等进行研究发现，PPP 模式作为一种投融资方式与特色小镇建设相结合是可行的。为了满足新型城镇化建设旅游特色小镇的资金方面需求，帮助地方政府部门降低融资压力，需要尽可能地发展更多形式的投融资渠道，更好地利用社会民间资本，而 PPP 模式是很契合该要求的一种融资方式，其可以充分利用社会民间资本为新型城镇化建设投入所需要的资金（林峰，2017）。许多学者得出与林峰相似的结论，新型城镇化建设中建设旅游特色小镇的过程如果选取 PPP 模式作为其融资手段之一，将会大大降低地方政府进行新型城镇化建设过程所面临的财政压力，可以使整体建设过程的经济效益价值最大化（陈包和庞仙，2017）。

3.3　西南地区新型城镇化建设融资体系的主要问题

通过我国学者近 20 年有关我国城镇化与投融资相关研究的关键词聚类研究分析，本书根据其中的相关研究进行整理总结，综合得出了西南地区新型城镇化建设融资体系可能存在的一些问题。具体如下：

3.3.1　投融资主体的政府融资占比过高

根据前节中聚类二、聚类三、聚类五，结合聚类一中央政策对于我国新型城镇化多元融资体系建设的鼓励与支持，国内学者针对我国的城镇化建设融资存在的问题进行了深入的研究，学者们普遍认为虽然我国新型城镇化建设进程较快，城镇化率逐年提升接近发达国家水平，但目前我国特别是欠发达地区新型城镇化的建设过程中仍然存在较多关键问题，如西南地区，主要表现为新型城镇化建设过程中的政府融资占比过高，新型城镇化建设过程中投融资体系的多元化建设还需加强。

马青和蒋录升（2011）在其发表的《欠发达地区金融支持城镇化建设的调查与思考——基于铜仁地区个案分析》一文中通过研究得出，我国在新型城镇化建设过程中融资困难的问题在短时间内很难得到较好的解决，从数据上来说我国新型城镇化的资金金额总体呈上升趋势，从信贷总额和融资结构两方面来看，总体水平仍然较弱。由银行贷款与土地财政为主导的政府融资局面，短时间内很难产生变化。

西南地区由政府主导的城镇化投融资项目很大一部分内容是公益性和非营利性的项目，比如环境卫生、安全事业，如垃圾焚烧、污水处理、防旱防洪等。交通运输业，如公共交通汽车、地铁、轻轨、出租车、高架桥、电车、停车场等。水电煤气等的生产以及供应，如自来水、天然气、煤气、电力等。其他公用事业如体育场、墓地、公园等。以及最基本的用于保障居民基本生存权的相关服务，包括但不限于就业服务、住房保障服务、养老保障服务等。就业服务在我国通常指由各级劳动保障部门提供的公益性就业服务，起到促进就业、维护社会稳定、改善社会福利的作用。住房保障服务是政府实施的一系列住房保障政策体系的具体措施，旨在保障人人有房住，主要包括公积金、货币补贴、经济适用房以及人才福利房等措施。

西南地区等欠发达地区由于整体地区消费能力不足，商业教育行业不算发达，通常是由政府提供非商业目的的教育和文化服务，包括义务教育、图书馆、文化宫、博物馆等。这类公益性或非营利性的新型城镇化建设项目，通常债务偿还期限较长，还款能力有限，但又是新型城镇化进程中不可或缺的部分，该类项目的特点导致这些项目大部分都是由政府牵头出资建设，这也是我国特别是西南地区等欠发达地区城镇化进程中融资主体的政府融资占比过高的主要原因之一。

3.3.2　投融资渠道单一、融资方式传统

结合聚类三与聚类五的有关研究，西南地区新型城镇化的投融资渠道较为单一，且融资方式仍依靠税收、土地以及银行贷款的传统方式。西南地区新型城镇化中的投融资问题存在着融资主体单一的问题，除此之外，还存在着相应的融资方式较为传统的问题。我国新型城镇化进程中存在投融资主体多为政府、融资渠道不畅难以通过多元化渠道进行融资等问题，政府财政投入是我国城镇化进程中传统、主要的资金来源，而政府财政的主要来源就是税收和土地（唐晓旺，2012）。西南地区新型城镇化进程中普遍存在以银行贷款为主的间接融资比例过高、融资模式较为单一等问题。在融资模式的选择上，受日益紧缺的土地资源影响大部分地级政府依赖的土地财政融资模式已不可持续，亟须转变思路找寻其他可持续的多元化财政融资模式用以支持新型城镇进程中大量的资金需求（曾小春和钟世和，2017）。

总体而言，虽然我国整体新型城镇化进程投融资方式逐渐多元化，但西南地区仍然相对单一，过于单一且传统的融资方式不仅会增加地方政府的债务风险，同时也会挤压其他融资渠道所发挥的作用，减缓西南地区新型城镇化投融资渠道多元化建设的发展速度。

3.3.3　投融资过程中相关法律保障不全

根据聚类三、聚类四以及聚类六的有关研究，一方面，我国城镇化融资过程的有关规定与法律保障尚不健全、有关法律未及时更新修改等情况，导致西南地区新型城镇化建设过程中常常存在资金使用效率低下或者资金滥用的情况。许多地方政府在进行城镇化建设投融资过程中未能制定系统可靠的资金开支预算计划，降低了资金运用的效率。另一方面，西南地区新型城镇化建设中的财政资金管理和运用方面存在较严重的监管不足的情况。我国现行制度下不健全、不完整的投融资体制与监察机制的障碍是政府自身融资能力低下的问题所在（沈和，2011）。

此外，由于我国目前尚未专门针对城镇化建设的投融资活动制定有关规范标

准，导致在新型城镇化建设进程中许多投融资得不到足够的法律保障，城镇化建设资金管理方面同样也由于相关法律的不健全存在许多潜在风险（朱海波，2011）。有关地方政府在进行城镇化建设融资过程中将受到众多有关机构的监管，其中涉及的部门过多会导致各部门之间沟通协调成本过高，而在沟通协调方面缺乏相应的统筹制度与专门机构（孙震，2015）。

3.4 本章小结

本章首先描述了西南地区新型城镇化建设过程中对融资需求的核心构成以及特点。综合不同学者提出的观点意见以及研究成果，概括总结出西南地区新型城镇化过程中资金融资需求的五大核心构成，分别为基础设施、公用事业、公共服务、城市开发以及其他。在结合大量学者的不同观点基础上，本书提出西南地区新型城镇化建设过程中融资需求表现出资金需求总量大以及资金需求多元化的特点。

运用科学知识图谱法，市政债与城投债对于软件针对 2002~2021 年有关城镇化以及投融资的研究进行数据可视化分析，最终将有关研究大致分为了中央政策、地方政府、银行贷款、投融资平台、债券融资、土地融资以及其他的研究热点聚类，并根据不同聚类总结我国学者对于新型城镇化建设过程中多元化融资体系构建的研究结论。针对这些总结得出了西南地区新型城镇化建设融资体系构建存在的一些问题，包括融资主体的政府融资占比过高、融资渠道较为单一、融资方式较为传统以及融资过程有关法律保障不健全等。

第4章 西南地区新型城镇化多元化投融资体系构建的模型构建

4.1 模型构建的方法与流程

4.1.1 扎根理论方法

扎根理论方法起源于格拉斯（Glaser）和斯特劳斯（Strauss）的一项社会观察，是一种质性研究方法，它的主要目的是在原始资料的基础上构建理论（Turner 和 Astin，2021）。扎根理论的特征主要包括：从资料中产生理论、对理论保持敏感、不断比较的方法、理论抽样的方法、灵活运用文献和理论性评价。

第一，从资料中产生理论。扎根理论就是运用归纳的方法，通过对资料的系统性收集和分析，进而逐渐上升到理论层面以及形成理论框架。归纳强调自下而上将许多经验事物或知识素材进行概括，得出一般性的原理。扎根理论认为从原始资料中诞生的理论才经得起推敲，故必须溯源到它最开始的状态，偏重依照经验事实。理论与原始资料相契合，源于实践并受实践检验，便可以有效提升科学理论指导具体实践的能力。研究人员直接从原始资料出发进行归纳分析，并不预先设定研究假设进行逻辑推演，这是扎根理论与一般理论的不同之处（Laura，2020）。

扎根理论的首要目标是构建实质理论，这种实质理论介于宏大理论问题和微观工作假设之间，但也有可能会建立一种具有普遍性的形式理论。扎根理论认为知识是持续累积的，是一个从经验事实到实质理论，再到形式理论不断演化的进程。形式理论的建构需要实质理论作为中介，必须在实质理论的基础上建立形式理论，这需要更多的原始资料（Ricardo 和 Carlos，2020）。也就是说，只有实质理论建立在原始资料的基础之上，形式理论才能在各种相关的实质理论之上建立起来。另外，形式理论允许涵盖很多不同的实质理论，并不一定只能拥有一种形式，它可以将诸多存在差异的观念重组、精炼为一个整体。若一个正式的理论是直接从某个来源构建出来的，可能会因为跨度太大而产生一些纰漏。多样形式理论比单一形式理论具有更多的内涵，可以为更宽泛的观察领域提供普适性的说明。

第二，对理论保持敏感。扎根理论的最终目标是构建理论，它需要研究人员感觉灵敏，对理论反应特别迅速。不管是在原始资料的收集和分析中，还是在研究设计阶段，研究人员都要对以前和现在的理论、原始资料里的理论敏感，注重寻找新的建构理论的思路。对理论保持敏感，一方面，有助于我们在收集资料时把握对象和方位；另一方面，当存在资料极度混乱、无序的情况时，便于找到展现资料内容的核心概念。一般而言，质性研究人员更善于对所研究的现象进行详细的描述性分析，对理论构建不是特别感兴趣。扎根理论基于本身的特别关注，认为理论比纯粹的描述具有更强的说服力，突出研究人员对理论保持敏感。

第三，不断比较的方法。扎根理论方法的主要分析路径是在资料与资料之间、理论与理论之间不停地进行对照，依据两者之间的联系提取出有关的类别及其属性。一般来讲有以下四个程序：①依据概念类别对照资料，将原始资料用编码逐一表示后，将其归类到尽量多的概念类别，将编码后的资料在相同和相异的概念类别中进行对照，找到每个概念类别的属性。②重组相关概念类别及其属性，对比这一些概念类别，思考它们之间拥有的相关性，并将这些关系以某种方式关联起来。③概述最开始发现的理论，明确理论的内涵和外延，将最开始发现的理论回归到原始资料中进行验证，即理论是暂时被资料验证过的，不断优化现有的理论，提升现有理论的检验和评价水平。④阐述理论，逐层说明原始资料、概念类别及概念类别之间的关系，回答研究人员所研究的问题。

第四，理论抽样的方法。在剖析原始资料时，研究人员可以将最开始由资料产生的理论作为接下来资料抽样的参考。这组理论能够指导进一步收集和分析研究的资料，如资料选取、编码建立和归档系统。理论抽样把资料、编码和理论建构整合为一个互动过程，目前提出的每种理论都对研究人员的研究具有一定的指导作用，能够引导研究人员下一步研究的方向。因而，资料分析不应该仅仅止于刻板的语言编码，还应是理论编码。研究人员应该持续建立关于资料内容的假设，根据资料和假设的反复对照生成理论，然后用这些理论进行编码。

　　第五，灵活运用文献。运用相关文献可以拓宽我们的视野，为资料分析提供新的观点和理论结构，但同时也要留意不能大量利用以往的理论。这是因为，前人的想法可能会限制我们的思维，使我们有意或无意间应用他人的理论来描述我们自己的资料，或者说，将我们的资料特意依托在他人的理论上。扎根理论在正确运用以往理论的同时，认为研究人员的个体理解在理论建构中也可以发挥重要作用。研究人员之所以能够解释资料，是因为研究人员运用了自己的阅历和学问，而由资料产生的理论，实际上是资料与研究人员个体解释协同和重组的成果。事实上，在原始资料、研究者个体解释和以往的研究结果之间有着协同机制。研究人员在使用文献时，必须将原始资料与个人想法结合起来。研究人员自己要培养提问的习惯，关注文献中的各种立场，理解个人与原始资料和文献的对话。

　　第六，理论性评价。扎根理论有一套自己的标准用于检验和评价理论，可以概括为以下四个方面：①概念一定来源于原始资料。理论构建之后，能够随时返回到原始资料，拥有丰富的资料内容作为论证的基础。②理论中的概念本身可以充分扩展和定义，集中程度要比较高，也就是说理论内部有许多丰富的概念及其意义关系，这些概念处于集中的理论情形中。不同于"深描"在描述层面上对研究现象进行集中描述，扎根理论更注重概念的集中程度。③理论中的每个概念都应该与其他概念存在系统的关联，理论是概念与概念之间的合理联系，每个概念都应该被紧密地联系在一起，形成一个相互关联的集体。④由一组概念联系起来的理论应具有较强的应用价值，适用范围较广，解释力强，对当事人行为中的细微之处具有理论敏感性，并能对这些现象提出相关的理论问题。

　　经典扎根理论是扎根理论最原始的状态。它的核心原则是让研究问题自然涌现，完成理论构建。经典扎根理论最能够体现实证性研究的思想，有着客观、科学的研究方法体系，也更加明显地体现出"扎根精神"（贾旭东和衡量，2016）。"扎根精神"就是遵循事物发展的客观规律，严格按照规范的研究方法，从原始资料中得到理论。经典扎根理论有着作为定性研究方法的优势和对中国管理研究的普适性，梅奥霍桑实验研究方法的调整蕴含了"扎根精神"，能有效促进研究人员发现研究问题和提取理论成果（贾旭东和谭新辉，2010）。霍桑实验的访谈计划调整为完全开放的访谈，放弃先入为主的前提假设，为后续发现影响工作效率的因素和管理理论的诞生奠定了基础，实验的成功充分证明了经典扎根理论有助于发现新形势下的研究问题，并得到新的理论成果（Richard，1979）。按照理论构建和检验的一般规律，发挥定性与定量研究的优势，探索中国本土管理研究方法。这个研究方法包括理论建构阶段和理论检验阶段。①理论建构阶段。以质性研究为主要方法，注重寻找有意义的研究对象。经过对现有文献的对比进一步明晰研究问题，使用田野研究、深度谈话等方式进行资料数据的收集分析，运用标准的编码程序对数据进行处理，提取有关核心概念。此外，探讨核心范畴之间的因果关系，并利用认知地图生动形象地显示出来。在核心概念饱和后，经过理论编码程序，不断地与现有文献进行对比，逐步构建理论，直到形成能够解释现象的初步理论。②理论检验阶段。运用量化研究方法，用大量统计数据检验理论，生成最终理论。当然，研究方法应用的效果主要取决于研究人员对理论的敏感程度和寻找核心概念的能力。

扎根理论方法及其应用需要注意一些问题。作为重要的质性研究方法，扎根理论在应用过程中需要注意理论方法、建构情境、使用误区、运用流程等方面的问题（王璐和高鹏，2010）。在理论方法方面，贯彻落实"连续比较"和"理论抽样"的思维，保证研究达到一定的效度；在建构情境方面，区别对待横向理论建设和纵向理论建设两种不一样的情形；在使用误区方面，规避常见使用错误，同时也要根据详细的研究需要设计出详细的研究过程；在运用流程方面，方法论部分需要特别留意，具体说明研究采用的方法和过程，重点从样本选取过程、最终选取的样本、预研究过程、实际研究过程等方面进行阐述，经过分析、比较、筛选等方式构建理论，而不是简单地陈述最终结果。通过详细了解具体的研究过程，各位读者可以根据研究过程是否严谨来判断研究结果的可信度。此外，扎根理论的资料数据从实践经验中获得，实践意义特别明显，但如果使用访谈的方法所收集到的样本数据有限，或者收集到的样本数据是经过美化的，那么据此构建的理论的普适性和真实性将有待商榷。最后，扎根理论对研究人员的素质要求较高。例如，拥有丰富的经验和创造力，愿意花费大量的时间，能有效解读和利用不同载体中的数据信息。

扎根理论方法对管理研究有重要意义。扎根理论研究方法在世界管理研究中逐渐显现，应用这种方法有利于发展植根于中国文化的管理理论（张敬伟和马东俊，2009）。扎根理论作为一种相对成熟的社会科学研究方法，最早应用于社会学领域，后来延伸到其他学科领域。与案例研究等其他质性研究方法相比，扎根理论在管理研究中应用并不常见，中国的扎根理论研究还处在初级阶段，管理研究文献相对缺乏，这并不是因为扎根理论不适宜管理研究，而是因为以往扎根理论在管理领域缺乏必要的关注和推广。管理学多年来的延续，主要依靠管理研究方法的推陈出新，运用适用的研究方法汲取中国管理理论与实践。管理学的研究对象是组织之间的互动过程，扎根理论的研究方法非常适合应用于管理学研究，正是当前合适的研究工具。随着质性研究的价值被管理学者重新发现，扎根理论将逐步走进学者们的视野。扎根理论在中国管理研究中的应用，可以推动发掘中国管理现状的新问题，为管理学者发现新的研究项目提供强大的支持。它强调概念化和抽象化，对发现管理现象和本质、构建规范理论有帮助。它严格规范的研究步骤和方法有效弥补了中国管理研究缺乏质性研究的缺陷，提高研究人员的理论敏感度，有助于提高中国管理学界的研究水平，给中国管理学研究带来新的飞跃。因此，在管理研究中大力传播和应用经典扎根理论，对中国管理学的建设具有重要意义。若中国管理学者能够完全熟练并应用经典扎根理论方法，将为管理学理论的进步作出自己的贡献。

4.1.2　扎根理论方法运用流程

扎根理论不是一个固定不变的研究过程，而是一个动态、不断研究扩展的方法（见图 4-1）。我们不仅要根据其规范的研究程序来运用它，更要依据我们本身研究内容的变化来进行动态、多样化的调整。通过研究 Charmaz 对于扎根理论的相关著作，结合 Glaser 和 Strauss 的具体操作程序，将扎根理论总结为 4 个阶段：产生研究问题阶段、数据收集阶段、数据编码阶段、生成理论阶段。

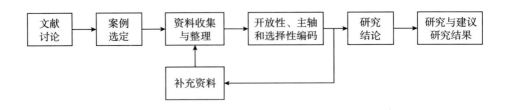

图 4-1 扎根理论研究流程

4.1.2.1 产生研究问题阶段

扎根理论的问题产生阶段与其他定性分析的最大区别在于问题产生的方式。其他方法产生的问题完全由研究者自己的主观意图决定，但扎根理论则不同。它是研究者根据自己对某一领域的兴趣，通过研究、访谈等方法逐步深入了解的过程。随着研究的进展，研究人员对该领域的看法将逐渐加深，这将导致他们的研究问题发生变化。随着研究的深入，研究人员将越来越明确代表性的核心问题，这就是扎根理论的灵活性。与其他方法不同，它有一个固定的公式用于分析。在扎根理论中，我们需要在分析时收集数据，而不是将两者分开。在数据收集和分析的过程中，研究人员会不断产生新的问题，新的问题会促使研究人员收集和分析新的数据，这个循环会继续下去。

4.1.2.2 数据收集阶段

在数据收集中使用的方法主要是抽样方法，因此样本对数据有重要影响。扎根理论研究主要有两种类型：一种是目的性抽样，另一种是理论抽样。在研究的早期阶段，使用目的性抽样。也就是说，我们需要选择一个典型样本，对样本进行分解、分析和研究，然后根据研究结果找到下一个样本进行采样。理论抽样通常在编码后使用，这要求研究人员根据研究中产生的一些想法或理论选择下一个数据方向。因此，扎根理论中的数据收集不是一次性的任务，而是持续的收集和研究，通过数据收集进行分析，然后通过分析结果确定下一步收集数据的方向，即数据收集的过程受新兴的物质或形式理论的支配。

在数据收集方法中，扎根理论研究主要采用访谈、观察和研究文献，其中访谈使用最为广泛。访谈可以帮助研究人员更好地融入研究，也可以获得最合适、最真实的定性数据。通过访谈，研究人员可以更快地进入被研究者的视角，从而解释一些基本的内部问题。在访谈中，研究者选择的被访谈者应该处于自愿、无压力的状态，并且必须对访谈者有一定的信任基础，才能获得真实的数据。在采访过程中，研究者应该保持敏感，更多地关注被采访者的表情、语气和行为，因为很多信息都无法从话语中获得，这需要研究者利用这些微妙的观察来学习。此外，研究者应在访谈结束后及时总结和整理数据，详细记录访谈过程和内容，并反复反思访谈过程。事实上，这种访谈方式本身就是扎根理论中数据获取的来源。一般来说，在实质性研究领域，任何与研究者有关的东西都可以用作数据，一切都是数据。另一种重要的数据收集方法是研究文献。由于这是一份研究文献，因此会出现以下问题：如何研究文献、研究什么文献、何时研究文献以及研究文献的目的是什么，这些也是扎根理论中几个有争议的问题。笔者认为，在开始研究文献之前，研究者不应该主观地假设一个框架，不应该有固执的观点，应该保持一颗中立的心来进行研究，否则研究者可能会有先入为主的观点，或受以往研究内容或结论的影响。

4.1.2.3　数据编码阶段

对收集到的数据进行编码是扎根理论中最重要的部分。为了实现数据的概念化，需要通过对事件和概念不断地进行比较。实际上，编码是由数据摘要和分类以及用于合并的各种标签的应用构成的，这是数据对理论的重要组成部分。扎根理论主要有三种流派，这三种流派也代表了编码的过程：①Claser 的经典扎根理论将编码分为实质性编码和理论性编码。其实质性编码包括以下内容：开放性编码和选择性编码。实质性编码是梯度理论的数据分析过程。②Strauss 的程序化扎根理论将编码分为开放式编码、主轴式编码和选择式编码。③Charmaz 的建构型扎根理论强调研究者对资料提问的能力，并与被研究者发生互动关系，对其行为意义进行解释。编码不仅是数据整合和分类的过程，也是构建大数据集和内容理论的重要步骤（Deering 和 Williams，2020）。

开放编码不是事前对数据进行编码，而是要接近数据，对数据内容采取开放态度。在编码时，应尽量使用能反映动作的词语。在研究人员进行必要的分析之前，不能使用与主题相关的信息，而是避开概念的飞跃，接受已有的理论。分解原始数据，挖掘数据反映的现象，不断比较它们之间的类似点和不同点，然后在各现象上标记概念标签。一般情况下，使用动词宾语将分类概念和类似概念相结合，提取高层次的概念类别，实现数据的概念化和分类。在特定操作中，可以使用各种代码，例如每个单词的编码、每个行的编码、每个事件的编码等。

主轴编码的目的是寻找并建立类别与子类别之间或类别与概念之间的关系。使用主轴编码可以在开放编码中对大量数据进行分类、合成、整理和重新配置。数据的分割过程通常被称为"粉碎和重组"。在特定操作中，分析过程是根据不同概念之间的逻辑关系建立的，以形成模型。也就是说，分析原因、背景、中间条件、战略以及结果之间的关系。通过不断比较，研究人员可以根据标准模型的逻辑绘制主类别和各子类别的关系，将数据以抽象的形式重新排列和结合。虽然目前人们对这种方法所提出的主轴编码有强烈的反对意见，因为该方法的过程复杂，概念的形成和理论的开发被简单地分类到特定的框架中，偏离了扎根理论本身的特点。但是，笔者认为主轴编码只是研究人员的应用框架，框架是否限制研究人员的观点，主要取决于研究人员对模糊状态的容许度和是否能够灵活使用它们。在对定性研究有效性缺乏信心的前提下，这种主轴编码技术更容易理解，并且能够完善理论研究过程，同时有着更严格的数据分析过程。这是被更多人理性接受的主要因素。

选择性编码是基于主轴编码形成的主要分类，为了找到能支配其他分类和概念的核心分类，明确作为理论构建基础的分类之间的关系而进一步改良的。如果核心类别没有达到理论饱和，研究人员将继续进行理论采样，收集新数据，重复上述编码程序，直至达到理论饱和。

4.1.2.4 生成理论阶段

扎根理论研究法中，生成理论的过程实际上就是理论编码的过程。在实际编码过程中发现所产生的概念或类别之间的关系，使用假设或关系图编排各种概念及类别，形成有意义的行动理论。因此，理论编码不仅将实体代码之间的关联形式概念化，还将分析过程更加理论化。

此外，理论性的构建不应只停留在理论形成的阶段，同时还需要研究人员将相关领域的文献和成果作为数据来源之一进行回顾，将最开始建立的理论与相关领域的文献进行融合，发现或补充现有的理论。概念和分类的不足会进一步改善构建的理论，使其超越特定时间和空间的限制。

4.2　数据资料的访谈与设计

4.2.1　样本案例的选择

Glaser 要求扎根理论研究者在研究开始前不应带有任何自己主观的意识和相关问题，只带着好奇心进入研究。然而，不可否认的是，笔者对"西南地区新型城镇化多元化投融资体系构建"的思考和研究早于对扎根理论的接触。笔者只有在提出明确的研究问题后才选择研究方法。因为这个研究问题在最初阶段还不是特别清楚。这个问题源于作者对"城镇化投融资"相关文献的研究。

城镇化是农村人口向城市（镇）转移、集中并由此引起的产业——就业结构非农化等一系列制度的变迁（张军岩等，2004）。自改革开放以来，中国保持了持续快速的城镇化进程，一直以来受到了很多学者及世界各界的广泛关注（孙东琪等，2016）。2014 年国务院印发了《中国新型城镇化规划（2014-2020 年）》，明确指出了我国城镇化的核心是以人为本，并且提出了常住人口城镇化率达到 60% 的目标，重点说到了是中西部地区城镇化问题。这意味着我国城镇化进入了快速发展阶段，到 2030 年，中国将新增 3.1 亿城市居民，城镇化水平将到达 70%，且中国城市人口总数将超过 10 亿。截至 2020 年，我国的城镇化率已经达到了 60% 左右。

城镇化建设是一个巨大的工程，离不开资金的支持与投入。尤其 2014 年后，随着中国经济的调整，经济增长速度逐步放缓，财政税收也随之放缓，但我国城镇化建设所需的资金逐步扩大，单靠财政的投入显然难以满足日益增多的城镇人口对基础设施、公共事业、公共服务和社会保障的需求，所以以城镇化融资问题就显得尤为重要，从而合理解决城镇化融资成为了我国城镇化发展所要面临的一个重要挑战（胡海峰和陈世金，2014）。我国城镇化融资缺口较大，财政税收难以满足，土地财政不可持续，地方投融资平台不规范且债务风险较大，地方债试点不具备快速推广的条件（马庆斌和刘诚，2012）。这些问题在我国经济发展较为落后的西南地区尤为明显。西南地区主要由广西、贵州、四川等省份组成。这些地区经济发达程度不高，工业化水平相对较低，城镇化进程落后。且城镇化的建设和发展需要大量的资金投入，对于产业发展落后、财政收入低、金融服务能力弱、金融产品同质化严重、资本市场不发达的西南地区是一项严峻的挑战。如何为其提供灵活的融资机制、降低融资成本、扩大融资渠道，是西南地区金融创新急需解决的难题（陈敏娟，2017）。基于此，本书选择我国西南地区中的广西、重庆和四川三个省份作为样本案例。

在广西，新型城镇化建设资金需求大、期限长，社会外部效益强、商业效益不高，且财政资金和政策性金融投入数量有限（石依禾，2020）。其投融资无法满足新型城镇化建设且过度依赖地方融资平台公司，除此之外，其金融服务体系不够完善，政策性信贷准入门槛高。重庆自1997年直辖以来，城镇化进入了全面发展期，但是其总体发展水平相对滞后，体现在城镇化水平滞后于经济发展水平、城镇化滞后于工业化，且区县发展不平衡等方面。主要原因是城乡投资不均、城乡金融发展不公、投融资主体单一（管伟，2014）。四川省的城镇化建设也存在很多问题，如缺乏良好的外部政策环境、融资结构不合理、金融效率偏低、农村金融市场双向失衡、金融产品和金融服务有待创新等。

4.2.2 研究问题的设计

质性研究一般在数据收集和分析后构想研究问题，这并不意味着不带任何问题进行研究。研究人员在研究之前考虑为什么要做这项研究、本项研究与其他研究的关系和已具有的相关理论，设定一定的目标，目标会突出某些问题。研究问题作为研究设计的中心部分，是社会科学研究要回答的具体问题，即西南地区新型城镇化建设中多元化融资体系构建与完善路径。研究问题的参考提纲，例如：如何理解西南地区新型城镇化多元化投融资？西南地区新型城镇化多元化融资需求的构成及特点？西南地区新型城镇化建设融资体系的主要问题？如何完善西南地区新型城镇化多元化投融资体系？

4.2.3 数据资料的分析

扎根理论方法对资料的分析过程可以依次分为三个步骤，即一级编码（开放式编码）、二级编码（主轴式编码）和三级编码（选择式编码）。一级编码指将西南地区新型城镇化多元化投融资体系原始资料记录逐渐进行概念化和范畴化，也就是根据一定的规则逐层概括庞杂的原始资料记录，用概念和范畴来正确描述原始资料内容。概念和范畴名称的来源多样，有的来自文献资料，有的来自访谈记录，有的是研究人员讨论的结果。二级编码将一级编码得到的每项范畴联系在一起，进一步发展范畴。三级编码是指选择核心范畴，把它系统地和其他范畴予以关联，验证其中的关系，同时把概念化尚未发展齐全的范畴补充完整。

4.2.4 数据有效性分析

有效的数据才会得到有效的结果。本书考虑用三角验证方法对各来源数据进行验证，如果运用不同的研究方法研究同一问题，得到一致的结论，则认定研究结论可靠。数据资料的有效性需要大量资料数据的集聚和相互验证来确认，本书运用文献研究法、访谈法等，收集西南地区新型城镇化多元化投融资体系的数据资料，并对西南地区新型城镇化多元化投融资体系的数据资料进行整合分析，获得原始资料数据。多种来源的数据资料能够相互印证，共同指向同一研究结论，能真实反映西南地区新型城镇化多元化投融资体系，保证了资料的有效性。用此来源收集到的数据资料是可行的、有用的，故数据是有效的。

4.3 质性分析的编码与提炼

4.3.1 开放式编码（一级编码）

遵循开放式编码的流程，重新编排剖析资料，实现原始资料的概念化和范畴化。编码时，为了规避研究人员的主观干扰，尽量使用原始文献资料或访谈记录作为依据从中提取初始概念，获得大量原始资料及对应的初始概念。因初始概念较多且很多概念相互重叠，需要对低层次的概念进一步整合、剖析和精炼，实现概念范畴化。经过重复整合剖析，去掉出现频次极低的初始概念，最后从原始资料中提取出 18 个范畴。表 4-1 为一级编码得到的原始资料、概念归属和范畴化。

表 4-1 一级编码范畴化

范畴化	概念归属	原始资料（初始概念）
经济结构调整	产业结构	A-001 "……工业是经济发展的引擎，工业的状态直接决定经济发展的状态。特别是当技术发生根本性变革时，就会爆发工业革命，工业革命直接促进生产力的大规模发展，从而导致经济的大规模增长……" A-002 "……中央提出国内国际双循环战略，加快形成以国内大循环为主体、国内国际双循环相辅相成的局面，以满足内需战略为抓手，立足我国新一轮发展，加快构建完整的内需体系，进一步扩大开放，大力推动科技创新等多方面创新，加快发展数字经济、智能制造、生活健康、新材料等战略性新兴产业，形成更多新增长点、增长极，着力打通各个环节产业链，补齐短板，实现高质量发展……" A-003 "……国内国际双循环产业发展战略，一方面，重新思考产业链和供应链的治理权和安全问题；另一方面，以国内需求为导向，充分考虑未来全球产业竞争力，以新基建推动现有产业链、供应链，扬长避短，这是今年产业结构调整的主要任务和目标……" A-004 "……由于 COVID-19 的影响，发展不平衡和不充分已成为突出问题。中国积极实施扩大内需战略，大力推进供给侧结构性改革，稳步推进乡村振兴和新城镇化，深化实施重大区域战略和协调区域发展战略，我国结构调整、转型升级取得新进展……" A-005 "……为攻克科技支撑短板，夯实实体经济发展基础，中国持续深化简政放权、放管结合、优化服务改革，稳步推进高标准市场体系建设，强化创新驱动发展，强化科技促进发展作用，培育壮大新动能……" A-006 "……产业结构变化对城镇化起到关键作用，第二产业是驱动力。随着产业结构的优化，第三产业对中后期城镇化的推动作用越来越大，二三产业与城镇化进程高度相似，产业的快速增长不仅是城镇化的重要推动力，也是城镇化的结果……" A-007 "……为了更好地发挥城市群的协同作用，合理布局和协调城市群产业发展，优化产业结构……"
	消费结构	A-008 "……恩格尔系数是指食品支出占个人消费支出总额的比例，是衡量一个家庭或国家财富的标准之一。根据联合国粮食和农业组织提出的标准，恩格尔系数在 59% 以上为贫穷，50%～59% 为温饱，40%～50% 为小康，30%～40% 为富裕，不到 30% 为最富裕。用于购买食品的收入或总支出比例越低，说明富裕程度越高……" A-009 "……新中国成立 70 多年来，农村居民收入持续快速增长，农村居民的消费水平持续提高，恩格尔系数持续下降。此外，家庭消费品升级，手机、电脑、汽车等进入普通人的家庭……" A-010 "……最重要的特点是，过去几年中国经济持续快速增长，城乡居民生活水平不断提高，老百姓收入不断增加，财富不断积累。中国已经从过去的温饱阶段逐步发展和过渡到小康社会，再到全面小康社会……" A-011 "……中国的居民消费，特别是城市居民的消费，已经从温饱型向享受型、发展型转变。富裕人群越来越重视生活的质量和品位。近年来，房地产、汽车、通信、旅游等行业的蓬勃发展直接反映了这一点。在我国，消费水平正从温饱型向全面小康型转变，消费模式正从物质型向服务型转变，消费方式正从线下向线上线下一体化转变，消费行为正从羊群模仿型向个体体验型转变……" A-012 "……恩格尔系数的下降是以解决衣食问题为条件的。目前衣食问题尚未解决，大部分居民的生活水平还很低。随着收入的增加，居民会首先把收入用于食品消费，解决衣食问题……"

续表

范畴化	概念归属	原始资料（初始概念）
地区协调发展	收入差距	A-013 "……新型城镇化要探索构建由不平衡到平衡的发展路径，促进东中西部地区均衡发展、大中小城市协调发展、城乡发展深度融合，促进共同富裕……" A-014 "……合理调整城乡、区域、不同群体之间的分配关系，保证居民收入增长速度，农村居民可支配收入增长速度要高于城镇居民。推动资源变资产、资金变股金、农民变股东，探索利用土地、资金等要素和受益权增加农村居民的财产性收入……" A-015 "……农村居民人均可支配收入增长速度明显高于城镇居民，农村居民人均可支配收入增长潜力较大……" A-016 "……提高居民收入比重，消除城乡二元结构。实现共同富裕要分阶段、分区域进行，因地制宜探索本地化的发展模式和路径。制度创新的主要方向是要素的自由流动，即实现城乡之间的要素相互流动、相互转化，形成统一的大市场。但在城市资源和条件远远超过农村的情况下，应通过国家战略和城市力量推动农村要素的优质高效配置，并通过人才、资金、技术等方面的投入，助力农村发展……" A-017 "……工资性收入是我市农村居民的主要收入来源，占可支配收入的近60%。近年来，我市农村居民的工资性收入稳步增长。随着农村家庭财富的逐年增加，居民的理财观念也在不断变化。除传统的利息收入外，财产性收入来源逐渐向多元化方向发展，如股息收入、红利收入等投资性收入……"
	消费差距	A-018 "……随着中国经济的不断增长，人们的生活水平也在不断提高，同时居民的人均消费水平也在提高。但由于城乡收入差距巨大，城乡居民的人均消费水平相差一倍以上。文化、教育、娱乐、交通和通信、住房消费的比例不同……" A-019 "……过去，农村的消费存在购买力和购买渠道的制约。现在，随着国民收入的提升，农村居民的收入也在不断提高，其购买力也与日俱增，他们也需要更优质的产品、更丰富的购买渠道和更好的消费体验。这就需要从供给侧入手，加强农村企业设施和物流基地建设，支持农村产业建设。切实增加农村市场有效供给，激发农村消费市场活力……" A-020 "……村民的消费观念已经改变。农民们越来越注重质量。智能家电和电子产品不断进入农村家庭，我们的超市也必须进行相应的升级。超市不仅简单地提供每日食物，还要提供和城市一样的最新款家电用品……" A-021 "……在一定程度上，居民人均消费支出也是一个参考数据，涉及的因素很多，每个人的经济状况和消费水平都在不断变化。因此，退休储蓄问题因人而异，但在城市，居民的消费水平远高于农村，这是客观事实……" A-022 "……城乡宏观经济发展差距较大，投资、消费、出口等推动经济增长的相应动力存在明显差异……"

范畴化	概念归属	原始资料（初始概念）
宏观 调控 实施	投资规模	A-023 "……固定资产投资是国民经济再生产活动的重要组成部分。固定资产投资以货币形式表示在一定时期内建造和购置固定资产及相关费用，它是反映固定资产投资规模、结构及发展速度综合指标……" A-024 "……固定资产投资按照建设项目的主要产品或主要用途以及建成投产后社会经济活动的性质，划分为某个国民经济的行业。一般情况下，一个建设项目或者一个企业事业单位只能属于一种国民经济行业……" A-025 "……城市基础设施是一个城市为生存和发展所必须具备的工程基础设施和社会基础设施的总称，对城市的城市基础设施投资包括电力、交通运输、邮电、公用事业和市政建设等固定资产投资……" A-026 "……固定资产投资的资金来源根据固定资产投资项目获得的资金来源不同，可分为国家预算资金、国内贷款、债券、利用外资、自筹资金、募集资金和其他资金等……" A-027 "……利润增长和市场潜力提振了工业企业发展的信心，这在投资上也很明显……" A-028 "……为再生产环节投入使用的固定资产直接提供了生产要素，为经济活动的运行提供了物质保障（生产要素投入）……" A-029 "……每一种生产要素投入到不同的产业结构中，所发挥的作用也会不同，影响的主要方式是通过每个产业投资什么要素，投入多少，投入要素的质量（产业结构升级）……" A-030 "……固定资产投资对促进知识积累和技术进步，创造更先进的设备（科学技术进步）具有巨大的作用……"
	消费规模	A-031 "……居民低消费率是疏通国内大循环的堵点，新型城镇化是疏通国内大循环的基点，以人为本的新型城镇化是最大的内需……" A-032 "……消费对经济增长的拉动作用增强，这是经济结构不断优化的结果……" A-033 "……经济增长可以拉动居民消费，居民消费通过扩大内需带动经济增长……" A-034 "……消费再次成为拉动经济增长的第一动力，城乡市场同步回暖，升级商品消费明显增长，餐饮等服务消费有序回升，新型消费快速发展……" A-035 "……我们将落实振兴消费市场政策。消费是受疫情影响最直接的行业。零售和餐饮行业是集群和接触行业，受影响更大，企业面临更多困难，特别是中小企业生存压力较大。近期，按照国务院部署，有关部门联合出台政策，促进服务业陷入困境的行业复苏发展，并提出强有力的对餐饮、零售行业开展针对性救助和帮扶措施。我们将会同有关部门积极推动政策落地，切实减轻企业负担，让企业有获得感、有发展……" A-036 "……我们将开发促进消费的新思路和新方式。去年，业务系统组织了一系列活动，如全国消费促进月、网上新年购物节，取得了积极成效。今年，在做好疫情防控的前提下，我们将在以往良好经验和做法的基础上，继续举办一系列的消费促进活动……" A-037 "……服务美好生活，搭建消费升级平台。去年，按照国务院统一部署，我们率先将上海等5个城市建设成为国际消费中心。今年，我们将加大培育和建设力度，力争在开通一周年之前取得一批成果加快构建人民一刻钟生活圈。鼓励发展新业态、新模式、新场景，支持有条件的地区发展首店首发经济，鼓励打造定制、体验、智能、时尚等新型消费，发展绿色健康消费，更好满足人们对美好生活的需求……"

续表

范畴化	概念归属	原始资料（初始概念）
社会保障事业发展	社会保障	A-038 "……农村最低生活保障家庭收入是指家庭在一定时期内获得的全部现金和实物收入，包括应计入家庭收入的工资性收入、经营性净收入、财产性净收入、转移性净收入等。国家提供的优惠养老金、计划生育奖励和补贴、奖学金、其他奖励性补贴，以及政府发放的各种社会救助资金和物资，不计入家庭收入……"
		A-039 "……社会救助是指国家和社会为保障公民的最低生活需要，对因各种原因陷入困境的公民提供经济帮助和生活救助的制度。作为社会保障体系的组成部分，社会救助和社会保险具有不同的保障目标，社会保险的目标是防范劳动风险，社会救助的目标是缓解生活困难……"
		A-040 "……完善农村最低生活保障家庭经济状况评价和认定指标体系，进一步优化评价和认定方法。规范评估认定办法，提高最低生活保障工作的规范性和最低生活保障对象的认定准确性，更好地发挥最低生活保障制度的作用。在人民群众的基本生活中发挥重要作用，是扶贫开发的基本保障……"
		A-041 "……在支持方面，我国对农村支持服务机构进行了大量的投资。例如，民政部利用福利彩票资金实施的'霞光计划'，旨在建设和改造针对最贫困人口的农村扶持服务机构。我国对特困人口的扶持，一是集中扶持，二是分散扶持……"
		A-042 "……目前，我国城乡最低生活保障水平较低。科学的救助标准应以人均GDP、城镇居民人均可支配收入和支出、地方财政人均收入和支出等为依据。由于我国的地区差异，在确定最低生活保障标准时，应根据不同地区的发展水平制定不同的参考标准，以保证困难群众的基本生活……"
	就业状况	A-043 "……围绕人民群众最关心、最现实的问题，各级党委和政府将坚持以人民为中心的发展理念，千方百计增加人民收入，全面加强社会发展，完善社会安全网，构建人民群众有形的获得感、幸福感、安全感……"
		A-044 "……就业数量和质量不断提高的背后，劳动力市场结构性矛盾依然突出，高素质技能型人才缺少等因素仍是制约就业的关键问题。解决这些问题需要国家层面的政策支持、基层的具体行动，以及全社会尊重技术工人的氛围，让技术工人有更大的幸福和收获……"
		A-045 "……目前，工人对就业质量的追求与企业对就业质量的追求存在矛盾，部分省份企业雇用的临时工、小时工、季节工的比例都比较高。这些员工虽然对薪资增长和工作稳定抱有很高的期望，但由于技术水平等原因，难以长期留在岗位上，导致部分企业长期存在'用工荒'。要加强相应的技术培训，提高自己的技术水平，从而满足企业、个人实现自我价值的需要……"
		A-046 "……出台鼓励中小微企业高校毕业生就业补贴政策，扩大国有企事业单位招聘规模、基层项目招聘规模、扩大兵役征兵规模、就业试用规模。发展科研助理岗位，壮大基层教师和医务工作者队伍，鼓励毕业生根据社区服务需求就业创业……"
		A-047 "……我们将实施失业保险'降''返''缓'政策，支持企业不裁员或降到最低水平，确保稳定就业。'降'是指在一段时间内降低失业保险和工伤保险费率，再延长一年，'返'是继续执行失业保险返还政策，'缓'是按国家要求，即延迟社保费缴纳时间……"
		A-048 "……积极鼓励城镇贫困人口和农村富余劳动力就业。健全失业登记、职业指导、技能培训、工作推荐联动机制，提供常态化就业支持，确保零就业家庭动态清零……"

范畴化	概念归属	原始资料（初始概念）
医疗卫生健康服务	医疗投入	A-049 "……从国际比较来看，我国政府卫生支出占 GDP 的比重不高，与欧美发达国家水平还有较大差距，也低于巴西和南非……" A-050 "……卫生支出中比重最高的是医疗保险补助支出，即基本医疗保险基金的财政补助支出，占卫生总支出的 1/3 以上。第二大类是公立医院支出，包括综合医院、传染病医院、职业病防治医院、精神病医院、妇产医院、儿童医院等。第三类是公共卫生支出……" A-051 "……除了政府卫生支出总额和支出结构之外，支出绩效可能更关键。好钢要用在刀刃上。政府的卫生支出应该提高医疗服务的数量和质量，减少疾病的影响，特别是传染病，并最终改善公众健康。如果绩效不提高，那么支出再多也无济于事……" A-052 "……在'十四五'期间，我们将继续满足基本医疗需求和临床技术进步的需要，不断更新医疗设备和药品，并且将一部分中药也纳入医保范围，我们将继续坚持'招采结合、量价挂钩'的价格形成机制，根据医疗设备和药品不同的采购形式，对购买方式及定价进行优化；公司负责供应保障，指导医疗机构完善采购流程，有效保障中选产品的供应（新药、好药更易获得）……" A-053 "……在'十四五'期间，将进一步加强大病医疗保障工作。核心是建立和完善预防和解决因病致贫、因病返贫的长效机制。建立及时准确的医疗救助对象认定机制，对符合条件的及时纳入医疗救助范围，使得住院和门诊保障水平更加均衡。在巩固和稳定住院保险水平的基础上，促进门诊福利和保障水平的提高；建立健全职工医保门诊互助机制，改革职工医保个人账户，开展职工普通门诊医疗保险；提升高血压等门诊药物保险水平（医疗保障更加有力）……" A-054 "……在'十四五'期间，制定全国统一的跨省异地就医直接结算的管理办法和工作程序，优化跨省异地就医结算管理服务，完善异地就医管理服务平台，扩大省际直接结算覆盖面，提高直接结算率，为住院患者、普通门诊、慢性病和特殊病种门诊提供线上线下一体化异地就医结算服务……"
	医疗硬件	A-055 "……我国城乡医疗资源分布不均，优质医疗机构和人才向城市倾斜。基层医疗卫生机构占我国医疗机构总数的 95%，其中村卫生室占比最大，达到 64%。我们可以看到，虽然农村地区有大量的医疗机构，但人均医疗资源的可得性仍然低于城市。农村地区每千人拥有的医务人员数量为 5.0，低于城市地区 11.1 的水平。专业技术水平不如城市从业人员，医疗机构的检查能力、手术能力、药品供应能力与城市相比存在较大差距……" A-056 "……我国城市的医疗资源分布不均衡，东部一、二线城市比西部三、四线城市强。我国城市间医疗资源的分布是倾斜的，东部的重点城市，特别是直辖市、部分省会城市和一线城市在医疗硬件环境方面表现出较强的竞争力。根据中国社会科学院《中国城市医疗硬件环境竞争力专题报告》，从医生和医院的数量来看，北京、上海、广州、重庆、成都等大城市拥有大量的资源；从三级医院的数量来看，优质医疗资源排名前十的城市都是一、二线城市，大多位于东部地区……" A-057 "……中国人均医生数量少，医生工作负担重，用户诊疗效率低。根据经合组织的数据，截至 2019 年，中国每千人医生数量为 2.2 人，低于西班牙、意大利、美国、日本等发达国家的水平。医生资源的相对短缺导致了中国医生的高工作量。根据中国医师协会的数据，2018 年，中国医生的平均每周工作时间超过 51 小时，远远超过国家法定工作时间 40 小时的规定。与此同时，病人的诊断和治疗效率仍然很低。中国患者在门诊上平均花费 3 小时，而实际咨询时间只有 8 分钟……" A-058 "……人口老龄化加剧，基层医疗服务面临挑战。据国家统计局统计，2019 年我国 65 岁及以上人口占总人口的 13%，高于联合国披露的 9% 的世界平均水平，远远超过 7% 的国际老龄化标准。在农村，由于年轻劳动力流失等原因，老龄化问题突出，医疗支出压力比较大。2019 年，中国乡村、镇和城市 65 岁以上人口比例分别为 14.5%、11.6% 和 11.0%。2020 年，农村居民的人均医疗支出占消费的 10.3%，远高于城市地区的 8%。医疗需求对相对稀缺的供应构成了更严峻的挑战……"

续表

范畴化	概念归属	原始资料（初始概念）
教育 资源 均衡 配置	教育 投入	A-059 "……从新中国成立到改革开放初期，扫除中青年文盲、普及九年义务教育的行动，使上学不再成为问题。但是目前，平等且优质的教育资源共享成为了我国在义务教育阶段最主要的任务。随着更多的教学楼的建造和更完善的实验器材的引进，以及优秀的青年教师进入教育相对薄弱的地区，各类高质量课程在互联网上的共享，使得孩子们都站在了同一起跑线上，家长和孩子的压力都相应地减轻了（义务教育阶段优质资源覆盖面逐步扩大）……" A-060 "……高中教育是连接义务教育和高等教育的重要环节，在为我国提供重要人才方面有着重要作用。能够继续读书，我非常高兴，现在的学杂费全免，我在这里学到了很多知识，将来一定能找到一份好工作（高中教育的普及率大幅提高）……" A-061 "……我国高等教育从原来的稀缺性到现在的普遍化，越来越多的人可以接受高等教育。高质量是我国高等教育现阶段最重要的纲要，无论是一流学科建设还是一流大学建设都要秉持这个纲要，不能仅从表面发展，要注重内涵的培养。为了能够加强高校培养人才能力，我们必须要建立一套标准化制度，高校用标准办学，社会用标准监督，使高校教育走向内涵式发展（高等教育走向内涵式发展）……" A-062 "……随着经济社会的发展，人们对美好生活的需求也在不断增长。周一朗诵，周三声乐，周四合唱，退休后，我更忙了，整天奔波在老年大学的教室之间。活到老，学到老。有了这些课程，老年生活更精彩。（继续教育的快速发展，学习型社会的稳步建设）……"
	教育 规模	A-063 "……高等教育在校生总数包括研究生、普通本科院校、成人院校、网络院校、高等教育自学考试院校等各种形式的高等教育在校生人数……" A-064 "……各大省市每 10 万人口中的大学生规模发展不均衡，北京、天津、上海的高等教育是为全国服务的，所以在这个指标上也高于其他省份……" A-065 "……京津冀每 10 万人口大学生数最多，广东省大学生数最多，长三角研究生数最多……" A-066 "……接受过高等教育的人口比例越高，城市的竞争力就越强，所以大学生的数量反映了一个城市的人才储备和供给能力，也是可持续发展最自信的战略资源……" A-067 "……未来，无论是广州、大湾区还是全国其他地区，对人才的渴求只会越来越迫切。作为华南地区的重要教育中心，广州有责任。鉴于广州的高水平大学数量少、自主创新能力弱、国际影响力小等缺点，提高高等教育质量也是当务之急。一方面，计划建设成世界一流区域性大学的高校应定位为研究型大学。同时，几所本科院校的少数学科也计划定位为研究型学科，显然，这些学科是广州高等教育发展的尖兵。另一方面，在学科结构上，要结合粤港澳大湾区产业转型升级和战略性新兴产业布局，优化学科专业结构……" A-068 "……理念的创新不可或缺，产学研结合需要更加紧密，高等教育经费来源的多元化也势在必行。世界高等教育发展经验表明，高等教育经费不能完全依赖财政，如何吸引社会资金以投资或捐赠的形式投入到高校，离不开教育家、高校的魅力，更离不开政策的激励……"

续表

范畴化	概念归属	原始资料（初始概念）
土地整理贷款	土地利用	A-069 "……我国正处于快速发展阶段。在建设用地供需矛盾突出的同时，建设用地的粗放浪费现象严重。与发达国家相比，土地利用率和产出率存在明显差距……" A-070 "……首先，严格控制建设用地的增加，形成倒逼机制，用土地供应的硬约束来促进土地的节约集约利用，即总量少，倒逼提高土地利用效率。其次，通过深化土地使用制度改革，充分发挥市场配置土地资源的基础性作用，加快推进经营性基础设施用地的有偿使用，提高土地使用成本，使土地使用者节约集约使用土地。再次，要形成有利于土地节约集约利用的税费制度。通过税费的调整，使大家自觉节约和集约利用土地。最后，探索和推进城镇用地增加与农村建设用地减少相挂钩的政策，稳步推进农村建设用地的整理和完善，不断优化城乡建设用地结构……" A-071 "……土地利用率是一个反映土地利用程度的指标。它是一个国家或地区的发达土地面积与总土地面积的比率。由于人类对土地的用途很多，土地利用的分类也相当复杂。一般来说，人类利用土地的主要目的可以分为两类：①获取生活资源，即从土地上获取各种维持生命的资源，广义上讲，农、林、牧、副、渔、工、矿、电等生产资源都来自土地。②提供生产和生活基地，包括各种生产事业所需的场所，以及人们生活所需的住房、交通、娱乐等各种活动的基地……" A-072 "……统筹城乡建设用地，实现土地节约集约利用。因地制宜，着眼长远，立足当前，科学规划，努力实现时间和空间的最佳结合。加强对旧村和空心村的整治和改造，有效利用闲置土地，划定永久基本农田保护区，进一步强化政府监管职能和执法力度。通过限制土地供应，改变工业用地的外延式、扩张式发展模式，走以提高土地利用效率、盘活土地存量资产为主的内涵式发展道路，改变贪大求全的建厂旧观念，突出经济效益和社会效益，优化土地资源配置，依靠法律保障，加强法律监督，制止和严惩土地利用过程中的违法违纪行为。要按照节约集约用地的原则，统筹城乡建设用地，实现城乡建设一体化……"
	耕地保护	A-073 "……耕地是国家粮食安全的基石，保护耕地是我们的生命线。切实提高政治站位，坚决扛起耕地保护和粮食安全的重大政治责任，严格落实耕地保护的党政同责，牢牢守住耕地保护红线和粮食安全底线。要进一步落实最严格的耕地保护制度，全面推行田长制，扎实开展退耕还林、退耕还园、耕地抛荒等专项行动，确保田长制叫得响、行得通、有实效。要坚决遏制耕地非农化，严格控制耕地非粮化，牢牢掌握粮食安全的主动权……" A-074 "……守住耕地和基本农田红线是农业发展和农业现代化的基础和命脉，是国家粮食安全的基石。在新形势下，严格划定和特殊保护永久基本农田，是加强现代农业发展的物质基础；是强化城市发展边界约束，促进新型城镇化健康发展的有效措施；是资源环境承载压力，促进生态文明建设的重要举措；也是促进基本农田落地到户，有效保护广大农民土地权益的有力保障。严格规范设施农用地管理，强化耕地保护红线，既是新形势下落实'稳增长、调结构、促改革、惠民生'的重要举措，也是审慎稳妥地推进农村土地制度改革的底线要求……" A-075 "……守住耕地红线和基本农田红线是一项系统工程，需要多方面的共同努力。要完善机制，落实责任，明确义务。依法保护耕地，既是各级政府的政治责任，也是法律义务。在推进过程中，当地政府部门要勇于承担相应责任，严格把关，同时，相关部门要积极配合，共进退……" A-076 "……耕地保护既关系到粮食安全，也关系到国民经济和人民生活。近年来，我国运用法律、行政、经济、技术等手段和措施，对耕地的数量、质量、生态进行了'三位一体'的保护。但是，在利益的驱使下，总有一些地方和个人没有充分认识到耕地的重要性，放弃耕地、占用和滥用耕地的现象经常发生。对此，耕地保护应充分发挥各方的合力，属地政府、各相关部门，甚至承包人、种植户都应履行耕地保护的责任，谁也不能缺席……"

续表

范畴化	概念归属	原始资料（初始概念）
安置建设贷款	安置规模	A-077 "……大规模加快安置房建设，不仅是一项大型民生工程，也意味着住房保障制度的调整不仅关系到楼市，还影响到金融市场、经济体制，甚至发展理念。近年来，商品房垄断的住房市场、地方土地财政的积累、扭曲的发展理念，不仅引发了暴力拆迁等一系列新的社会问题，而且严重挤压了实体经济和企业的创新空间，成为转变经济发展方式的障碍。政府主导的大规模安置房建设，以民生为导向，可以为畸形的房地产市场降温，正确引导社会投资方向，鼓励更多的企业和资本投入到实体经济和科技创新。从这个意义上说，加快大规模的安置房建设也有望成为转变发展方式的重要突破口……" A-078 "……安置房是保障性住房的一种，是国家民生工程的一部分。安置房建设的目的是进一步解决中低收入群体和拆迁户的居住条件，促进城镇化建设的不断发展。改善城市低收入居民的居住条件是一个重要的民生问题。加快推进安置房项目建设，对改善民生、促进社会和谐稳定具有重要意义。加大安置房投资力度，有利于控制高房价，更好地落实住房价格调整的政策目标，减少刚性需求带来的恐慌性需求，有利于防止住房价格和销售的大幅上涨和下跌。安置房投资本身对经济也有相当大的刺激作用。安置房的大规模推出，可以让大量中低收入者以较低的成本拥有一个家，而不是购买一套商品房。但是，省吃俭用，可以腾出钱来改善生活，释放更多的国民消费能力，扩大内需……"
	安置补偿	A-079 "……临时安置补助金是指在过渡期内支付给被拆迁人或承租人的补助金，即补助金支付给被拆除或租赁的人，拆迁人必须支付临时安置补助金。拆迁人向被拆迁人或承租人支付安置补助金，在过渡期内，被拆迁人或承租人自行安排住房的，拆迁人支付临时安置补助金；被拆迁人或承租人使用拆迁人提供的临时住所的，拆迁人不支付临时安置补助金。安置补助金和临时安置补助金的发放标准由省、自治区、直辖市人民政府规定……" A-080 "……关于临时安置补助费，国务院颁布的《房屋拆迁管理条例》中没有具体规定，只是原则性规定。但是，各地根据条例制定的地方性法规中对此有规定。例如，浙江省规定：①拆迁补偿安置协议签订后，应一次性支付搬家费。使用临时周转房的，应在迁入正式安置房时重新发放。②被拆迁人或承租人自行解决周转房的，由拆迁人支付临时安置补助费。从被拆迁人或承租人搬出被拆迁房屋之日起至安置后 4 个月止。拆迁人在协议规定的过渡期内未提供安置房的，应当自逾期之日起按原标准的两倍支付临时安置补助费。拆迁人应提供周转房，在规定期限内未安置的，除继续提供周转房外，应按规定标准支付临时安置补助费。③被拆迁人或承租人有权选择具体的过渡方式……"

范畴化	概念归属	原始资料（初始概念）
园区建设贷款	产业转移	A-081 "……在发达国家或地区，产业结构的调整使原来的主导产业向国外转移，原来的主导产业成功转移到国外，但国内的生产要素却集中在新的主导产业上，为产业结构的顺利调整创造了条件。对于发展中国家或地区来说，接受发达国家的产业转移，可以加快国家或地区的经济结构调整，缩短产业升级的时间，从而加快工业化的进程。国际产业转移促进区域经济一体化，形成国际产业分工与合作，形成产品生产过程中的分工与合作。产业转移对转移出地区和转移入地区的自然环境有深刻的影响。一方面，产业转移改变了该地区的地理景观；另一方面，产业转移伴随着环境污染的转移和扩散。随着产业的转移，就业机会也从转移的国际或地区转移到转移的目标国家或地区……" A-082 "……投融资通过改变产业结构影响城镇化的质量。一个地区大量资金的积累会带动当地经济发展，就业人口增加，当地第二产业的比重就会提高。当人口聚集到一定规模时，当地第三产业的比重也会提高，从而优化产业结构，城镇化质量稳步提高……" A-083 "……营商环境得到优化，商事制度改革不断深化，市场环境不断改善。五年来，企业法人单位、产业活动单位和个体工商户数量明显增加，取得了一批改革创新和服务优化成果……" A-084 "……随着我国人口结构的变化，近年来就业人口规模总体上稳定在7.7亿左右，城镇就业人口总量已超过4亿。第四次全国经济普查中，二三产业的就业人口约3.8亿。通过这次普查，我们发现一个问题：制造业的从业人员比例在下降，而第三产业的从业人员比例在明显上升……"
	居民收入	A-085 "……我国城镇化建设的目的是缩小城乡差距，实现城乡资源均衡配置，使城乡居民享受到城镇化发展带来的便利和幸福质量的最终目标……" A-086 "……投融资规模的扩大将提高当地的经济水平和消费水平，增加当地的GDP，提高居民的生活水平……" A-087 "……除了城市基础设施、公用事业和公共服务这三个主要方面外，资金需求的构成还包括就业创业、教育医疗、人口城镇化后居民的消费……" A-088 "……在城市人口快速扩张时期，城市新增加的人口给基本公共服务均等化的实施带来了巨大压力，许多城市新居民和农民工面临着看病难、入学难、保障低等一系列问题……" A-089 "……首先，我国一年期利率随着社会的发展呈下降趋势，说明城镇居民的可支配收入在增加。它的增长可以用抛物线函数来预测，这表明中国农民储蓄存款的增长。其次，城镇居民的可支配收入与一年期储蓄利率成反比。为了提高我国城镇居民的可支配收入，可以适当调整利率，以缓解目前的高储蓄，从而提高居民经济增长速度，既要降低利率，又要使金融市场多元化，拓宽投资渠道，合理转移居民的储蓄资金。动员居民了解各种金融市场信息，增加股市、债市、基金市场的融资，不断扩大民间投融资渠道，振兴整个国民经济。同时，由于我国金融市场发展较晚，为了保证居民资金的安全，要严格规范上市公司的管理，建立健全审查制度，建立一个健康、健全的金融市场……"

续表

范畴化	概念归属	原始资料（初始概念）
土地 征收 补偿	土地 补偿	A-090 "……征地过程是政府与农民之间的利益博弈。只有通过落实项目准备权，才能将利益落实到农民身上。合法权利是土地征收过程中保护农民的基础。要在现有征地制度的基础上进行权利配置：从农村土地承包经营权的物权出发，以农民参与机制为基础，依托便捷、低成本的救济渠道，以社会保障为后盾，构建农民在征地过程中的权利体系，因此，土地征收法律保护机制不仅是一种静态的利益补偿机制，而且是一种动态的权利保护机制。我国土地公有制实行国家和集体双重所有制，土地补偿机制和征地救济制度仍存在较大缺陷。针对存在的问题，结合我国实际国情，借鉴国外立法，完善我国征地补偿制度，保护被征地农民的合法权益尤为重要……" A-091 "……纵观我国土地征收制度的发展过程，它总体上是渐进的、合理的。例如，赔偿标准逐渐提高；审批权限基本不断增加，基层政府的审批权限越来越小；征地程序在不断变化。被征地农民的安置方式越来越灵活多样；土地征用的法律依据正在不断修订，以适应新的时代背景。但仍有一些不足之处……" A-092 "……我国所有的征地补偿都是以现金支付的。虽然这种方法操作相对简单，但不能完全满足现阶段中国农民的需求。我国长期以来一直是一个农业国，是一个农业大国，土地对我们的农民有着非同寻常的意义。土地是农民生活的基本保障，农民对土地有着强烈的情感寄托。很难把他们从过去的生活模式中解放出来，改变他们的社会角色，以换取一笔祖祖辈辈培育的金钱，将使他们在生活中长期感到茫然，不仅无法提高他们的生活水平，而且可能会使他们的生活水平低于征地前……"
	征收 补偿	A-093 "……我国土地征用补偿制度遵循适当的补偿原则。土地征用补偿的原则包括三个：完全补偿、相当补偿、不完全补偿的原则。这是社会上的义务，考虑到我国现有的法律规定，我国的土地征用补偿制度属于适当的补偿原则，即不完全的补偿原则。虽然建立的传统土地征用制度的补偿标准是相对应的就业再定居，但是随着社会的发展和现在的经济系统，传统的土地征用补偿标准已经不能满足农民生存的需要。在一些补偿标准中，增加了部分就业安排是适当的……" A-094 "……我国根据土地评估的地方土地征用补偿受益者的比例不明确。由于计划经济时期的影响，对农村地区存在严重歧视，农村土地不被视为商品。各种名义上的扣除土地补偿金，导致土地所有者无法从中获得任何效益。在土地征收补偿程序中，我国的公共程序还不够完善，行政色彩浓厚，缺乏有效的约束力……" A-095 "……我国农村土地征收补偿制度存在的原因主要有以下几个方面：首先，我国的土地所有权受到限制。严格来说，土地所有权属于最完整的物权，但在现实生活中，我们可以看出土地所有权的有效性受到侵蚀，他们拥有的权利没有得到充分体现，土地主体也不清晰。即使农民拥有所有权，这也只是一小部分。其次，在现实生活中，农村土地所有权在物权中的排他性并不起作用。在转让的过程中，农村土地流转方式非常有限，通常只涉及征收与征用，个人之间无法很好地发挥作用。在转移过程中，国家扮演着'垄断'的角色，经营土地的市场，导致农民行使权力受到许多限制……"

范畴化	概念归属	原始资料（初始概念）
土地综合开发	土地开发	A-096 "……在我国的土地资源中，耕地、园地、林地和牧场占66.6%，占主导地位；农业用地中，草地和林地所占比例最大，其次是耕地，园林用地最少。未利用土地主要是难以开发利用的沙漠、荒漠、裸岩碎石、重盐碱地、沼泽等，大多分布在自然条件恶劣、开发难度大的西北干旱地区和青藏高原……" A-097 "……近年来，我国工业化速度加快，城镇化水平不断提高，基础设施建设和城市建设需要大量土地资源。一些城市盲目建设，盲目设立开发区，导致土地资源逐渐减少。为了追求政绩，一些地方政府大力建设'形象工程'，给土地资源保护带来困难……" A-098 "……在土地利用结构和布局方面，迫切需要做的工作包括：调整城市建设用地结构。在土地利用总体规划的基础上，结合城市规划，调整城市土地利用结构，调整土地利用规模和面积应该重新审视这座城市。乡镇企业土地清理。在制定乡镇企业发展规划的基础上，通过产业调整，清理现有乡镇企业用地，清理不合理占地，走相对集中、有序发展的乡镇企业道路。农业生产的区域专业化。农业生产的区域集中和专业化经营是提高土地利用效率、形成良好土地利用结构的重要战略……"
	土地平整	A-099 "……在完善产权保护制度的前提下，我国农村土地流转和土地平整的热潮还未褪去。通过土地流转和平整，我国初步形成了以农民为主体、以新型农业经营主体为骨干、服务社会化的经营格局。农业现代化使农村面貌发生了巨大变化……" A-100 "……土地整理是补充耕地、促进土地集约合理利用的重要土地资源管理措施。目前，人们对自己面临的生活条件和子孙后代的生活环境有了积极的认识。土地平整工程是土地整理工程的重要内容之一，是实现农业机械化和农田水利的重要条件，是建设高产稳产基本农田的重要措施……" A-101 "……土地平整项目的目的是提高耕作机械的工作效率、场地平整度、灌溉均匀度和排水顺畅度。每一项内容都有非常明确的服务对象，必须紧紧围绕提高耕地生产效率、促进土地资源可持续利用这一中心进行系统研究，建立工程体系，为土地平整标准来制定服务……"

续表

范畴化	概念归属	原始资料（初始概念）
农业 农村 建设	农业 开发	A-102 "……自古以来，农业一直是国民经济的基础。我国一直在探索农业发展道路，在农业科技、经济和社会方面取得了巨大成就。然而，现代中国农业存在着社会、经济和生态问题，这些问题制约着我国农业的发展。我国农业发展必须有一个目标，选择适合我国国情的农业发展模式，这才能让我国的农业走向真正的现代化……" A-103 "……现行农业经营体制是以农村土地家庭承包经营为基础的小规模经营模式。在改革初期，这种小户型的农业生产经营模式确实起到了积极的作用。然而，随着农村改革的深入，这种小规模农业经营体制与现代农业发展之间的矛盾愈演愈烈。这种矛盾不仅阻碍了农业产业链的有效衔接，而且降低了农业生产效率，抑制了农业增收潜力。此外，还阻碍了农村土地的适度规模流转，使现有的农业生产工具仍处于人畜共耕的原始状态，延误了农业机械化的研发和推广；农业生产技术仍然停留在提高农产品总量和促进农业生产上。化肥和高残留农药的使用阻碍了优质无污染生产技术的使用和研发；农村土地的价值仍然停留在单一的农产品原始产出效益上，无法转化为交易。资本用于扩大农业再生产并从中获得更多利润。因此，建立适度规模的农业经营模式是未来农业发展的必由之路……" A-104 "……目前，我国农业发展的弊端不仅表现在农业经营规模小、农业经营主体分散，还表现在农民组织化水平低、农业合作体系不完善等方面。规范有效的农业组织形式和农业合作体系的形成和建立，将对加快农业发展、提高农业经济效益、促进传统农业向现代农业转变发挥重要作用……"
	农民补贴	A-105 "……我国农业补贴政策取向可分为三个阶段，即工业化初期的农业负向保护政策、快速工业化时期的平衡农业政策和工业化中期农业政策的全面转型。农业负保护政策主要通过工农业产品价格剪刀差和农业税收来实现；负保护政策的调整主要表现为提高农产品收购价格，实施农产品价格支持，加大财政对农业的支持力度；农产品价格支持措施和直接补贴政策的实施，意味着我国已初步建立起农业补贴体系的基本框架……" A-106 "……进入21世纪以来，中央政府提出了把解决'三农'问题作为全党工作的'重中之重'的战略思想，制定了工业反哺农业、城市支持农村、多给少取的基本政策。自2004年以来，一批关于'三农'的中央一号文件和《中共中央关于推进农村改革和发展若干重大问题的决定》相继出台，共同构成了我国新时期农业政策的支柱。该框架实施了一系列补贴和支持农业的政策和措施，这意味着我国农业政策开始了全面转变。其基本特点是：一是价格支持政策已成为补贴支农的基本措施。二是政策性补贴从流通环节转向生产环节，对农民的直接补贴逐步成为支农的重要方式。三是农业补贴总量和支持水平大幅提高。四是农民负担大大减轻。五是对农业综合企业服务的支持继续增加……" A-107 "……随着我国经济的发展和农业比较优势的下降，农业补贴不断增加，甚至被用作增加农民收入的手段之一。事实上，在我国农业小规模经营的国情下，利用农业补贴增加农民收入是不现实的，我国的财政无法承担这么大的压力。即使在美国和日本等发达国家，农业补贴的作用也只是稳定农民收入，而不是大幅增加农民收入。普遍认为的美国补贴占农民收入的40%的说法是根据补贴占1999~2001年农业净利润的百分比计算的。事实上，这一数字近年来持续下降，自2010年以来下降到10%以下……"

范畴化	概念归属	原始资料（初始概念）
环境卫生设施建设	垃圾处理	A-108 "……随着我国城镇化进程的推进，城市生活垃圾的产生呈现出巨大而快速的增长趋势，城市生活垃圾的处置已成为我国大多数城市面临的难题。从中国城市环境卫生协会 2010 年统计数据可以看到，我国垃圾总量高达 10 亿吨每年，其中生活垃圾占比约 40%。并且，目前我国超过三分之一的城市垃圾处理已经饱和，但是垃圾制造量却不断攀升，这就导致垃圾包围城市现象屡屡出现，甚至还有将垃圾倒在其他城市的现象。这表明我国目前垃圾分类回收落实不到位、垃圾随意丢弃、缺乏制度管理和奖惩机制、居民垃圾分类意识不足等……" A-109 "……目前，我国的生活垃圾的收集还是采用以前的混合收集方式。在全国的街道、小区等公共场所放置垃圾桶，然后人们将家庭垃圾倒入垃圾袋再放入垃圾桶进行处理，最后再由当地的环保部门对垃圾进行收集后统一运往垃圾处理公司进行分类处理。我国之所以采用这种方式是因为我国人口较多，垃圾产生量较大，这种收集方式相对简单且对设备和管理的要求较低。符合我国目前的基本状况……" A-110 "……经过多年的努力，我国在生活垃圾处理方面取得了巨大成就。20 世纪 80 年代初，真正意义上的垃圾收集在中国开始；20 世纪 90 年代，标准化的无害化垃圾处理在我国开始实行。经过 20 多年的发展，我国城市生活垃圾无害化处理率达 96.6%，远远超过餐厨垃圾、污泥、危险废物等其他固体废物种类。要取得这一成就并不容易。在生活垃圾质量低、产量高的前提下，我们为这一成就感到自豪。这也是许多一线环保同事共同努力的结果……" A-111 "……我国的垃圾处理方式主要是卫生填埋、焚烧处理和堆肥处理。垃圾焚烧将逐渐成为垃圾处理的主要方法。据数据显示，2018 年，垃圾焚烧的比例逐渐上升至 45% 左右。2019 年，随着垃圾焚烧发电项目的投产，焚烧处理率将达到 54.5% 左右……" A-112 "……由于我国环保产业投资持续增加，公众环保意识增强，餐厨垃圾处理比例增加，我国餐厨垃圾处理产业的市场规模在过去五年中基本呈上升趋势。垃圾处理行业市场将保持稳定增长。据数据显示，2019~2023 年，我国餐厨垃圾处理行业的市场规模将基本保持目前的发展速度，在 2023 年将达 4724 亿元，复合年增长率约 16%……"
	污水处理	A-113 "……现阶段，在继续强调加强城镇污水处理，提高污水处理率，严格执行污水达标排放等措施的同时，深入研究和解决城镇化进程与保护和改善城市生态环境的协调发展问题，恢复和改善城市生态环境，实现社会全面可持续发展也十分重要……" A-114 "……在新的有利形势下，协调平衡发展面临新问题。如何在城市环境中实现新的平衡？城市污水处理如何适应新的平衡？不仅需要在环境管理方面采取新的措施，而且需要为人口城镇化和城市污水处理的协调发展采取战略对策，有些方面仍然需要新的战略……" A-115 "……近年来，中国城市污水处理厂的数量和处理能力迅速增长。截至 2017 年，中国已建成 4119 座城市污水处理厂，日污水处理能力 1.82 亿吨。目前，中国 70% 以上的城镇、90% 的乡镇和 80% 的行政村尚未进行生活污水处理。还有很大的改进空间。然而，农村污水处理能力的年复合增长率约为 8%。更慢的……" A-116 "……官方数据显示，我国目前拥有污水处理厂 427 座，其中二级处理厂 282 座。虽然在数量上已经达到了一个可观的数字，但是处理量的增长速度却远远低于污水排放量的增长速度，并且这个差距还在不断增大。并且在污水处理率方面我国也处于落后阶段，尤其是和发达国家之间的差距，调查显示，在 1980 年，美国等西方发达国家的污水处理率已经达到了 70%，而我国在 1998 年时，污水处理率仅为 15.8%，差距相当明显……"

续表

范畴化	概念归属	原始资料（初始概念）
绿色空间系统建设	城市绿化	A-117 "……在城镇化建设中，要做好绿化设计工作，充分开发利用乡土植物，使其资源优势有效转化为景观环境优势……" A-118 "……中央城镇化工作会议强调，新型城镇化建设要坚持生态文明原则。其中，城市生态环境建设是新型城镇化生态文明建设中备受关注的问题。它反映了新型城镇化建设的生命力是否强大，能否持续发展。进步的能力是否强大。城市园林绿化是影响城市生态环境质量的重要因素。它在调节气候、保持水土、减少污染和美化环境方面发挥着重要作用……" A-119 "……持续的城镇化已经成为我国经济发展的强大动力，但快速的城镇化也导致了一系列严重的环境问题。近年来，特别是 2012 年以来，各地雾霾、水和土壤污染等公共环境问题越来越频繁，严重威胁着人们的基本生活。在此背景下，生态城镇化的概念和实践应运而生。由于自身发展的需要，人们对小城镇的科学建设还缺乏认识，许多小城镇在环境保护与发展之间存在着突出的矛盾……" A-120 "……新型城镇化可能导致林地被侵占或废弃，导致森林严重破碎化，对林业劳动力、资本等生产要素产生不利影响，从而抑制林业产业结构的优化升级……" A-121 "……随着我国城镇化水平的不断提高和城市功能的逐步完善，为产业集聚提供了良好的外部性。林业产业在空间上集聚，从而提高林业生产技术、创新能力和劳动力资源等。结构的优化升级提供了软实力……" A-122 "……在林业产业结构驱动机制研究中，我国众多学者贡献出了自己的一份力，其中张广来在研究南方某林区林业结构的变化规律时，利用了'森林面积'、'造林面积'、'森林覆盖率'以及'森林积蓄量'等变量进行研究……"
	生态效率	A-123 "……生态效率只是一个时髦词，它不是一个实用、明确和可靠的概念，不能用来指导公司或部门实施环境保护战略。此外，由于生态效率难以确认和衡量，该指标尚未纳入企业的核心业务决策系统……" A-124 "……对企业而言，合理使用生态效益指标进行评价和评估，将有助于企业树立低碳节能和绿色环保意识，从而可以变相降低产品成本，提高产品质量，使产品在价格上处于竞争优势地位，更有利于企业的持续发展……" A-125 "……从宏观上看，生态效率是连接经济、资源和环境的重要指标，是衡量经济发展质量的重要标准。近年来，国际社会提出了将资源生产率提高四倍和十倍的建议。一些发达国家把生态效率作为经济发展的重要政策目标，以实现经济与环境的双赢……" A-126 "……作为一个发展中国家，资源的消耗会不可避免地增多，这是无法控制的，这也是实现现代化的必经之路。这是我国的发展权，不能抹黑。因此，我国目前应着眼于提高生态效率，而不是紧盯资源的消耗，只要总量在一个合理的范围内都是没有问题的。通过提高生态效率，可以有效地缓解我国目前的资源环境问题，为我国进一步改善环境提供充裕的时间和机会，更好地实现我国的现代化进程……"

范畴化	概念归属	原始资料（初始概念）
能源 资源 节约 利用	能源 消费	A-127 "……随着技术的进步，各高耗能行业设备的改造，国家节能减排政策的实施，以及一批落后产能的关闭，这些措施导致单位 GDP 能耗大幅下降……" A-128 "……单位 GDP 用电量与产业结构密切相关。在产业结构大幅度调整期间，随着第二产业结构比重的提高，单位 GDP 综合用电量将有明显下降趋势……" A-129 "…… '十四五' 规划全文提到，实施国家节水行动，建立水资源刚性约束体系，加强农业节水增效、工业节水减排、城市节水减损，鼓励循环水利用，降低单位 GDP 用水量。16%左右……" A-130 "……各地水环境安全状况总体处于预警状态。水环境压力巨大，有进一步恶化的趋势和可能性。单位 GDP 的过度用水和废水排放严重威胁着我国的水环境安全……" A-131 "……2019 年，我国万元 GDP 用水量 60.8 立方米，比 2015 年下降 24%；万元工业增加值用水量 38.4 立方米，比 2015 年下降 28%；农田灌溉水有效利用系数从 2015 年的 0.536 降至 0.559……" A-132 "……据初步测算，单位 GDP 二氧化碳排放量较 2019 年下降约 1.0%，较 2015 年下降 18.8%，超过 '十三五' 减排 18%的目标……" A-133 "……单位国内生产总值二氧化碳排放指标达到 '十四五' 规划要求；氮氧化物、挥发性有机物、化学需氧量、氨氮等 4 种主要污染物的总减排指标均顺利完成年度目标……"
	废物 利用	A-134 "……以工业化水平为控制变量时，总预算支出、全社会固定资产投资总额、社会消费品零售总额对城镇化质量仍有显著的正向影响，年末金融机构存贷款总额对城镇化的影响则为反向影响……" A-135 "……我国目前废物有着跨省转移量大，类别相对集中的特点。如广东省和江苏省之间的转移，其转移的危险废物主要为废物容器，占总转移量的 98%；浙江省转移到江西省的危险废物则主要是表面处理废物和有色金属冶炼废物，分别占总转移量的 56%和 36%。主要的利用和处置方法是金属和金属化合物回收；内蒙古自治区向宁夏回族自治区转移的危险废物主要为蒸馏残渣，占转移总量的 99%。2019 年，危险废物的相邻省市转移总量为 80.76 万吨，占全国危险废物跨省、自治区、直辖市转移总量的 43%……" A-136 "……据统计在 2019 年，全国各省危险废物利用处置总量为 3780 万吨，其中危险转移的危险废物量为 189 万吨。危险废物产生量、利用和处置能力的区域分布以及价格等市场因素对危险废物在不同省份的跨区域转移有重大影响。例如，四川省和湖南省危险废物跨省清除量较上年有所下降，这关系到四川省废阴极射线管和废铅酸电池利用和处置能力的提高，以及湖南省废铅酸电池利用和处置能力的提高。广东省用于回收和再利用金属和金属化合物的危险废物数量显著增加，这与该省和其他省份的能力相对不足有关……" A-137 "……除北京、上海、西藏、香港特别行政区、澳门特别行政区和台湾省外，其他 28 个省份均已接收并处置来自其他省份的危险废物。其中 75%的危险废物都得到了有效利用，4%的危险废物在水泥窑中进行了联合处理，2%的危险废物进行了填埋，0.9%的危险废物进行了焚烧……" A-138 "……我国为有效解决危险废物集中处置的各种相关问题，加强了全国各省市的跨区域合作。以福建、江西、四川等省份为例，2019 年通过跨区域合作共转移危险废物 2.24 万吨。危险废物的跨区域合作主要是利用互联网现代化技术，将各省份的危险废物通过互联网进行公布数据共享，通过线上完成危险废物转移的审批，将危险废物处置效率大大加强，以及在特殊情况下的危险废物的转移。这对我国危险废物的处置具有重大意义，不仅提高了危险废物的处置率，更是加大了处置效率……"

续表

范畴化	概念归属	原始资料（初始概念）
市政公用设施建设	道路建设	A-139 "……广西作为少数民族自治区，城镇化质量远远落后于四川和重庆。从地理上看，广西属于山区，这将影响交通的发展，但也会给广西带来一定的旅游收入；在工业方面，虽然远低于四川和重庆拥有的重工业工厂，但广西是中国西南部唯一的沿海省份，也是'一带一路'倡议的重要门户。贸易和运输优势明显，对促进广西经济发展发挥了良好作用……" A-140 "……随着我国城市经济和人口的快速增长，很多城市的交通出现了很多问题，这就需要我们从交通布局和交通设施上做出相应的调整与变动。在进行变动的同时，要做好未来城市发展和人口进一步增长的规划，与此同时，还要保证对资源的合理高效利用，这是我国城市规划所面临的一个重大挑战……" A-141 "……'十四五'规划纲要提出，我国应优先发展城市公共交通，建设自行车道、人行道等慢行网络……" A-142 "……在我国城镇化进程和汽车保有量不断增加的背景下，国务院、交通部等主管部门在各种指导文件中反复强调发展智能公交。公交系统智能化将成为未来的发展方向和必然趋势……" A-143 "……在我国运营的公共汽车和有轨电车的数量正在逐年增加。根据国家统计局的公告，2020 年公交车和有轨电车的运营数据尚未披露。2010~2019 年，全国运营的公交车和有轨电车数量从 37.5 万辆增加到 58.4 万辆。我国公共交通建设稳步发展，拥有人数稳步增加，也直接刺激了城市智能公共交通的市场需求……"
	管网建设	A-144 "……我国的城市管网建设坚持'先地下，后地上'的原则，保证城市基本设施建设，城市管网的安全稳定运行离不开环境保护，因此，应严格落实可持续发展战略要求，加强环境保护策略，这对我国城市管网建设具有重大的现实意义……" A-145 "……城市管网是一个城市的基础，它影响着人们的日常生活以及社会的协调发展。因此，地下管网的建设、管理、维护要有效开展，这就需要各部门统一协调，统一部署，并且要建立专门的管理机构，对各种突发事故进行快速准确的反应以及处理。在资金方面可通过招商引资、直接投资等有效的经济措施，为城市管网建设提供充分的资金支持，保证管网建设的完善……" A-146 "……随着我国城镇化进程的快速发展，管网系统也在进行快速的更新建设，这就需要各级政府加大对管网系统的管理，提前规划未来管网系统，做到防患于未然。同时，各部门要积极配合，建立协调统一的管理办法……" A-147 "……由于技术发展，管网无法实现雨水和污水的分流，导致污水的收集率呈现较低情况。例如覆盖我县所有街道和生活区的污水管网，其虽具有覆盖全面性，但其雨污水管道存在分流不全等问题，这使得污水收集率和处理率低。目前，新建、扩建和改建的居民区虽然完全符合雨污分流系统要求，但其就城市的污水管网仍存在雨污水河流的问题。因此，建立城市管网的长效管理机制，实现城市雨污水分流和污水'全收集、全处理'目标至关重要……"

范畴化	概念归属	原始资料（初始概念）
水气基础设施建设	供水普及	A-148 "……作为城市公共服务的组成部分之一的城市生活供水，关乎城市和临时居民的生活质量……" A-149 "……常住人口、城市用水普及率等因素影响城市用水人口量。有研究者曾指出，社会公共资源、工人工资、就业率和城镇化水平是关乎人口流动的重要因素。国家统计局曾对2004~2015年的城市供水人口进行了统计分析，发现我国城市供水人口增长了约48.69%……" A-150 "……近年来，随着我国城市供水的不断增长和供水管网的快速扩张，面对分散的管网、用户、泵站和水厂的管理，要求水务部门和企业的管理方法和工作效率能够跟上快速发展的步伐。因此，水务部门和企业需要建立一个支持整个供水管理的智能水务平台……" A-151 "……2019年，我国城市供水管线长度达到92.01万公里，供水普及率达98.78%。2020年，我国城市供水管道长度约为96.41万公里，供水普及率约为98.98%……"
	供气普及	A-152 "……改革开放后，我国城市燃气生产和供应行业开始快速发展。近年来，随着国民经济的快速发展，改变能源结构、改善空气质量的问题引起了政府和社会各界的广泛关注。在气源厂的生产过程中，人工煤气由于成本高、空气质量差、环境污染等原因逐渐退出人们的关注；天然气作为一种清洁、高效、廉价的能源越来越受欢迎……" A-153 "……近年来，随着城市改造规划的推进和旧城供气管网的改造，城市燃气普及率进一步提高。2009~2019年，城市燃气普及率从91.41%上升到97.29%，中国城市燃气普及率处于较高水平。目前，我国城市燃气已形成优先使用天然气的格局，城市燃气消费以天然气城市燃气消费为主。近年来，中国天然气管道长度持续增长，城市燃气管网的进一步完善和大气污染控制要求的提高促进了中国城市燃气消费市场需求的增长，中国城市燃气保持了快速发展。2019年，城市燃气消费量达到1064亿立方米，同比增长12%……" A-154 "……2020年9月，习近平总书记首次在第七十五届联合国大会上提出了我国'双碳'发展目标，承诺力争在2030年实现二氧化碳排放最高峰，力争在2060年前实现碳中和。中国继续推进清洁能源低碳发展。2020年，煤炭消费占能源消费总量的56.8%，同比下降0.9个百分点；天然气、水电、核电、风电等清洁能源消费将占能源消费总量的24.3%。上升1个百分点。2020年我国一次能源消费总量同比增长2.2%，其中煤炭消费增长0.6%，原油消费量增长3.3%，天然气消费量增长6.9%……" A-155 "……从管道总长度来看，我国城市燃气管道长度逐年增加，2010~2019年复合增长率为10.9%。2019年，城市燃气管道总长78.33万公里，其中天然气管道76.79万公里，液化石油气管道4451.5公里，人造气管道10914.97公里……"

续表

范畴化	概念归属	原始资料（初始概念）
新型基础设施建设	网络覆盖	A-156 "……互联网人口的快速增长改变了客户使用金融服务的习惯和方式。金融机构和金融服务必须快速适应依赖互联网客户的行为变化……" A-157 "……金融企业和非金融企业都到了发展创新的重要战略时期。一方面，金融企业的信息化、互联网化业务基础设施不断深化，逐步具备了通过互联网提供金融服务的能力和动力；另一方面，互联网企业通过电子商务积累的客户群，为金融服务提供了很大的需求空间……" A-158 "……蜂窝互联网用户规模不断扩大，IPTV用户数量持续增长。截至10月底，三大基础电信企业发展蜂窝互联网终端用户13.85亿户，比上年末净增2.5亿户，其中终端用户用于智能公用事业、智能制造、智能交通运输占比22.3%、17.6%、16.7%。IPTV（互联网电视）用户总数达到3.43亿户，比上年末净增2825万户……" A-159 "……截至2020年12月，我国网民数量达9.89亿人，比2020年2月增加8540万人，互联网的普及率更是达到了70.4%，增长迅速。同时，互联网行业在抵御新冠肺炎疫情中也发挥了重要作用……" A-160 "……通过数据观察到，我国电子政务的发展指数为0.7948，位居世界第45位，相比于2018年提升了20名，其中的在线服务指数更是迈入全球领先行列，位居第9位……"
	数字转型	A-161 "……目前，世界已经全面进入数字经济时代，我国在数字经济方面更是取得了巨大的成就：大数据、人工智能云计算等技术日益精进，在我国社会发展的各个领域都得到了广泛应用……" A-162 "……数据统计显示，2018年我国数字经济规模为31.3万亿元，2019年为35.8万亿元，2020年更是达到了40.5万亿元，同比增速13.16%。2021年11月，我国共有5G基站139.6万座，5G用户高达4.97亿人，基站数量占全球的70%以上……" A-163 "……因为我国拥有全世界最大的消费市场，这为我国数字经济的发展提供了一个很好的发展环境。在庞大的消费群体的作用下，我国的数字经济发展迅速，规模不断扩大，用户数量也不断增长，促使数字经济创新成果不断涌现，同时使得我国互联网企业的竞争力进一步加强。如阿里云、百度的人工智能等，使得他们成为了全球云计算和人工智能科技公司的佼佼者……" A-164 "……我国在数字经济方面也存在些许的问题，如很多国民受传统思想观念的影响，对现代科技发展的趋势认识不到位，理解不够深刻，导致很多企业在考虑企业转型升级和创新时，不敢积极探索，过多地考虑转型创新所带来的风险，大部分企业都选择了观望。同时，我国缺少科技创新人才和技术。据统计，美国每100万名雇员中的顶尖人工智能研究人员的数量是我国的20倍。所以在数字经济的发展上，我国还有很多进步的空间……"

4.3.2 主轴编码（二级编码）

根据主轴式编码的流程，在开放式编码的基础上更好地发展主范畴。通过主轴式编码发现，开放式编码中得到的各个概念范畴确实存在内在联系。根据不同范畴之间的相互关系，归纳得到6个主范畴，分别为：中央财政、地方税收、银行贷款、土地融资、债券融资和投融资平台。主轴式编码形成的主范畴、对应范畴和关系的内涵如表4-2所示。

表4-2　主轴式编码形成的主范畴

主范畴	对应范畴	关系的内涵
中央财政	经济结构调整	产业结构、消费结构影响中央财政
	地区协调发展	收入差距、消费差距影响中央财政
	宏观调控实施	投资规模、消费规模影响中央财政
地方税收	社会保障事业发展	社会保障、就业状况影响地方税收
	医疗卫生健康服务	医疗投入、医疗硬件影响地方税收
	教育资源均衡配置	教育投入、教育规模影响地方税收
银行贷款	土地整理贷款	土地利用、耕地保护影响银行贷款
	安置建设贷款	安置规模、安置补偿影响银行贷款
	园区建设贷款	产业转移、居民收入影响银行贷款
土地融资	土地征收补偿	土地补偿、征收补偿影响土地融资
	土地综合开发	土地开发、土地平整影响土地融资
	农业农村建设	农业开发、农民补贴影响土地融资
债券融资	环境卫生设施建设	垃圾处理、污水处理影响债券融资
	绿色空间系统建设	城市绿化、生态效率影响债券融资
	能源资源节约利用	能源消费、废物利用影响债券融资
投融资平台	市政公用设施建设	道路建设、管网建设影响投融资平台
	水气基础设施建设	供水普及、供气普及影响投融资平台
	新型基础设施建设	网络覆盖、数字转型影响投融资平台

4.3.3 选择性编码（三级编码）

运用扎根理论方法与流程，围绕西南地区新型城镇化多元化投融资体系构建这一主线，按照选择性编码的步骤，选择核心范畴，分析核心范畴与其他范畴之间的关联，并以典型关系结构的形式描述整个行为现象，生成一个新的实质理论框架。主范畴的典型关系结构、关系结构的内涵如表4-3所示。

表4-3　主范畴的典型关系结构

典型关系结构	关系结构的内涵
中央财政→城镇化建设	中央财政是城镇化建设的直接驱动因素，它直接决定城镇化建设
地方税收→城镇化建设	地方税收是城镇化建设的直接驱动因素，它直接决定城镇化建设
银行贷款→城镇化建设	银行贷款是城镇化建设的直接驱动因素，它直接决定城镇化建设
土地融资→城镇化建设	土地融资是城镇化建设的直接驱动因素，它直接决定城镇化建设
债券融资→城镇化建设	债券融资是城镇化建设的直接驱动因素，它直接决定城镇化建设
投融资平台→城镇化建设	投融资平台是城镇化建设的直接驱动因素，它直接决定城镇化建设

本书确定了西南地区新型城镇化多元化投融资体系这一核心范畴，以及对其有显著影响的中央财政、地方税收、银行贷款、土地融资、债券融资、投融资平台6个主范畴。中央财政是中央政府直接支配的财政，在国家财政中居于主体地位，反映了单位之间的财政分配关系。中央财政是城镇化建设的直接驱动因素，它直接影响城镇化建设。地方税收由地方征收的税，它属于地方财政的固定预算收入。地方税收是城镇化建设的直接驱动因素，它直接影响城镇化建设。银行贷款是指银行将资金出借给资金需要者的经济行为，贷款一般会规定利息和偿还日期。银行贷款是城镇化建设的直接驱动因素，它直接影响城镇化建设。土地融资是将土地进行信用抵押，用来获得资金维持运营的一种模式。土地融资是城镇化建设的直接驱动因素，它直接决定城镇化建设。债券融资是指通过举债的方式进行融资，解决营运资金短缺的问题。债券融资是城镇化建设的直接驱动因素，它直接决定城镇化建设。投融资平台是指地方各级政府设立的公司，包括各类城市建设投资、城市建设开发、城市建设资产公司等法人机构，以融资为主要经营目的，主要以营业收入、公用设施收费、财政资金作为还款来源。投融资平台是城镇化建设的直接驱动因素，它直接决定城镇化建设。以此典型关系结构为基础，本书构建出一个全新的西南地区新型城镇化多元融资体系构架，称之为"西南地区新型城镇化多元化投融资体系构建模型"，如图4-2所示。

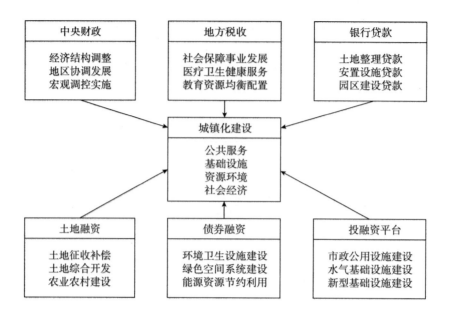

图4-2 西南地区新型城镇化多元化投融资体系构建模型

4.3.4 理论饱和度检验

理论饱和度检验是用部分预留资料数据对理论进行检验，若未发现新的范畴和关系，则理论模型停止采样。本书采用另外1/3的资料数据进行理论饱和度检验。结果显示，西南地区新型城镇化多元融资体系模型中的范畴已经非常丰富，除了西南地区新型城镇化多元化投融资体系的6个主范畴（中央财政、地方税收、银行贷款、土地融资、债券融资和投融资平台）之外，没有发现产生新的范畴和关系，6个主范畴内部也未发现新的构成因子。因此，认定该理论模型饱和。

4.3.5 编码有效性分析

编码是指将原始资料重新概念化的过程。编码有效性主要体现在研究问题设计的有效性、样本对象选择的有效性和资料数据处理的有效性。首先，研究问题设计的有效性。探寻西南地区新型城镇化多元化投融资体系，特别注重资料数据收集的广度和深度。其次，样本对象选择的有效性。选择西南地区的广西、重庆、四川 3 个省份在新型城镇化进程中的数据为研究样本。最后，资料数据处理的有效性。对原始数据资料分解、提炼，得到初始概念。

4.4　理论模型的构建与阐释

通过建立开放式编码、主轴式编码和选择式编码，发现西南地区新型城镇化多元化投融资体系构建模型可以有效解释新型城镇化多元化投融资体系构建。具体来说，西南地区新型城镇化多元化投融资体系可以归纳为 6 个主范畴：中央财政、地方税收、银行贷款、土地融资、债券融资和投融资平台。

4.4.1　模型 1：中央财政→城镇化建设

模型 1 说明中央财政是直接驱动因素，对城镇化建设产生影响。样本对象的原始文献资料和访谈记录支持了本观点。

中央财政资金是我国城镇化建设的重要资金来源，可以有效填补社会资本投入的不足，正确规范和引导投融资市场合理配置资本。中央财政主要应用于经济结构调整、地区协调发展和宏观调控实施，对城镇化建设产生影响。

①经济结构调整。经济结构的调整为经济增长提供了强劲动力，加强了对城镇化发展的支持。目前，经济增长的动力已经发生了根本性的变化，主要表现在主动力由第二产业转变为第三产业，服务业的增加值在地区生产总值中占很大比重，为国民经济的增长做出了巨大贡献。城镇化进程中随着物质消费向服务消费的升级，居民消费结构由物质消费向服务消费升级的趋势越来越明显。②地区协调发展。我国发展不平衡不充分的问题体现在城乡发展不平衡，农村发展不充分。要推进以县城为重要载体的城镇化建设，逐步缩小城乡差距，实现城乡居民收入平衡。③宏观调控实施。投资和消费主要对应的是国内需求。内需不仅是总需求的基础盘，而且是占总需求比重不断扩大的增长盘。我国已逐步进入依靠扩大内需拉动经济增长的发展阶段，这影响了城镇化建设。

4.4.2 模型2：地方税收→城镇化建设

模型2说明地方税收是直接驱动因素，对城镇化建设产生影响。

地方税收一直是政府财政收入的主要来源，其最大的特点是无偿性，特别适合公益性城镇化基础设施融资。地方税收主要应用于社会保障事业发展、医疗卫生健康服务和教育资源均衡配置，对城镇化建设产生影响。

①社会保障事业发展。我国非农产业与农业的生产效率差距还比较大，这意味着劳动力从农业向非农产业、农村向城市转移的动力很强。就业结构的转变相对滞后，这也为我国未来的经济发展和城镇化建设提供了充足的动力，我国城镇化快速发展的势头依然强劲。②医疗卫生健康服务。目前，我国农村居民也在追求更好的公共卫生和基本医疗服务。为了确保居民在城市中获得可持续发展的机会，医疗卫生等社会因素对城镇化有重要影响。因此，城镇化的发展存在较大的惯性。③教育资源均衡配置。推进义务教育学校布局调整，合理配置教育资源。目前，城市中小学生人数占全国中小学生人数的比例较高，未来，现有的大学生将进入工作年龄，进入劳动力市场，他们中的大多数人将继续留在城市。

4.4.3 模型3：银行贷款→城镇化建设

模型3说明银行贷款是直接驱动因素，对城镇化建设产生影响。样本对象的原始文献资料和访谈记录支持了本观点。

银行贷款是一种传统的融资方式，也是地方政府城镇化建设的主要资金来源之一，主要来自地方政府融资平台的贷款。银行贷款主要应用于土地整理贷款、安置建设贷款和园区建设贷款，对城镇化建设产生影响。

①土地整理贷款。土地整理主要指在一定区域内，结合土地利用总体规划确定目标和用途，将土地整理与城乡建设用地增减挂钩，促进综合整理。进一步改善农村生活、生产和生态环境，加快农业规模经营和产业集聚发展，实现城乡协调发展，推进新型城镇化。②安置建设贷款。安置小区是在推进中国特色新型工业化和城镇化过程中形成的一种新型住宅小区，既不同于传统的农村小区，也不同于现有的城市住宅小区。如何规划好、建设好和管理好安置小区，是基层社会治理创新的重要内容，直接关系到区域经济社会健康、稳定、和谐发展。在居民

安置小区的规划、建设和管理方面进行实践和探索，能够加快城乡一体化发展，与百姓共享发展成果。③园区建设贷款。工业园区承担着发展产业、提升城市和区域综合实力、促进城市经济社会发展的任务。随着劳动力人口由农业向非农产业转移，产业与城市融合发展，逐渐形成以城市为基础，承载产业空间，发展产业经济，以产业为保障，带动城市更新，完善服务设施的发展格局。

4.4.4　模型4：土地融资→城镇化建设

模型4说明土地融资是直接驱动因素，对城镇化建设产生影响。样本对象的原始文献资料和访谈记录支持了本观点。

自1994年分税制改革以来，土地融资已逐渐成为最重要的融资形式，当前在我国城镇化建设融资过程中仍发挥着重要作用。土地融资主要应用于土地征收补偿、土地综合开发和农业农村建设，对城镇化建设产生影响。

①土地征收补偿。土地征收补偿主要是让农民能够通过行使对土地的财产权利来扩宽其收入来源，从而提高进入城镇的能力，对城镇化建设有积极作用。②土地综合开发。土地综合开发主要是对未开发的土地和荒废的土地进行有效利用，用来改善人民生活环境和基础设施，提高土地的利用效率，为城镇化建设提供更多的用地保障。③农业农村建设。农业农村建设是城乡建设差距不断缩小的过程，在农业农村建设的过程中，农村的基础建设不仅会得到完善，农民的收入也会得到一定幅度的增长，这样可以拉动农村的消费需求，为城镇化发展提供动力。

4.4.5　模型5：债券融资→城镇化建设

模型5说明债券融资是直接驱动因素，对城镇化建设产生影响。样本对象的原始文献资料和访谈记录支持了本观点。

在债券融资方面，我国城市基础设施的直接融资主要以城市投资债券和地方债务的形式存在。城市投资债券类似于收益债券。债券融资主要应用于环境卫生设施建设、绿色空间系统建设和能源资源节约利用，对城镇化建设产生影响。

①环境卫生设施建设。环境卫生设施建设主要是通过建设基础环境保护设施来改善人民日常的生活环境，提高人们的环保意识，将发展与环境保护结合起

来，为我国城镇化建设提供可持续保障。②绿色空间系统建设。绿色空间系统建设主要是对我国绿色发展有一个统一协调的规划，不仅停留在基础的环境保护，还要在城市建设中得以体现。现代建设多用木材、石料等对环境影响较大的原材料，绿色环保建材的发展在现阶段受到了广泛关注，通过整体的绿色空间系统建设实现经济效益与生态效益协调发展，引导城镇化建设健康发展。③能源资源节约利用。能源资源节约利用主要是对能源资源的严格把控，从而减少不必要的浪费，对能源资源统筹利用，并且多开发利用可再生能源，尽可能摆脱以煤炭为主的能源消费结构，走科技质量高、经济效益好、资源消耗低的新型城镇化路线。

4.4.6 模型6：投融资平台→城镇化建设

模型6说明投融资平台是直接驱动因素，对城镇化建设产生影响。样本对象的原始文献资料和访谈记录支持了本观点。

1994年分税制改革后，在投融资平台方面，地方政府债券融资已无法弥补城镇化建设过程中所出现的资金短缺，地方投融资平台作为投融资体制改革的产物，在城镇化融资领域得到了普遍的使用。地方融资平台准许是用来支撑中国目前城镇化建设的资金需求，将未来可预测的收入转移到当前的城镇化建设中。目前，我国地方政府融资平台在城镇化建设中产生重要的影响。城镇化进程需要地方政府融资平台，但与此同时，地方融资平台需要持续健康发展，不断创新和完善体制机制，以寻找更加健康、稳定、长期、有效的投融资模式。投融资建设主要包括市政公用设施建设、水气基础设施建设和新型基础设施建设，对城镇化建设产生影响。

①市政公用设施建设。市政公用设施建设包括城市市政融资环境、城市公共设施、城市文明娱乐设施等。加大城市市政公用设施建设对现在的经济体系有重要作用，可以扩充人民的基本生活需求，完善城市市政设施服务资金管控调整机制，构建合理市政设施投资结构，为城镇化快速发展提供基础保障。②水气基础设施建设。水气基础设施建设的主要目的是改善人民生活质量，提高我国天然气、自来水的普及率，改善偏远地区的基本民生问题，促进城乡同步发展，缩小城乡差距，为城镇化建设提供良好基础。③新型基础设施建设。新型基础设施建设主要是充分利用互联网、大数据及人工智能等先进技术，对传统的基础设施进

行改造升级，将智慧交通、智慧水务和智慧能源等现代科技带入人民的日常生活中，建设智慧城市，显著提升城镇化质量。

4.5　本章小结

本章通过运用扎根理论方法研究西南地区新型城镇化多元化投融资体系的构建，得到西南地区新型城镇化多元化投融资体系构建模型。深入分析并确定中央财政、地方税收、银行贷款、土地融资、债券融资、投融资平台 6 个主范畴，均是城镇化建设的直接驱动因素。同时，对所得出的主范畴理论模型进行理论饱和度检验和编码有效性分析，发现归纳出的范畴均与西南地区新型城镇化建设有直接关系，分别从公共服务、基础设施、资源环境和社会经济 4 个方面对城镇化建设产生了直接影响。

第5章 西南地区新型城镇化多元化投融资体系构建的实证分析

5.1 实证研究方法

5.1.1 研究方法的概述

5.1.1.1 回归分析法

为了研究和分析某种经济问题，探究经济系统的运行方式，预测经济活动发展历程、可能出现的结果和发展趋势，以及经济活动的结果能否被采纳，实证研究法被专家学者们引入。实证研究法是一种常见的经济研究方法，通常具有以下基本特征：实证研究的假设需要基于现实，通过众多的理论层层筛选推断出一些较为准确的假设，并逐渐将某些假设联系起来，从而将理论结论转化为具体的事实。其中，回归分析法是常用的实证研究方法之一。

回归分析法通过建立模型既可用于预测某种现象的趋势，也可用于分析其影响因素。回归分析是最基础、最常见的数据分析方法，可用数学表达式分析两种现象之间的关系及其具体关系形式，用于研究变量间的影响关系。简而言之，假定变量分别为 X 和 Y 时，回归分析即分析 X 对 Y 的影响情况，根据 X 与 Y 的关系模型，回归分析又可以分为线性回归和非线性回归。出于考量，本书使用的是线性回归方法。线性回归,顾名思义,样本的趋势由一条线所反映。线性回归分析法可依据 X 的个数分为一元线性回归和多元线性回归。其中,一元线性回归即自变量 X 有且只有一个;多元线性回归即自变量 X 有两个或两个以上。一元线性回归是线性回归中最基本的回归形式。但在实际的运用中,多元线性回归的应用最为广泛。

应用线性回归方法应遵循一定的步骤。由于回归分析法分析一个变量随其他变量变化的趋势,因此,第一步确定解释变量和被解释变量,即确定 X 与 Y。第二步对模型情况进行分析,在列出 SPSS 回归分析结果后,判定自变量 X 中是否有至少一个会对 Y 产生影响,如果分析结果呈现出显著性,则说明所有自变量 X 中至少有一个会对 Y 产生影响。第三步需要分析 X 的显著性,如果显著,则说明具有显著的相关关系;如果不显著,则说明相关关系不明显。第四步需要判断 X 对 Y 的影响方向,如果回归系数值是正数则说明影响方向是正向,如果回归系数值为负数则说明影响方向是负向。

广泛运用回归分析法有诸多便利,回归分析法中自变量与因变量的关系显著性能直观表明自变量对一个因变量的影响程度,同时还能比较不同尺度的变量之间的相关关系,使得分析多因素模型时更加简便。通过使用回归分析模型,仅需采用不同模型和数据,经过相同尺度的统计方式便可计算出结果,回归分析也能够准确地衡量诸多因素间的相关程度的高低。但使用回归分析法时也有一定的弊端,在回归分析法中只能推测选用的变量和估计近似的表达式,不能准确估计模型且变量选取不能充分覆盖,从而在某些情况下产生限制性。本书采用的实证研究方法为回归分析法。

5.1.1.2　定量分析法

定量分析法是在实证研究中经常使用的一种方法,主要是对于研究对象的数量特征、数量关系以及数量变化进行多方面分析的一种方法。在企业管理的研究过程中,研究者通常会通过分析企业的财务报表、资产负债表、利润表等一系列数据,按照数理方式对数据进行加工处理,得知企业运营的状态。在实际应用过程中,定量分析和定性分析具有一定的联系,通常情况下是一起使用的。定性分析的理论在古希腊时期就被提出,早期的学者将自己研究的内容用性质来定义,将自然界的一切事物赋予物理解释,但是难以用具体的数学公式或者标准单位加以解释。对当时的人类而言，没有足够的科学依据与理论去解释事物的不同性质。定量分析法就定性分析法而言，具有较强的理论依据，能够将超出人类认知范围的事物用量定性。

定量分析法最早由伽利略提出，他摒弃了人类最开始主观臆想的分析方法，采用了数学符号、公式等科学表达方式，将原本抽象的概念具体化、规范化。定量分析法具有三个较为明显的特征：实证性、明确性、客观性。定量分析的过程与结果都是可以进行逻辑和事实检验的，并且所采用的概念都有明确的定义和使用方法，不同的人运用相同的数据和方法进行实验时得到的结论都是相同的。在定量分析法得到广泛应用的同时，定性分析法的重要性也不能被忽视，两者应该是相辅相成的。定量分析之前需要由定性分析为其提供基础，如果没有定性分析作为前提，那么定量分析就没有价值和意义。定量分析则为定性分析提供数据支撑，使定性分析的结果更加清晰规范、科学可靠。

定量分析法包括五种常用的基本方法：比率分析法、趋势分析法、结构分析法、相互对比法和数学模型法。比率分析法是分析企业财务状况时常用的一种方法，计算方法是将同一时间段的财务报表上的各种相关数据相互比较，求出比率，从而与其他时间段的比率进行对比，分析企业当前的财务状况和经营成果，也可以对企业未来的发展进行预测，但是在实际运用过程中，还需要将各种比率联系起来综合分析，根据公司的实际运行情况得出全面、详尽的结果。

趋势分析法是一种动态分析，它首先将各类指标进行汇总归纳，然后按照时间段的变化分析指标的变化过程，通过分析某一指标在不同时间段的增减变动情况以及变动幅度的大小，预测公司的未来发展趋势。在具体使用的过程中可以根据现实情况的需要采用算数平均法、指数平滑法以及移动加权平均法。

结构分析法是一种静态分析，其使用过程是先根据研究需求，将数据按照类型分成不同的组别，将分类好的数据进行加总，计算各个部分的所占比重，根据比重确定研究对象的内部结构特征以及对整体的影响程度，来揭露事物的本质特征。在分析各个部分所占权重的同时分析它们之间的内在联系，从中找出变化规律就可以使整体结构更具合理性，从而保证整体事物健康稳定地发展。

相互对比法也称配对比较法，其分析过程是将相互关联的数据进行比较，通过对比数值的大小来判断研究对象的规模、水平等，在对比的过程中要保证数据单位的一致性，否则对比的结果没有研究价值，选择合适的对比标准才能得出客观、科学的结论，如果对比标准不统一，那么会导致得出错误的结论。

数学模型法是针对被研究对象的特征以及数量关系，利用数学符号和函数关系建立一个数学模型，将抽象的数据具体化，借助数学模型的方式将系统中的各个变量联系起来，反映出某个特定的研究问题。在建立合适的数学模型时要正确区分各项因素之间的内在联系，将能反映事物本质的因素纳入，而排除不重要的影响因素，避免影响最终数据的准确程度，尽可能保证模型的精确度可以使结论与实际情况更加符合。

本书采用了定量分析与定性分析相结合的方法，系统分析了中央财政、地方税收、银行贷款、土地融资、债券融资以及投融资平台对城镇化质量的影响。通过趋势分析法、结构分析法和相互对比法分析了我国西南地区 3 个省份的城镇化综合质量分数，研究不同地区、不同时间段城镇化综合质量分数存在差异的原因。通过搜集相关数据进行计量分析，研究我国西南地区城镇化质量水平状况。

5.1.2　研究样本的确定

本书在选取数据样本时，要尽可能使抽取的样本能代表总体。在选取数据样本时应该遵循科学性、规范性、公平性、合理性的原则，这样才更具代表性。样本的代表性是由部分推断整体做法的理论根据。当样本具有代表性时，由样本推断出来的总体特征才具有一般性。此外，样本的研究总会带来一些误差，研究者要分析产生误差原因，计算取样的标准误差，计算出误差值，并努力将误差值控制在标准程度，使样本更具有代表性。

城镇化的质量水平受到政治、经济等方面的影响，在经济方面，城镇的投融资对城镇化质量水平产生较大的影响。为了证实城镇化与投融资之间的关系并使结果具有说服力，基于此，本书选取我国城镇化水平较为欠缺的西南地区具有代表性的、经济发展程度相似、可比性较强的 3 个省份（广西、重庆和四川）作为研究的样本。同时借鉴国内外有关学者的研究，选取了广西、重庆和四川 3 个省份 2008~2017 年新型城镇化进程中的数据作为研究样本。建立了较为完整的城镇化质量综合评价体系，运用熵值法对选取的每一个指标进行相应的权重赋值，综合评估广西、重庆和四川城镇化质量，并通过引入城镇化过程中重要的四种融资方式，对这四种投融资水平影响城镇化质量的作用机制展开相关的实证研究。这四种投融资方式主要包括社会消费品零售总额、全社会固定资产总投资额、财政一般预算支出和金融机构年末存贷款总额。

5.1.3 数据来源的选取

在选取数据来源时，要尽量选择第一手数据或者外部数据。第一手数据没有经过加工，数据的准确性较高，外部数据容易在各种媒体上获得且可信度高。在开始数据分析之前，要根据所需要分析的内容界定范围筛选数据来源，数据来源可以是内部和外部。内部数据来源包括企业内部数据库、GPS 系统定位等传感器数据以及问卷调查数据；外部数据来源为互联网公开信息和付费信息。互联网数据比较容易获得，如国家统计数据，各地方政府公开数据等。基于数据的加工程度也可以分为第一手数据和第二手数据。

基于数据的可行性和可靠性，本书在做省际面板分析时，选取数据源于互联网公开数据和第一手数据，数据可以在网上获取且没有经过二次加工。再根据广西、重庆和四川的统计年鉴以及《中国劳动统计年鉴》等相关资料，本书选取了 2008~2017 年广西、重庆和四川共同存在的指标，选取指标时舍弃了数据中断的指标，因为数据中断会对整体数据造成影响，不利于客观地体现整体的结果。同时也排除了因为衡量标准不同而造成数据偏差的指标，选出符合城镇化质量标准的、符合权重测量的指标，删除一些对城镇化指标有干扰的指标，最终得出如每万元的 GDP 能耗、城镇登记失业率以及城镇与城乡居民人均可支配收入比等衡量城镇化质量指标。运用选出的指标能够对城镇的各个方面进行质量分析，分析出来的结果较为全面，使本书的实证分析结果更为准确，更能为西南地区的新型城镇化建设提出更为符合本地的投融资政策，使我国西南地区的新型城镇化建设进程稳步前进，促进该地的经济健康发展。

5.1.4 数据模型的设定

城镇化质量模型如图 5-1 所示。

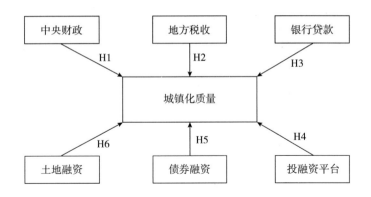

图 5-1　城镇化质量模型

中央财政是由中央政府直接分配的财务，能够为国家建设提供必要的资金，同时也能为贫困落后地区提供补助，是保障国家稳定发展的重要基础，科学的中央财政分配能够有效优化资源的配置，保证社会各地公平发展，维护社会长治久安（朱晓龙，2016）。城镇化的发展是一个区域的农村人口向城市迁移的过程，在这个过程中，城市的区域面积在不断扩大，居住人口也在不断增加，想要做到健康稳定的发展，必然需要中央财政的保障与支持。在稳步推进城镇化建设的进程中，还应该保证城镇居民的生活质量，基础设施建设、环境资源开发、基本社会保障等都需要依靠中央财政的投入，因此中央财政对于城镇化质量有着重要的影响。中央财政的投入可以涉及的领域十分广泛，如基础公共设施建设、教育、医疗、社会保障等，这些领域都与民生息息相关，我国作为一个发展中国家，财政支出的能力相对有限，应该采用科学有效的资源配置方式，使有限的资金能够发挥出最大的效用。当地政府应当结合自身的实际情况采取针对性的资源配置方式，补缺公共资源的短板，如果一个地区的基础设施建设难以满足当地居民日常生活的需求（吴客形，2016），那么在使用中央财政资金时应当倾向于基础设施的建设；如果一个地区的社会保障方面存在漏洞，那么当地政府应当尽可能完善该地区的社会保障制度，保证人民的生活不受影响，为当地城镇化建设奠定坚实的基础（徐延明，2017）。

地方税收作为地方政府的固定资产收入，既是地方政府资金的主要来源，也是城镇化发展的重要资金保障。在推进城镇化建设的过程中，政府作为当地发展建设的主导者具有城镇化建设的把控权与监督权，政府对当地财政的收支结构也有相对的决定权，因此城镇化质量的高低受到地方税收制度的影响（Raphael，2019）。另外，城镇化建设的完善也为税收提供了更多来源，拓宽了税收渠道，促进了当地经济的繁荣发展。科学的税收政策能够积极引导当地经济的发展，带来更多的投资机会，拉动城市的整体消费水平，促进第三产业的发展，提高城镇化发展质量。地方税收包括个人以及企业的私有财富，其中企业缴税占比高达90%，个人缴税比例只占很小一部分且大部分个人缴纳的税款还是由企业进行代扣代缴（付敏杰和张平，2014），由此可见，企业缴纳的税款是地方税收的主要来源。有些地方为了增加政府的收入会大量的进行招商引资，实现税收最大化的目标，而投资商也会被税收优惠政策吸引来实现利润最大化，在这种情况下，政府对民生的关注程度就明显不够（高培勇，2014）。若想增强地方税对城镇化建设的影响，就要积极推动个人所得税改革，增加居民个人对地方收入的贡献程度，培养纳税人良好的纳税意识，完善税收政策制度，增强城镇建设的资金投入力度。

基础设施建设是城镇化建设中必不可少的硬性条件，基础设施的完善程度关系到当地居民的生活质量，一般来说城市的基础设施都需要花费大量的财力和人力进行建造，在建成之后也需要进行不断的维护和更新，这就对当地政府的资金储备要求比较高（Yue 和 Jing，2020）。对于一些欠发达地区而言，前期的投资金额以及后期的维护费用都是一笔不小的开支，因此银行贷款是缓解资金短缺的一种重要途径。在促进城镇化发展的进程中，首先要解决人口扩大后的住房问题，对于房地产业和购房者而言，银行贷款是最便捷安全的资金获取渠道，银行贷款可以贯穿房地产开发到销售的整个过程，拥有了固定资产也能够高效招商，这对于城镇化质量的提高有积极的影响。在农村人口向城市转移的过程中，为了增加城镇人口的就业率，需要大力发展城区工业，保证城镇居民有更多的就业机会，提高人们的生活质量。对于正在发展中的中小企业而言，想要持续扩大经营规模或者进行技术升级，都需要银行贷款的资金支持。当前，中小企业在促进我国经济发展的任务中承担着重要责任，不仅为经济增长做出贡献，还有助于快速推动城镇化的建设，银行贷款能够有效促进城镇化的发展，提升城镇化质量，并且城镇化建设也能够促进中小企业的蓬勃发展（陈万基等，2013）。

土地融资是将土地作为信用抵押的一种金融模式，通过抵押土地的方式筹集资金，通常划分为土地直接出让模式和债务融资两种形式。土地直接出让是通过招标、拍卖、挂牌和协议的方式将土地的使用权进行转让，受让方可以使用该块土地并且依法获得相应的收益。债务融资模式是地方政府通过投融资平台进行土地和国债收入等资产的抵押行为，通过资产抵押的方式获得银行贷款，或者以融资租赁、项目融资等其他形式进行融资。城镇化建设归根结底是将土地作为基本载体，土地融资既能够推动城镇化的进程，也能够带动一些与土地融资有关产业的发展，持续推动当地经济的增长（Bin，2018）。地方政府希望利用土地融资带来的资金实现城镇化建设的目标，但是过度依赖土地融资会让地方政府陷入负债的困境，一些偏远地区可能存在难以吸引投资者的窘迫局面，增加地方政府赤字的风险。为了满足新型城镇化发展的需要，应当合理利用土地资源，将土地作为生产要素，提升农村土地的融资能力，缓解农村人口对土地的依赖性，扩大就业岗位和就业选择，进一步实现土地融资促进城镇化建设（冀云阳等，2019）。我国与西方国家相比在城镇化建设中存在明显的差异（刘艳和张腊梅，2017），由于土地性质的特殊性，只能由政府作为主导者，在政府的带领下完成城镇化建设，以刺激经济的快速增长为目的才能实现城镇化质量的提高（葛扬和朱弋，2013）。

　　债券融资属于直接融资的一种方式，企业主要依靠发行债券的方式募集经营所需要的资金。在我国，政府作为权威机构具有较高的资信度，因此在债券融资中政府债券占有很大比重，其利率也是债券融资中最低的。对于发行机构而言，发行政府债券的筹资成本也是最小的，其次是大型企业或者大型金融机构所发行的债券，中小企业的资信度较低，因此债券利率也相对较高。对于地方的国有企业和民营企业而言，发行有价证券筹集资金是一种灵活、便捷的筹资方式（Dorel 和 Ion，2008）。为了降低债券融资的风险，保证融资过程安全有效的进行，在"十四五"规划中提出了完善市场化债券发行的机制、持续扩大债券市场的规模，同时还要保障投资者的合法权益、提高金融市场的监管力度。民营企业在进行债券融资时会面临抗风险能力弱、经营环境较差、偿还能力较低等问题（刘思艺，2021），想要加快城镇化建设的进程就要有效避免这些不利因素的影响，民营企业需要加快供给侧结构性改革，提高自身的抗风险能力，完善相应的企业制度。金融市场也需要增强对民营企业的包容性，降低民营企业的融资门槛，使民营企业有更加广阔的发展空间。如果企业能够通过科学的手段有效避免债券融资的风险性（张弛，2022），则会积极带动企业经济的增长，保证企业持久稳定的发展，提升企业的核心竞争力，从而带动当地经济的有效增长，实现城镇化高质量发展。

投融资平台是当地政府部门为满足新型城镇化建设的需要，保证城市基础设施建设等项目的顺利实施，而成立以融资为主要经营目的的公司，其中包括城市建设开发公司、城市投资公司等各种类型的企业。这些企业在政府部门的指导下开展工作，将政府的信用作为运行的支撑，用直接或间接的方法筹集资金，根据政府的政策将资金投入到相关行业领域或者城市基础设施建设中。地方政府通过投融资平台对投融资体制进行改革，实现城镇化建设健康稳定的发展，这不仅决定了城市经济的发展方向，更决定了城镇化建设的质量和速度。为了保证市场发展的需要和社会经济的发展，需要建立更加规范化、标准化的金融市场监管制度，完善投融资平台的运行机制，尽可能发挥投融资平台的市场价值，从而维护更加可靠的经济建设（孙志豪，2021）。在新型城镇化的建设中，不仅要注重城市建设的规模，也要注重产业结构的调整（葛艳武，2021）。投融资平台不仅要推动基础设施建设，也要注重相关产业的发展建设，为创造资金收入奠定坚实基础，投融资平台在进行融资活动的过程中既可以减轻当地政府过重的债务压力，也可以扩展相关产业的积极发展，从而带动地方经济的持续增长（郑鑫，2014）。

5.2　城镇化质量体系的构建

5.2.1　关键指标的选取

5.2.1.1　经济发展质量

振兴中国的关键是以经济建设为中心，而提升城镇化质量的前提条件是经济发展。国内外研究表明，城镇化的水平与经济增长水平呈现出正相关关系，随着经济水平的不断发展，城镇化水平也逐步增长，城镇化水平增长必然会带动国内生产总值的增长。用来衡量经济发展质量的指标通常有地区人均生产总值、第二产业和第三产业占生产总值的比重、人均省级一般性财政收入、每万元的 GDP 能耗、全社会固定资产总投资额以及社会消费品零售总额。

（1）地区人均生产总值。

生产总值可全面反映国民经济发展情况，地区人均生产总值为一定时期内一个地区的生产总值除以该地区总人口得到的人均值。在衡量经济发展状况的指标中，地区人均生产总值是一个重要的宏观经济指标，通过该指标人们可以清楚地认知一个国家或者地区的宏观经济运行状况，是衡量各个地区生产能力、消费能力的一个标准。自 20 世纪 90 年代以来，城镇经济一直是我国经济的主要来源（King，1991），提升生产总值是国家发展城镇经济的主要手段（赵浩然，2021），国内生产总值的增长可通过发展基础建设实现（Markus，2012）。通过提升地区人均生产总值推进城镇经济发展是我国经济发展的必经之路（徐展峰，2013）。

（2）第二产业和第三产业占生产总值的比重。

第二产业和第三产业占生产总值的比重也是衡量经济发展质量的指标之一。其中，第二产业以制造业为主，第三产业以服务业为主。第二产业占生产总值的比重是制造业的增长占生产总值的百分比，同理，第三产业占生产总值的比重是服务性行业的增长占生产总值的百分比。产业结构的变动影响经济，第二产业对中国宏观经济影响最大，第三产业次之。产业结构升级与城镇化之间存在着相互促进作用（Krugman，1991）。利用实证研究发现城镇化与第二产业、第三产业呈现正相关关系（Gilbert 和 Gugler，1983）。产业结构对经济增长具有显著影响，产业结构合理促进经济增长，产业结构不合理抑制经济增长（干春晖等，2011）。为此，合理安排第二产业、第三产业结构，有助于经济增长，从而促进城镇化。

（3）人均省级一般性财政收入。

财政收入是衡量经济发展水平的重要指标。政府履行职责、促进消费等经济活动的前提是拥有足够的财政收入。人均省级财政收入是在一个预算年度内各省级政府为履行职能所支出的资金总量除以总人口得到的人均值。人均省级财政收入对于经济增长具有重要影响，财政收入与经济增长存在正相关关系。因此，人均省级财政收入的提高可以通过提升经济增长推动城镇化发展（广东省财政科学研究所课题组，2015）。

（4）每万元的 GDP 能耗。

每万元的 GDP 能耗是指在一年或一个季度内，某个地区每创造一万元所消耗的能源，即单位活动或产出的能源消耗量。万元 GDP 能耗＝综合能源消费量（吨标准煤）/GDP（万元），单位为吨标准煤/万元。根据能源消费总量和国内生产总值可计算出单位国内生产总值能耗。赵娜娜等（2021）通过生产函数分析出减少单位能耗可提高生产总值，我国经济的增长对能源消耗的依赖程度较高。显而易见，减少 GDP 能耗可推动城镇化进程。

（5）全社会固定资产总投资额。

全社会固定资产投资额，顾名思义指全社会在一段时间内通过建造与购买固定资产所产生的工作量和费用的概称。全社会固定资产投资额反映固定资产的规模、结构及发展，从而反映城镇化体系构建的进程。

全社会固定资产投资的分为国有经济单位投资、城乡集体经济单位投资、其他各种经济类型的单位投资和城乡居民个人投资，随着我国经济蓬勃发展，促进全社会固定资产的投资稳步上升，固定资产投资不仅拉动经济增长，而且推动城镇化建设进程。通过扩大固定资产投资规模，我国的财政收入逐渐增长，各地区就业机会和范围扩大，城镇化水平提高。

（6）社会消费品零售总额。

社会消费品零售总额是经济发展质量的重要指标之一，反映国民经济发展水平。企业将用于非生产、非经营的商品通过交易售给个人、社会集团的所得金额，以及提供餐饮服务所取得的收入金额称为社会消费品零售总额。居民可支配收入与社会消费品零售总额存在紧密联系，由于我国社会福利制度与个人保障水平尚未完善，城镇居民出于对未来教育、医疗及住房等方面的考虑，城镇居民倾向于储蓄而非消费，故城镇居民可支配收入会增加导致社会商品零售总额减少。为构建合理经济结构，保障我国经济健康持续发展，建议通过提高社会福利水平、提升服务质量等手段增加社会消费品零售总额占国民经济的比重（丁伊丽，2015）。

5.2.1.2　社会发展质量

随着社会的发展，人口的就业率、医疗和教育条件以及社会保险的覆盖率都会提高，这也就促使人口城镇化，人口城镇化率的提高也必然带动社会发展质量的提高。社会发展质量反映国家提供基本公共服务能力和水平。衡量社会发展质量的指标通常包括城镇登记失业率、城镇职工基本医疗保险覆盖率、城镇职工养老保险覆盖率、财政性教育支出占财政一般支出的比例、省级每万人高校在校人数占总人口比例、财政性医疗卫生支出占财政总支出的比例等。

（1）城镇登记失业率。

城镇登记失业率，是指中国特有的失业统计指标，是四大宏观经济指标之一。虽受疫情影响就业压力大增，但2020年数据显示平均城镇失业率为5.6%，在国际处于较低水平（韩秉志，2021）。根据"十四五"规划，我国城镇失业率将降至5.5%以内，体现了我国经济稳步发展，就业形势较为乐观，城镇化率也将稳步提升。

（2）城镇职工基本医疗保险覆盖率。

城镇职工基本医疗保险是我国医疗保险的主要构成之一。城镇职工医疗保险是指劳动者容易承担风险而导致一定的经济损失，为补偿劳动者设立的一项保险制度。城镇医疗保险主要包括用人单位缴费和个人缴费，缴纳城镇医疗保险的参保人员可享受医疗保险机构的经济补偿，以减轻劳动者的经济压力。在"十四五"时期，我国医疗保障制度从完善制度和扩大数量阶段转为高质量发展阶段（顾海和吴迪，2021），其中，城镇职工基本医疗保险的待遇持续提高，住院报销和大病医疗报销水平也呈现稳定增长趋势，通过推动城镇职工基本医疗保险制度普及工作，助力中国城镇化战略全面推进。

（3）城镇职工养老保险覆盖率。

我国正面临人口老龄化的严峻挑战，为此，我国大力健全城镇职工养老保险制度。目前我国60岁及以上人口为2.64亿人，占总人口的18.7%。养老保险覆盖面于1993年仅有9848万人，至2020年，已增加至9.99亿人，近2.9亿人按月领取基本养老金。预计我国全国基本养老参保人数仍将进一步增加。学者指出我国社会保障制度已逐渐完善且高速发展，覆盖面广，城乡居保制度已进入高效运行阶段。城镇化对资本与劳动力的进入有利好效应，通过资本与劳动力的聚集可提升居民收入与地方财政收入，从而提升医疗保险基金投入额（尹成远和仲伟东，2021）。

（4）财政性教育支出占财政一般支出的比例。

随着我国经济的进步，在促进经济发展与社会进步方面，教育扮演着非常重要角色，高素质人才是推动科技创新、发展经济的中坚力量。因此，大力发展教育是我国的首要任务，即财政性教育支出占财政一般比例应持续加大，并同时提高财政教育资金的使用效率。财政性教育支出占财政一般支出的比例如果较低，说明在我国的国民生产总值的高速发展的情况下，我国的教育支出并没有与经济增长同步，或者说没有优于经济的增长，政府的教育经费对学校的运转程度的支撑能力没有得到增强。经济的发展与教育水平的提高呈现正相关关系，是一个良性的循环，扩大财政性教育支出能加快我国经济的发展。我国作为人口大国，经济发展速度较教育发展速度快，教育大而不强、发展不平衡的问题依然存在。因此，加大财政性教育支出力度迫在眉睫，提高教育资源的配置效率，对财政教育支出结构进行优化，合理分配不同阶段、不同层次的教育经费，充分保障教育事业所需的资金。在经济落后的西部地区，加大资金投入力度，缩小与发达地区的教育差距，构建有效的教育财政支出体系，提高我国教育水平。通过增加受教育的高素质人才数量，推动我国经济发展、科学进步等多方面发展，推动城镇化建设进程。

（5）省级每万人高校在校人数占总人口比例。

我国正奋力进行产业升级，急需更多的高学历人才予以支撑，当前我国的高学历人才规模还不足以支撑起高端产业庞大的人才需求，人才培养之路依然任重道远，大学生的数量依然"供不应求"。省级每万人高校在校人数占总人口比例提高才能促进产业升级拉动经济增长，推进城镇化进程。

（6）财政性医疗卫生支出占财政总支出的比例。

财政性医疗卫生支出已作为财政重点支持的领域之一。加大对医疗卫生的投入力度，支持医改的各项重点工作，才能更好地完成经济建设。大力发展医疗卫生事业，能够降低劳动力由于死亡或疾病造成的供给减少，从而保证可持续生产力的正常运行和供给。大力发展医疗卫生事业还能减轻劳动者对死亡和疾病的恐惧心理，从而维持劳动者正常的劳动输出等。毋庸置疑，加大财政性医疗卫生支出占财政总支出的比例必然带动社会发展的质量的提高。

5.2.1.3　基础公共设施质量

一个城市能否正常运作取决于其基础设施建设是否完善，基础设施涵盖了许多方面，随着人民日益增长的物质文化需求，基础公共设施不再局限于住房、交通、医疗、供水供电服务等方面，还要考虑绿色节能、智能科技、经济可持续发展等方面的问题，满足基础公共设施在实现城镇化、现代化发展中的硬性要求（Xu 等，2021）。改善民生是提高城镇化质量的基本着力点，完善城市基础设施功能，为居民创造便捷舒适的居住环境一直是国家稳定发展的目标。加快完善城市基础公共设施建设是一项复杂且具有挑战性的工作，需要政府的大力扶持以及全社会人员的共同参与。遵循以为人本、为民服务的建设理念，构建便民、利民的公共基础设施，创建美丽和谐的城镇居住环境。

（1）每万人医疗机构床位数。

随着我国全面建成小康社会，人们在生活质量方面也有了对健康的新需求。医疗卫生服务机构是保证居民健康生活的基础设施。地区医疗机构床位数反映了当地的医疗物资水平。地区内医疗卫生资源投入的增加会提高居民的健康水平，增加居民生活的幸福感指数。地方政府在公共卫生服务方面的投入对于提升城市化质量有着举足轻重的作用。近年来，地方卫生服务资源日益丰富，但是地理环境、经济发展水平、人口规模等问题导致医疗卫生资源分配不均衡、卫生服务质量较低。优质的医疗卫生服务资源不仅能够惠及更多的原始居民，也会吸引更多外来居民以及投资者。

（2）城市平均每人道路使用面积。

城市道路建设是城市化发展建设中的必要环节，城市平均每人道路使用面积是指城市总人口数与城市道路总面积之间的比值，反映了一个城市的道路拥挤程度。通常来说，城市平均每人道路使用面积越大，城市的基础设施建设就越完善，居民在日常出行时的公共交通会更加便利快捷。城市的总体规划与道路建设应该考虑当地的实际情况，合理的城市道路空间结构会在很大程度上改善交通拥堵的情况。地区是否发达在一定程度上是由交通运输是否便利所决定的，如果城市的道路基础设施建设不够完善，那么居民在道路上便会消耗较多经济成本和时间成本，导致居民生活质量的下降。提高公共交通服务质量、加强城市道路基础设施建设、满足居民日常出行的需求是提高城市化质量的关键。

(3) 移动互联网用户覆盖率。

在科技迅速发展的数字化时代，互联网已经成为人民生活中密不可分的一部分，移动互联网的普及在为人们的日常生活提供便利的同时也带动了整体社会经济的发展。近年来，移动互联网覆盖的人群范围更加广泛，互联网的发展为网民提供了多种就业机会，增加了居民的收入。不同地区的互联网发展存在一定的差异性，相较于发达的一线城市，偏远地区由于受到地理因素的影响，移动互联网的普及率较低，当地的经济发展受到了一定的限制。积极推进移动互联网的普及与提升城市化质量协调共生，但应该实际考虑城市地域特征的客观条件，采取针对性政策，稳步推进地区经济的发展，实现提高城市化质量的最终目的。

(4) 城市建成区供水管网覆盖率。

供水管网设施是城市基础建设中不可或缺的功能设备，城市建成区供水管网覆盖率是指建成区供水管网的覆盖面积与城市建成区的总面积之比，此项指标是评估城市内供水效率的标准之一。在我国城市化发展的过程中，供水管网的覆盖面积也在逐渐向城市边缘地区扩展，这对供水管网良好运行的功能也有了更高的要求。为了保障供水管网系统能够持续稳定地运行，政府应当加强对城市建成区供水管网的监管力度，及时排查管道是否有漏损、老化等问题。在城市供水管网安全管理的工作中，需要建立完备的规章制度和反馈机制，保障城市的稳定运行和居民的用水安全，为城市居民的生活提供先进的服务。

(5) 城市建成区排水管网覆盖率。

人民群众的幸福生活依赖于城市的优良环境与经济发展水平，城市建成区的污水处理能力是决定城市生态环境的重要因素之一。建成区排水管网系统与人民的日常生活息息相关，如果污水的排放不能及时处理，便会对城市的环境质量和居民的生活质量产生不利的影响。政府在加强城市基础设施建设的过程中应优化城市排水系统的配置，增加排水管网的覆盖面积，提高排水系统的运行效率，制订科学合理的监管方案，增强对突发事件的应对能力。城市化质量要求的不断提高，对排水系统的完善是不可避免的，加大城市基础设施的建设是提高城市居住舒适度的必经之路。

(6) 城市公共水资源供应普及率。

城市水资源供应情况是评价国民生产总值的关键指标之一，是指城市内水资源供应的范围。城市水资源供应的普及率是衡量地区基础设施建设和人们生活水平的标准，完善城市供水系统的建设是保障人民基本日常生活的基础。加强城市供水系统的建设，规范城市供水的管理，提高城市居民的用水效率，改善居民用水的质量，为提高城市化质量夯实基础。在满足居民日常用水需求的同时保证用水安全是关键，这需要有健全的规章制度来加强对水资源供应的监管，保障供水设施在应对突发情况时能够尽可能保证居民对水资源的需求。

（7）城市公共燃气供应普及率。

城市燃气包含煤气、天然气、石油液化气，随着科技的发展和政策的完善，我国在城市内燃气的普及方面有了突破性的进展。城市公共燃气供应普及率反映了该城市的工业现代化水平和人民生活的便利程度，既是城市基础设施建设的重要组成部分，也是衡量城市化质量的重要指标。近年来，为了维护居民的社会福利、改善民生问题，国家对天然气行业进行了一系列改革。当前居民对燃气的使用范围主要涉及日常的烹饪需求以及采暖需求，完善燃气的基础设施建设、采取合适的定价政策，兼顾国家资源有效利用和人民日常生活便利，提高城市居民的公共福利，为人民谋求幸福生活的权利。

5.2.1.4　城镇生活质量

城镇生活质量是居民消费水平、居住舒适度、幸福感指数的直接体现，随着社会的不断发展进步，居民对居住环境的要求也不再只停留在对住房和交通等基础设施建设的要求，而是更加注重在精神层面的需求。为了满足居民在衣、食、住、行方面的需求，城市在建设的过程需要完善基础设施的构建，而想要满足人民的精神文化需求，则需要从生态文明建设、发展现代服务等方面入手，努力向智慧城市、绿色城市的方向转型（Popescu，2020）。城市生活质量的提高有助于为居民构建一个适宜居住的幸福城市，也会吸引更多的外来人口定居，带动当地经济水平的稳定发展，从而持续地为居民提供更好的服务，促使城镇生活质量良性发展。

（1）第二产业、第三产业就业人员占比。

三大产业的划分是联合国采用的分类方法，但是每个国家对此的划分存在一定差异。在我国，第二产业涵盖了制造业、采矿业、建筑业以及电力、热力、水生产和供应业。第三产业是指除了第一产业、第二产业以外的其他行业，即指服务行业。产业结构由于受到经济增长的影响在不断地进行调整，城镇化建设加快了第二产业、第三产业的发展，为更多的人口提供了就业机会。调整产业结构对城镇生活质量的发展存在积极作用，增加第二产业、第三产业就业人口的占比有利于推动城市经济的稳定持续发展。鼓励推动对产业结构的优化调整，在保证第一产业就业人口稳定发展的前提下，大力加强第二产业、第三产业的发展，缓解由于人口聚集带来的失业人口增加、服务水平较低等问题，为广大劳动者提供更多的就业平台和技术培训支持，向完善城市化建设稳步前行。

（2）城镇化率。

城镇化率是衡量一个国家城市化转变的一项重要指标，通常是指在城镇中居住的人口与总人口的比值。未来城镇化发展的趋势包括沿海地区人口向内陆中心城镇聚集和农村人口向邻近的县城集中迁移（姚洋，2021）。人口集中会带来较大的经济效益，劳动力的增加会提高当地的劳动生产率，促进其城镇化的发展，为城镇居民创造更加舒适便利的居住环境，从而提高城市生活质量。城镇化建设既是"十四五"规划中的一项重要任务，也是我国向现代化国家迈进中的必由之路。为了进一步加快推进城镇化建设的进程，一方面，需要地区加强自身的基础设施建设，想要吸引更多的外来人口定居，必须具有完备的公共基础设施，以便保障更多居住人口的生活质量。另一方面，相应的政策补助也是加快城镇化建设的一个重要途径，优化城镇居民在医疗、教育、住房等方面的资源配置，为居民的稳定生活夯实基础，确保城镇化建设取得新的成效。

（3）城镇居民人均可支配收入。

城镇居民人均可支配收入是指在家庭中全部成员的总收入在扣除需要缴纳的各种税款之后所剩的可以用于家庭日常开支的收入。城镇居民人均可支配收入反映了居民的消费水平和城镇的经济发展情况。随着城镇化发展的不断推进，掀起了农村人口向城市迁移的热潮，农村家庭中进城务工人员数量的增加提高了家庭的整体收入水平。与农村劳务人员不同，城镇居民的收入来源主要依靠工资收入、经营收入以及财产收入，其中工资收入是主要经济来源。当前，我国仍面临较大的就业压力和社会保障压力，失业人口较多、地区收入差距较大都是目前许多城市所面临的一项考验。在推进城镇化建设的过程中，应该积极为城镇居民提供就业平台和就业培训，缓解就业压力，有效提高居民工资性收入。与此同时，政府也应该完善相关政策保障机制，建立健全的失业保障金、就业补助金等政策制度，在提高居民就业率的同时也保障居民的基本收入，实现城镇居民可支配收入的稳定持续增长。

（4）城镇居民家庭恩格尔系数。

城镇居民家庭恩格尔系数是指在饮食方面的消费占家庭总消费的比重。根据德国科学家恩格尔的观点，恩格尔系数是一个家庭消费水平的体现。民以食为天，如果一个家庭的收入存在一定限制，那么整个家庭将购买食品作为家庭主要支出，导致家庭恩格尔系数较高。反之，如果一个家庭的收入较高，那么就会增加在其他方面的消费，在食品方面的支出也会随之下降，恩格尔系数自然也就偏低。简而言之，如果居民的收入水平处在中等及偏上的水平时，其家庭恩格尔系数就会较低，这就证明人民的生活水平较高，物质生活能得到基本的满足。随着城镇化建设的推进，我国城镇居民的消费结构也在不断地升级，消费规模也呈现出持续扩大的趋势，城镇居民的消费水平也在不断提高。保证城镇居民的公平收入是促进居民进行多元化消费的基础。目前我国实行以按劳分配为主体、多种分配方式并存的收入分配原则，政府应保证城镇居民的社会福利，并且建立完善的保障制度，倡导理性消费，推动高质量消费，扩大居民的消费规模。城市化质量的提高离不开城镇居民的消费提高，多样化消费结构升级对我国经济的高质量发展有着至关重要的影响。

5.2.1.5　生态环境保护质量

良好的生态环境是最普惠的民生福祉，解决生态环境问题，能够不断满足人民日益增长的对优美生态环境的需求。经济的可持续发展不仅依赖于充足的资源，更依赖于良好的生态环境，因此要重视生态环境的治理和保护。对于工业欠发达的西南地区，生态环境既是重要的经济来源，也是衡量城镇化质量的重要指标，其生态问题更为突出，需要相应的措施治理和保护生态环境。治理和保护生态环境需要评估和评价目前的生态环境质量，对选取生态环境的评价体系，我国的学者也有进行相应的研究。郭力娜等（2022）将生态环境质量系统分为生态环境状态、生态环境压力、生态环境治理三个方面，细分为 12 个生态质量指标。徐维祥等（2021）将生态环境评价体系划分为三个子系统，分别为：工业废水排放、工业废气排放、雾霾污染水平。张军民等（2022）则以人均耕地面积和人均水资源衡量城镇化的生态禀赋。叶继红和项金玉（2021）把生态环境分为工业和生活的污染情况以及城市绿化状况 3 个子系统，子系统再进一步划分为 7 个指标用来衡量一个地区的生态环境保护质量。

本书结合上述的文献和西南地区的城镇具体的生态情况，将生态环境保护质量体系划分为八个层面，分别为污水处理率、工业固体废弃物综合利用率、财政环保投资占财政一般预算支出的比例、建成区的绿化面积占总建成区的比例、人均公园绿地面积、全省的森林覆盖率、二氧化硫排放量和垃圾无害化的处理率。

（1）污水处理率。

污水处理率是处理生活和工业产生的污水占总排出污水量的比例，污水总量是工厂的用水量乘以工业上的污水排放系数和居民生活用水量乘以生活上的污水排放系数之和，其污水处理量约等于污水厂集中处理的量。现阶段我国对污水的处理一般要通过污水处理厂进行集中处理，其处理率依赖污水处理厂集中处理的处理率，该厂的污水处理能力高会对污水处理率的结果产生正向的影响。高晨晨等（2019）建议，我国在监管指标的设置上应"质""量"并重，采用污染物收集处理总量与污染物产生总量比值的方式核算污水收集处理效率。就全国而言，全国的污水处理率较高，而西南地区的各个城市的污水处理能力也较强，这个指标能够代表该地区的水资源的重复使用率，可以从侧面说明生态环境的质量。

（2）工业固体废弃物综合利用率。

工业固体废弃物综合利用率是指工业上处理的固体的废弃物综合利用量占产生的废弃物总量的比重。工业固体废弃物有其适用的范围，既是工业产生的，也是固体的废弃物，不包括液体和气体废弃物。一般情况下工业固体废弃物可分为一般废弃物和有害废弃物，包括粉尘、煤渣等废弃物。目前来说，只有几种工业废弃物得到了利用，如美国、瑞典等国家利用了钢铁渣，日本、丹麦等国家利用了粉煤灰和煤渣（晓兰等，2016）。说明我国的工业固体废弃物综合利用率较低，发达国家的工业固体废弃物的综合利用率较高。综合利用量是指可以通过各种可循环回收利用方式从废弃物中提取出可以再利用的量。该利用率能够代表一个地区的处理废弃物的能力，随着经济和科技的发展，我国的工业固体废弃物综合利用率越来越高，则说明生态环境越好。

（3）财政环保投资占财政一般预算支出的比例。

生态环境的保护和治理需要资金的支持，在资金支持方面，主要是财政资金支持环保。环保投资是指购买相应的基础设施用来保护环境，属于环保固定资产投资的范畴。环保治理范围包括工业污染源治理投资、项目建设的环保投资以及城镇环境基础设施投资等。财政环保投资主要在大气污染、水污染和土壤污染以及农村环境的综合治理方面。财政环保投资占财政一般预算支出的比例是衡量一个地区的生态环境质量的重要比例，依据一个地区的财政环保支出占财政一般预算支出的比例，可说明该地区政府重视生态环境问题的程度，进一步推测其生态环境质量。

（4）建成区的绿化面积占总建成区的比例。

建成区的绿化建设有利于改善城镇的居住环境，提高城市的宜居度，同时能够优化建成区生态功能的服务功能。建成区的绿化面积占总建成区的比例，即在建成区范围里，绿化面积占总面积的比例。其中，建成区是指已经建造完成的、各项设施比较完善的区域，绿化面积包括公园的绿化、街道的绿化以及住宅区的绿化等。该比例既是衡量一个区域绿化面积的重要指标，也是衡量一个地区生态环境质量的重要指标，该比例越高，说明该地区的绿化越好、越宜居。

（5）人均公园绿地面积。

人均公园绿地面积是指平均每个人的占有的公园绿化地方的面积，其绿地面积包括街道上的绿地以及各种公园等，是一个地区人民的生活质量和生态环境质量的反映。近年来，随着经济的发展，我国的平均每人的绿地占有面积在逐年递增，考虑到我国人口基数庞大的因素，单纯的绿化指标无法准确地说明该地区的生态情况，而人均公园绿地面积这个指标能够削减人口基数的影响，从而更准确了解该地区生态压力以及评价整个地区的生态环境保护质量。

（6）全省的森林覆盖率。

森林覆盖率是指森林的面积占总土地面积的比例，该指标能够从宏观上了解地区森林的占比情况。我国幅员辽阔，森林资源地区差异较大，大部分森林资源主要分布于东北、西南和东南等边远山区，而西北地区森林资源相对贫乏。总体来说，森林资源少，森林覆盖率低。我国平均森林覆盖率为 21.63%，其中台湾省的森林覆盖率为 58.5%。截至 2020 年底，全国森林覆盖率达 23.04%，相比于 2019 年的 22.96%，我国的森林覆盖率在逐年增高。该覆盖率在不同国家的计算方法并不完全一样，我国的森林覆盖率中森林面积包括林木和竹林等面积，该比例是反映地区的森林资源情况，是生态环境质量的外在表现。森林可持续发展能够推动林业以及经济社会的可持续发展。

（7）二氧化硫排放量。

二氧化硫排放包括生活上的和工业上的二氧化硫排放，工业上的二氧化硫排放量所占比例较大。工业上的二氧化硫排放主要集中在需要煤、油等产业；生活上的二氧化硫排放主要是煤气、煤球等含有硫化物的使用。排放量可以从实测中得出具体的数据，也可以从物料衡算法和排放系数法的公式中计算得到二氧化硫的排放量。二氧化硫排放量能够较好衡量一个地区生态环境质量，该排放量少，则表明该地区的气体污染较少。

（8）垃圾无害化的处理率。

垃圾无害化处理率是指垃圾能够无害处理的量占排出垃圾的总量的比率，排出的垃圾包括生活和工业垃圾。垃圾是日常生活生产的固体废弃物，其排出量很大，生活和工业垃圾成分较为复杂，而且生活和工业的垃圾具有比较强的污染性，会对人们的日常生活产生不好的影响，因此需要无害化处理生活垃圾，把生活和工业垃圾资源化，尽最大能力回收日常生活上的垃圾。如果不能妥善处理生活和工业上的垃圾，就会污染环境，导致资源的浪费，破坏生产生活安全，破坏社会和谐。工业垃圾处理和生活垃圾处理方式相似，通过垃圾分类，把可以回收的垃圾重新利用，提高工业和生活垃圾的利用率，对于无法回收的垃圾，用填埋、堆肥等方式进行无害化处理。垃圾的产生影响着地区的生态环境，无害化处理能够进一步减少垃圾对生态环境的消极影响，同时能够从侧面反映该地区的生态环境质量。

5.2.1.6 城乡一体化质量

城乡一体化有利于产业经济的发展、公共基础设施的发展，同时能够促进资源的合理配置，节约资源，推动城乡可持续发展，形成城乡发展的新格局。城乡一体化能够缩小城市与乡镇的差距，能够让城乡居民享受到城乡一体化带来生活上的便利，从而提高居民的幸福感，有利于共同富裕目标的实现。同时城乡居民的生活质量的提升也是本书研究城镇化发展的重要目标。

城乡一体化大概可以从城乡建设和公共服务建设等方面进行划分,我国的学者也从各个维度对我国城乡一体化的质量做出相应的评估和评价。周德等(2021)统计了我国城乡融合评价指标,发现城乡居民人均收入比、人均消费比、城乡恩格尔系数比和人均 GDP 被选取的频率最高。向丽(2017)选取了城乡居民可支配之比和居民人均消费支出之比作为城乡一体化的指标。吕丹和汪文瑜(2018)把城乡经济分为四个维度,分别为经济、人口、社会生活和资源环境一体化,四个维度下再划分为 23 个指标。本书结合相关文献以及西南地区具体的城乡经济情况,选取了城乡一体化最具有代表性的四个指标,分别为城镇与城乡居民人均可支配收入比、城镇与城乡居民恩格尔系数之比、城镇与城乡居民人均消费之比和农村/城镇居民最低生活保障人数,本书认为这四个指标能够较为全面地评价城乡一体化的质量。

(1)城镇与城乡居民人均可支配收入比。

人均可支配收入是用总的可以自由支配的收入除以人口总数得到的数值,是指平均每一个居民能够自由支配的收入金额,其自由支配收入可以是实物形式,也可以是现金形式。现阶段我国的人均可支配收入的数据是根据全国各地抽样调查得出的,采用分层、多阶段、与人口规模大小成比例的概率抽样方法,样本为我国各地十几万户家庭人均可支配的收入,最后依据每一个样本户所代表的户数加权汇总而得到的人均可支配收入比。该指标与居民的生活水平成正比,可支配收入越高则表明生活质量越高,是衡量一个地区居民的生活质量和消费支出质量的重要指标。城镇和城乡之间平均每人可支配比例的比较可以得出两者之间的差距,进一步反映城市和乡村的差距,以评价城乡一体化的质量。

(2)城镇与城乡居民恩格尔系数之比。

恩格尔系数是居民日常生活必需的食品支出与一个家庭总消费支出总额之比,日常生活的必需品是指维持正常生活所需要的物品,如盐、油等。余峰(2021)提出要根据估计结果对统计年鉴公布的恩格尔系数进行修正,使其能够正确反映我国各地区农村居民的生活状况,并在此基础上运用中国家庭追踪调查微观数据。恩格尔系数越高,说明该地区的居民在消费生活必需食品方面的花费较多,则表明该地区的居民在食品以外的其他相应支出较少,可知该地区的贫困率较高。若城镇的恩格尔系数比城乡的恩格尔系数大很多，其两者之间的比值之差较大，说明该地区的城乡一体化的水平不高，城镇化质量较低。

（3）城镇与城乡居民人均消费之比。

人均消费是居民的消费总额除以人口总数得到的数值，是指居民每个人有能力消费的金额，该消费包括日常的必需品的消费和奢侈品的消费。居民人均消费是我国居民的收入分配和再分配的结果。居民人均消费的高低主要受城镇和城乡的居民收入的增长速度和积累率高低的影响。消费需求是国内生产总值的重要部分，它能够拉动当地经济的增长，提高居民的幸福感。城镇和城乡的平均每人消费的数值差距越小，则说明城镇和城乡消费水平相差不大，城乡一体化质量高。该指标和居民的恩格尔系数指标结合，能够较为全面地表明城镇居民能够消费和支配的金额，从侧面反映出城乡一体化的水平。

（4）农村/城镇居民最低生活保障人数。

最低生活保障是指国家给予那些低于最低生活标准的家庭的资金支出，使低收入家庭能够保障最低的生活水准，维持最低水平的生活。对农村最低生活保障对象认定问题进行研究，建立一套以生计资产指标为代理中介的贫困程度评价体系，是一个地区的贫困人口能得到的最低生活保障。一个地区需要使用最低生活保障的人数越多，则说明该地区的贫困人口较多，整体的生活水平较低（马彦伟，2015）。若城镇和城乡之比较大，则城乡的差距仍较大，城乡一体化的质量较低，故本书选择最低生活保障人数作为衡量城乡一体化的指标，进一步评价我国城镇化质量。

5.2.2　相关权重的确定

本书收集了2008～2017年广西、四川、重庆在社会发展质量、经济发展质量、城市生活质量、基础设施质量、城乡一体化质量和生态环境保护质量六个层面的35个重要指标，将这些指标构建成一个矩阵加以计算。指标权重确定的方法可以大体归纳为三种：主观赋权法、客观赋权法和综合赋权法。

5.2.2.1　主观赋权法

主观赋权法强调研究者主观意愿的表达，对所选指标的重要程度划分由研究者的主观意念所决定，因此需要研究者丰富的经验作为支撑。在研究中比较常见的研究方法包括二项系数法、层次分析法和专家调查法等。主观赋权法的优点体现在研究者可以根据研究过程中的实际情况对指标权重做出及时的调整，避免出现理论结果与实际结果不符的现象，但其缺点是研究结果由研究者的主观意愿所决定，可靠性较低，在研究过程中存在较大的局限性。

5.2.2.2　客观赋权法

客观赋权法是研究者发现主观赋值法具有太强的人工干扰因素之后所提出的。客观赋权法将直接来源于客观环境的信息作为赋权的原始信息，保证了研究结果的科学性和可靠性。在原始信息的处理过程中，首先要确定各项指标间的关系及影响，其次需要分析各项指标之间的关联程度，并估计和收集各项指标的所含信息量，综合考虑上述因素之后确定指标权重的大小。如果某项指标在所有决策中具有相同属性，那么该指标在此项研究中不具备研究价值，应当赋予 0 的权重；如果某项指标在各个决策中体现出的属性差异较大，那么证明此项指标具有很大的研究价值，应当赋予其较高的权重值。由此可见，指标权重值的大小由其在不同决策中属性值的差异性决定，差异值大的指标所占权重越大，差异值小的指标所占权重越小。客观赋权法减少了研究者的主观能动性，其结果更具有数学理论依据。在现实的应用中，由于没有受到研究者主观意向的影响，得到的结果与现实可能会出现不一致的情况。

5.2.2.3　综合赋权法

综合赋权法则是结合了主观赋权法和客观赋权法，在采用客观赋权法的同时研究者可以采用主观意念控制各项指标的权重，使指标的赋权在主观和客观层面保持一致，进而保证研究结果的准确性和可靠性。

在本书中将会采用熵权法对各项指标进行权重赋值。在信息论的描述中，熵是度量不确定性的一种工具，熵权法主要是先计算出决策矩阵和各个指标的熵值，将熵值作为衡量各项指标权重的依据。在信息论中熵是一个最重要的基本概念，它能够有效反映出一组不确定数据中含有的信息量。在分析含有多项指标的研究中，指标的变异程度决定了信息熵的大小，如果某项指标有明显的变异，则信息熵的值越小，因此该指标所能提供的信息量就越多，由此可以证明该项指标在研究中很重要，所以应当赋予该指标较高的权重；反之，如果某项指标没有明显的变异，则其信息熵的值就较大，表明该项指标所能提供的信息有限，则应当

赋予其较小的权重。根据熵权法的计算步骤，得出各项指标的权重如表 5-1
所示。

表 5-1　城镇化指标体系构建

目标层	准则层	指标层	权重
城镇化 质量	社会发展质量	城镇登记失业率	0.0297
		城镇职工基本医疗保险覆盖率	0.0292
		城镇职工养老保险覆盖率	0.0301
		财政性教育支出占财政一般支出的比例	0.0293
		省级每万人高校在校人数占总人口比例	0.0293
		财政性医疗卫生支出占财政总支出的比例	0.0275
	经济发展质量	地区人均生产总值	0.0296
		第二产业和第三产业占生产总值的比重	0.0275
		人均省级一般性财政收入	0.0308
		每万元的 GDP 耗能	0.0261
		全社会固定资产总投资额	0.0290
		社会消费品零售总额	0.0296
	城镇生活质量	第二产业、第三产业就业人员占比	0.0308
		城镇化率	0.0303
		城镇居民人均可支配收入	0.0293
		城镇居民家庭恩格尔系数	0.0272
	基础公共设施质量	每万人医疗机构床位数	0.0301
		城市平均每人道路使用面积	0.0288
		移动互联网用户覆盖率	0.0286
		城市建成区供水管网覆盖率	0.0275
		城市建成区排水管网覆盖率	0.0274
		城市公共水资源供应普及率	0.0271
		城市公共燃气供应普及率	0.0264
	城乡一 体化质量	城镇与城乡居民人均可支配收入比	0.0281
		城镇与城乡居民恩格尔系数之比	0.0273
		城镇与城乡居民人均消费之比	0.0272
		农村居民最低生活保障人数/城镇居民最低生活保障人数	0.0258

续表

目标层	准则层	指标层	权重
城镇化质量	生态环境保护质量	污水处理率	0.0263
		工业固体废弃物综合利用率	0.0294
		财政环保投资占财政一般预算支出的比例	0.0295
		建成区的绿化面积占总建成区的比例	0.0265
		人均公园绿地面积	0.0313
		全省的森林覆盖率	0.0320
		二氧化硫排放量	0.0294
		垃圾无害化的处理率	0.0281

第一，选取 a 个省份，b 项观测指标构建原始数据的矩阵，在本书中 a=3，b=35，X_{ijk}（$0 \leq i \leq a$，$0 \leq j \leq b$，$0 \leq k \leq y$），X_{iik} 是第 i 个城市第 k 年第 j 项指标值。

第二，根据指标的性质，对数据进行标准化处理。

正向指标：

$$X'_{ijk} = \frac{X_{ijк} - \min X_{jk}}{\max X_{jk} - \min X_{jk}} \qquad (5-1)$$

负向指标：

$$X'_{ijk} = \frac{\max X_{jk} - X_{ijk}}{\max X_{jk} - \min X_{jk}} \qquad (5-2)$$

差异化指标：

$$X'_{ijk} = |1 - X_{ijk}|, \quad X''_{ijk} = \frac{\max X'_{jk} - X'_{ijk}}{\max X'_{jk} - \min X'_{jk}} \qquad (5-3)$$

第三，计算指标值的比重 P_{ijk}，为方便起见，仍记 $X'_{ijk} = X_{ijk}$，$X''_{ijk} = X_{ijk}$。

$$P_{ijk} = \frac{X_{ijk}}{\sum_{i=1}^{m} X_{ijk}} \qquad (5-4)$$

第四，计算每一项指标的熵值 e_j：

$$e_j = -\frac{1}{\ln(ab)} \sum_{i=1}^{m} P_{ijk} \ln P_{ijk}, \quad e_j = 0 \qquad (5-5)$$

第五，由此再计算出每一项指标的差异性系数 d_j：

$$d_j = 1 - e_j \qquad\qquad (5-6)$$

第六，计算第 j 项指标的权重，即对各个指标进行权重计算 W_j：

$$W_j = \frac{d_j}{\sum\limits_{j=1}^{n} d_j} \qquad\qquad (5-7)$$

第七，通过线性加权求和模型，得出广西壮族自治区、重庆市、四川省城镇化质量综合得分 S_j：

$$S_j = \sum\limits_{j=1}^{n} W_j \times X_{ijk} \qquad\qquad (5-8)$$

5.2.3 城镇化综合质量

根据各项指标的综合测算，可以得出广西、重庆、四川在 2008～2017 年城镇化质量得分情况。由图 5-2 可知，广西、重庆、四川从 2008 年起，城镇化质量得分都是呈现逐年递增的状态，这说明城镇化质量随着当地经济发展的进步在逐年提高（见表 5-2）。在第十九次全国人民代表大会上首次提出高质量发展的目标后，对于乡村振兴、城镇化战略都有着积极推动的作用，当前我国城镇化发展正呈现出稳中向好的局面，在后续的发展过程中仍要坚持以人为核心，以高质量发展为主题，深入实施新型城镇化战略。打造宜居城市，提高居民生活的幸福

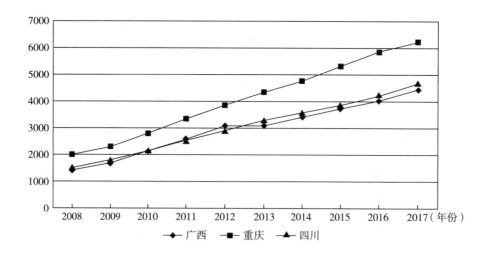

图 5-2　广西、重庆、四川城镇化质量得分趋势

表 5-2　广西、重庆、四川城镇化质量得分情况

年份	广西	重庆	四川
2017	4440.5758	6210.4459	4650.5400
2016	4049.3708	5873.4146	4214.1530
2015	3728.4735	5317.5457	3870.5592
2014	3409.4317	4771.7701	3594.6242
2013	3112.5393	4315.3302	3283.4167
2012	3112.5393	3844.6999	2925.4936
2011	2560.8466	3337.2031	2543.7741
2010	2121.6555	2796.3609	2152.3495
2009	1695.5338	2290.071	1827.0711
2008	1443.9889	1981.8617	1518.9359

感是城镇化建设的最终目的，也是衡量城市发展状态的标准之一。城镇化质量的提升既离不开基础设施建设，也不能忽视产业结构以及政策体系的稳固支撑。不同城市所处的地理环境、发展机遇等都会对该城市的城镇化质量产生不同的影响。

重庆是中国西部地区最具投资潜力的特大城市，不仅地域独特，还有政策扶持。作为西部地区唯一的直辖市，西南工业、商业的重镇，产业基础雄厚。重庆地处长江上游经济带核心地区，是中国政府实行西部大开发的重点开发地区。重庆作为一个属于国务院直接管理的直辖市，相较于四川和广西对于经济具有导向性作用，对于经济方面有较大自主权，可以吸引全国乃至国外的投资。对于直辖市国家通常实行诸多优惠政策，例如减免其他城市都要向国家上缴的税收，结余的税收会让重庆有更多的资金发展经济。相较于四川和广西，重庆更可以引导人们的衣食住行向优质方向发展，重庆人民的生活水平有显著的提升。自重庆被划为直辖市后，国家在基础设施建设方面给予了大量经济投资，从而基础设施有了大幅提升，然而对于四川和广西，尤其是广西，基础设施建设在全国各省份中是比较落后的。

由图 5-2 可知，重庆的城镇化质量得分明显高于其他两个地区，这是由重庆

特殊的地理位置所决定的。重庆作为西南地区连接丝路经济带和海上丝绸之路的交通枢纽,其地理位置优越,水陆交通便利,在"一带一路""西部大开发"的战略部署中承担了非常重要的任务。作为直辖市及我国九大中心城市之一,重庆具有良好的发展前景,能够享受更多国家资源的支持。作为大型工业基地,重庆已经形成以汽车制造、新型材料、建筑、能源、金融为主的支柱产业,其中汽车、建筑、金融等领域在近些年发展迅猛,高新技术产业也成为重庆高速发展的产业之一。众多产业的兴起使产业规模在不断扩大,因此吸引了第三产业的许多龙头企业纷纷向重庆聚集,带来投资的同时带动了重庆的高速发展。以"山城"为美誉的重庆也以它独特的地貌特征吸引了全国各地的游客前来一睹风采,乐观稳定的旅游收入也为重庆的经济发展做出了一些贡献。从地理位置、政策支持、工业水平方面来说,重庆所占有的优势都远高于其他两个省份,因此重庆城镇化质量也普遍高于其他两个省份。

四川位于我国西南地区内陆,是西南地区面积最大的省份,拥有山地、丘陵、平原和高原的复杂地貌,相较于重庆和广西具有更为丰富的矿产资源和丰富的水力资源,发达的旅游业和便利的交通也让四川的发展水平逐步提升。从地理来看,四川是西部地区最具有区位优势和经济潜力的地区之一,拥有其他西部地区不可比拟的综合优势。四川虽然相较于沿海地区存在劣势,但对于西部地区却存在增长极的区位优势。从资源和市场优势来看,四川地域辽阔,资源丰富,有着得天独厚的矿产资源、水利资源和旅游资源。从劳动力和人才优势来看,四川省不仅劳动力资源丰富且成本不高,也拥有人才、技术优势及强大的科技发展潜力。

广西相较于重庆和四川的经济发展优势在于地处中国南边,南部的北部湾是出海口,西南部与越南相邻,北部是我国华中地区,东部接粤港澳大湾区。首先,广西是西部地区最近且最方便的出海口,是我国与东南亚地区的经济文化方面的连接点,随着与东盟和东南亚国家未来在经济方面的合作交流不断加强,对外贸易方面也稳步推进,广西的经济也将迅速发展。其次,广西境内有167种矿产资源,广西所具有丰富的矿产资源不仅可以推动矿产相关的纵向产业发展,而且可以推动交通行业、能源供给等众多行业的横向发展,由此能够填补广西经济发展中的薄弱环节。再次,广西具有显著生态环境优势,绿水青山就是金山银山，只要广西能够合理地开发利用绿水青山，就能为经济发展注入强大的动力。最后，在经济发展过程中，创造经济价值的根本在于人，而广西具有显著的人口优势，广西人口增速合理且男女比例均衡，年龄分布适当，良好的人口结构有助于广西区域内发展，让全区经济快速崛起。

5.3　投融资与城镇化质量的关系分析

5.3.1　投融资对城镇化的影响机制

5.3.1.1　投融资通过改变产业结构影响城镇化质量

投融资对城镇化有着广泛的影响，投融资可以通过第一产业、第二产业、第三产业占比以及产业协同效应影响城镇化质量。产业是一个城市发展的基础，能够解决劳动人口的就业问题，促进城市经济的发展。产业结构的变化会影响就业人群和不同产业的就业比重。合理的产业结构能够促进经济的可持续发展，提高城镇化质量。产业结构是指该区域内各种要素的比例以及各种要素的总和，合理的产业结构应由第一产业、第二产业、第三产业占比以及各产业结构就业人员占比、产业效率和技术水平等各项经济要素指标组成（Egger，2005）。

产业结构由政府和市场协调、优化各项资源，充分利用资源，提高资源利用率。Drucker（2015）运用非因果回归分析，得出健康的产业结构有利于解决就业问题，促进经济增长。新型工业化和城镇化两者之间存在相互促进、长期协整的关系，新型工业化对城镇化的发展有着正向的促进关系（李苏和董国玲，2021）。产业结构的优化有利于提高区域的发展，利于解决区域间发展不平衡的问题（徐生霞等，2021）。农村的产业占比情况影响城镇化的发展，第一产业和第二产业占比对城镇化的发展影响呈"U"形的路径，而第三产业的占比是呈倒"U"形的发展路径影响区域城镇化的发展质量（杨钧，2018）。刘肖和金浩（2021）则从产业协同方面研究影响城镇化发展的因素，发现产业的协同效应与城镇化的经济发展有着重要的联系，两者呈倒"U"形的非线性关系。第一产业是指农业、林业、牧业为主的基础产业，不需要对其进行深加工，即可对外出售的自然产业。第一产业的生产需要大量的劳动力，但其获得的利润不如第二产业和第三产业。若一个地区的第一产业占比不断提高，则使得农村的剩余劳动力得不到释放，不利于加速城镇化的进程，对城镇化质量有负向影响。随着我国经济和科技的不断发展，我国第一产业由劳动密集型不断向技术密集型发展，剩余劳动力得到进一步的释放。由于本书以西南地区为例，经济和技术并不如东部地区发达，而且西南地区多为山地地形，导致工业产业得不到发展，第一产业的占比较大，剩余劳动力没有得到充分释放，这对该地区的城镇化发展有着负面影响。

近年来，受到城乡一体化和乡村振兴等一系列政策的影响，大量资本从城市涌入城镇，城镇化发展能够吸纳更多的劳动力，促进各类产业的发展与相互之间的联系（Carter，1988）。随之而来，当地的第二产业也逐步发展，其产业比重逐步提高。第二产业是指对第一产业以及本产业提供的产品（原料）进行加工的产业部门，一般是指现代的工业企业。随着第二产业的占比逐渐增大，政府可以通过制定就业政策来调节劳动力在不同区域的就业情况，从而优化生产与就业之间的匹配程度，促进产业结构的发展（Trehan，2003）。第二产业通过资本聚集和产业结构的作用，能够显著提高城镇化质量。Dewick 等（2006）也利用实证方法研究中国的产业结构与经济增长之间的关系，得出中国的产业结构转变有利于经济的增长。

当第二产业就业人口饱和，人口会慢慢流向第三产业，第三产业所占比重增加，使该区域的产业结构得到进一步的调整和优化。产业结构的转型和升级不仅能够促进资源的优化配置，而且能够推动技术的进步和科技的创新，不断促进经济的发展，提高城镇化的质量。第三产业主要是上述第一产业、第二产业以外的其他产业，是以服务业为主的产业。第三产业中的餐饮服务业、批发零售业等，是典型的劳动密集型产业。该产业的发展能够带来大量的就业岗位，为城镇居民持续提供就业岗位，产业的发展能够提高城镇经济发展水平。随着城镇经济的发展，人口收入的增加，人民生活进一步提高，城镇居民消费得到进一步的刺激，服务型企业得到快速的发展，形成良性的循环，为城镇的第二产业发展提供重要的服务保障，同时也促进城镇的基础设施的完善，加速该地区的城镇化水平。第三产业的发展对城市化的影响很大，当第三产业收入增加时，会为城镇化的发展提供所需要的资金，使得城镇化率升高。即：城镇化率与第三产业收入呈正相关的关系。

近年来，随着第二产业、第三产业的发展，第二产业、第三产业的协同效应在不断聚集，并且发现产业聚集效应与城镇化存在倒"U"形非线性关系，产业聚集可以影响城镇化质量。薛阳等（2022）运用面板数据，构建 PVAR 模型发现人力资本影响城镇化的质量，高技术产业聚集的地区对城镇化质量有着重要的影响，提高城镇化质量要加强人力资本和高技术产业的聚集效应。

随着城乡之间的互动不断加强，各产业之间的联系更为紧密，形成相互影响的新形态（Gary，2004）。产业协同聚集可以优化资源配置，节约资源，并且产品和服务相结合，使产业间共用基础设施提高产业的劳动生产效率。第二产业、第三产业相互促进，第二产业专业化的社会分工模式促服务业的发展，基础性服务促进第二产业的发展。第二产业生产规模得到进一步的扩大，能够优化产业结构，促进区域经济的发展，最终使城镇化的质量得到进一步的提升。

5.3.1.2　投融资通过增加当地生产总值影响城镇化质量

在人类社会进入工业社会后，城镇化已经逐渐成为一种必然趋势，显然，发展城镇化水平与发展经济水平有着某种必然的联系，即经济水平的提高通过带动国民生产总值影响城镇化质量。Haryanto 等（2021）根据 VECM 模型，发现人均国内生产总值仍然是城市化的重要因素。Zouhair 等（2019）通过回归分析得出的结果进一步表明，在世界范围内，城市化水平与国内生产总值（GDP）水平正相关。随着工业社会的发展，城市化过程是必然趋势，动力分工逐渐完善和生产力不断发展的必然结果和必要前提是人口向城市聚集（周一星，1982）。我国城镇化具有极大的发展潜力，伴随城镇化的大力发展，城镇化建设成本的需求越来越大，需要的资金投入也越来越大（徐国贞，2015）。然而，城镇化的资金需求单靠财政投入显然不足以支撑，发挥金融市场的作用并形成规范、稳定和可持续的融资机制是我国城镇化健康发展的关键。

投融资增加将会提升生产总值，使社会分工多样化、规模多样化和产业结构升级，新的行业或职业的产生将助力生产总值的增长。因此，融资的增加将促进生产总值增长。在生产总值高的地区又将吸引新的投资者，形成了一个良性的循环。新型的城镇化建设需要大量资金投入，仅仅依靠政府的财政收入不足以完成新型城镇化建设，显然，必须借助市场的力量，逐步构建一个健全又多元化的融资渠道。近年来我国城镇化建设的投融资渠道已经逐步打开，随着城镇化建设带动经济不断发展，我国已经形成了多种投融资模式共存的格局。我国的投融资体制通过对增加当地的生产总值影响城镇化质量，投资增加带动国内生产能力提高，社会的融资规模越大，国内生产总值的增长越快，即国内生产总值随着社会融资规模的增加而增加（李锦旋等，2015）。随着投融资增加，经济将会高速发展，各行各业都齐头并进，房地产行业更是高速发展着，王业辉（2019）通过研究房地产投资调控与国民生产总值间的关系发现通过调控房地产可以使国民生产总值长效稳定增长。当地生产总值增长，将会吸引新的投资者进入，城镇化水平随之提高。

城镇化与经济增长具有一定互相助推作用。在经济增长促进城镇化方面，经济的高速增长将会提升生产总值，从而促进城镇化水平的发展（朱孔来等，2011）。在城镇化促进经济增长方面，Lee 和 Chong（2018）实证检验了城市化在一定程度上将促进经济增长。Minh 和 Dang（2018）实证分析了 1993～2014 年文莱、柬埔寨、印度尼西亚、马来西亚、菲律宾、泰国和越南 7 个东盟国家经济增长与城镇化之间的关系，研究结果表明，城市化对经济增长具有积极影响。在经济增长与城镇化的互相促进方面，城镇化与经济增长高度正相关（Henderson 和 Davis，2004）。田春艳（2014）采用相关分析方法得出城镇化水平和经济发展存在协整关系。中国的城镇化有双重背景，一重背景是工业化的结构转型，另一重背景是经济体制转型，经济体制是导致我国与发达国家城镇化进程差异最关键的因素（易善策，2008）。基于经济角度，城市化是在空间体系下的一种经济转化过程（徐雪梅和王燕，2004）。城镇化对经济增长有积极的推动作用，而经济增长又必然导致城镇化水平的增长（蔺雪芹等，2013）。显然，不仅城镇化对经济增长有促进作用，经济增长对城镇化也有促进作用，两者密切的相互促进关系形成了良性循环。

国内外的研究表明，城镇化的水平与经济增长水平呈现出正向相关规律，随着经济水平的不断发展，城镇化水平也逐步增长，城镇化水平增长必然会带动国民生产总值的增长，显然，投融资通过带动经济高速发展，提升生产总值，对城镇化的促进作用也会增加。

5.3.1.3　投融资通过增加消费和固定资产影响城镇化质量

在推动城镇化发展的过程中，增加固定资产和促进消费水平的增长可以通过投融资的方式使城镇化质量显著提高。一般而言，城镇化发展水平会受到众多因素的影响，其中包括地区经济的发展情况、基础设施建设的完善程度以及社会福利的发放情况等。在城镇化建设过程中会产生大量的就业机会，为更多的人口提供了岗位，吸引了较多的剩余农村劳动人口向城市聚集，进一步带动了城市经济的发展，同时也提高了居民的消费水平。与此同时，居民消费水平的提高对城镇化建设也有着积极正向的影响，两者之间存在相互促进的关系。居民收入不断增加的同时也导致了消费结构的变化，在基本生活需求得到满足的基础上，人们开始追求在精神层面以及物质文化方面的需求，对于娱乐休闲、文化教育、医疗保障方面的消费不断增多。不同类型的消费对于城镇化质量的影响程度有着明显的区别。就人们日常生活所需的食品、服装、居住等方面的基础消费而言，这些保障人民正常生活的必须消费对城镇化质量的影响并不明显，而在娱乐、教育、医疗、交通等方面的消费对城镇化质量有着显著的正向影响（王鑫，2021）。由此可见，想要快速提高城镇化质量，精准把握投融资的切入点是关键。

基础消费是保障民生的根基所在，也是居民消费的主体范围，在居民消费结构中占有很大的比重，如果只促进居民在日常生活方面的基础消费，那么在城镇化质量的提升方面就不会产生显著的影响。投融资规模的扩大刺激着消费结构的不断升级，人们开始追求在休闲娱乐、知识文化方面的需求，消费扩张有效地提高了居民的生活质量水平，进而有力地促进了城镇化质量的提升。降低居民消费差异，优化消费结构的升级，增强城镇消费的协同性可以在很大程度上促进消费经济发展，可以进一步完善我国城镇化的建设并且提升城镇化质量（朱锐芳和钱海燕，2020）。

地方在城镇化建设过程中对于固定资产的投入在很大程度上决定城镇化质量，完善的基础设施等固定资产也是促进消费不可或缺的硬性条件。面对许多城市基础设施老化的现实问题，仍然需要从解决基础设施建设中资金投入不足的根本问题入手。与此同时，随着我国经济从高速增长转向高质量增长，在固定资产投资以及基础设施建设方面也有了更高的要求。随着科学技术创新浪潮的来袭，传统的基础设施建设已经不能满足人民对于高质量生活的需求，需要通过新型的投融资模式来增加以高新技术为基础的新型基础设施建设,为人民提供更高质量的公共服务,促进城镇化质量的高速发展(王秀云等,2021)。较高的基础设施建设质量对于居民的身体健康情况以及文化教育质量都有着正向的影响,有利于提升居民的生活满意度,提高城镇化质量(Brenneman 和 Kerf,2002)。

积极建设基础设施符合我国经济社会发展的大趋势,能够有效地满足人民多元化和个性化的生活品质要求,符合以人民为中心的高质量发展要求。在不断完善传统基础设施建设,解决基础设施老化问题的同时,也应该注重新型基础设施的建设。新型基础设施建设作为经济科技时代的发展理念,具有实现国家数字化发展、智能化发展、高速化发展的重要功能,新基建包括城市轨道交通建设、5G 基站建设、新能源汽车充电桩、大数据中心、人工智能等多方面领域(沈坤荣和孙占,2021)。对于新型的基本设施建设也应该探索新的投融资方式,在以政府为主导的前提之下,应该更多地利用地方政府投融资平台,最大限度地调动民间资本在固定资产方面的投入,为建设现代化、智能化城市奠定基础。多元化的投资主体和多样化的融资渠道可以进一步降低投资的风险,解决在基础设施建设中存在的资金短缺问题,大力推动城市经济的发展,为提高城镇化质量提供动力与支持。

通过提高消费水平和增加固定资产的方式打造数字化、高质量的现代化城市,不仅会吸引更多的农村人口向城市聚集,为城镇化建设提供基础,而且会吸引更多的外来投资者前来投资,使民间资本在投融资过程中发挥积极作用,降低政府部门在投融资过程中的潜在风险。外部投资者的到来扩大了投融资体系的规模,为基础设施建设带来了更大的发展空间,促进了基础设施的建设与城镇化发展。这种相互推进的关系形成了良性循环,能够使投融资更加有效地提高城镇化质量。

5.3.2 相关变量解释及其模型构建

国内外学者在实验研究中通常使用自变量、因变量和控制变量三种变量,其中自变量和因变量两者又统称为实验变量。本书以广西、重庆、四川 3 个省份的人均财政一般预算支出、人均金融机构存贷款量、人均社会消费品零售总额、人均全社会固定资产总投资额为自变量,以各地区的对应年份人均生产总值为控制变量，选取广西、四川、重庆城镇化质量综合得分为因变量。

5.3.2.1　因变量

因变量是由于自变量的变化而引起因变量指标的变化，即自变量是因变量变化的原因。通过自变量指标的变化，对比所得到的因变量变化，进一步印证自变量和因变量之间的关系。

本书中的因变量随着城镇化建设中的投融资变化而体现出来。城镇化质量水平是衡量一个地区城镇经济发展程度的重要指标，是一个地区一定时期内的城镇建设的经济成果，在城镇化建设过程中，地区的投融资会对当地的城镇化有一定的影响，一般情况下，若一个地方的城镇化水平高，当地的投融资发展水平会较高。本书为了进一步证实城镇化质量与投融资之间的关系，基于数据的可行性，根据前文所得出的 2008~2017 年广西、重庆和四川的城镇化质量分数，本书选取广西、重庆和四川的城镇化综合得分作为因变量。

5.3.2.2　自变量

（1）人均财政一般预算支出（PPBE）。

人均财政一般预算支出是指通过国家的预算安排用于各地方的支出分摊至每人的份额。我国财政预算整体可分为一般公共预算、政府性基金预算、国有资本经营预算、社会保险基金预算。姚东旻等（2021）根据经济建设与科教文卫两个维度，将政府财政预算归纳为四种支出模式：第一种是高均衡支出型。在我国中西部地区，经济发展水平落后，经济建设需求与科教文卫建设需求都较高。第二种是经济建设偏向型。在少数民族地区，经济水平低且人口不密集，需要较强的财政倾斜投入。第三种是科教文卫偏向型。在东南沿海地区，整体经济水平较高且人口密集，财政投入中科教文卫的占比较大。第四种是低均衡支出型。在重庆、天津等城市，呈现与"高均衡支出型"相反现象，这些地区经济发达且民生性公共需求品的需求均衡。

财政预算支出通常指财政部按照预算向有关部门进行支付的活动。根据财政预算支出结构的变化作用于城镇化建设的路径不同，因此会引起城镇化水平变动。在城镇化水平经济方面，鉴于我国在第一产业、第二产业投入不足，因此政府将资金倾斜于第三产业，提升第三产业的占比将会推动产业结构的转型升级，促进城镇化经济发展水平。在城镇化水平社会方面，财政预算支出结构的变动直接影响居民的教育、卫生、就业、住房，政府注重社会福利、提高社会保障会使居民积极投入城镇化建设。在城乡协调方面，在地区发展不均衡的情况下，容易出现城乡两极分化严重的现象，当城乡收入差距扩大，农村进入城镇人数剧增从而阻碍城镇化水平的提高（张照琳，2021）。

国内外学者对财政预算支出与城镇化率影响因素的方面进行了大量研究并已积累一定成果。在财政预算的影响因素方面，PPP 财政支出与宏观环境、政府财政收支和 PPP 资本额度呈正相关关系（项勇等，2018）。付文林和沈坤荣（2012）通过地方财政支出决策模型进行分析，发现转移支付率低与税收分成比例高的地区更倾向于将财政投入生产领域。黄国平（2013）通过面板数据分析东中部、西部地区六省财政支出结构的影响因素，发现财政分权、城市化对财政支出有显著影响。

在财政预算支出与城镇化的相互影响方面，戴永安（2010）指出，从人口、经济和社会的角度对中国城市化效率进行研究，测算我国各省份各年的国民生产总值衡量经济城市化效率，得出每增加 1% 的财政支出，就会降低 1.528% 的经济城市化效率。同时，中国经济增长前沿课题组等（2011）通过分析发现，倒"U"形的关系完美诠释了土地财政收入与城市化率的关系。土地财政会加速城市化发展，但土地价格过快上涨会导致"去工业化"，城镇化可持续发展将出现问题。另外，财政预算支出与对外开放正向影响高质量发展水平（张景波，2020）。

对于研究的西部地区而言，袁丹和雷宏振（2015）基于 1993~2011 年的数据构建模型，发现西部地区财政支出、城镇化和经济增长互相影响，财政支出和城镇化呈正相关关系。自西部大开发以来，西部地区的经济增长呈发散态势，人力资本、固定投资和产业结构的优化是促进西部地区经济建设的重要因素，城市化水平对经济增长的有显著影响。城镇化在一个国家走向现代化、成为经济强国的道路上发挥无可比拟作用，因此，需妥当利用财政预算支出，使城镇化进程更加顺畅（石清华，2011）。

（2）人均金融机构存贷款量（PDLFI）。

金融机构在城镇化建设以及质量提升方面有着十分重要的作用。金融机构存贷款余额就是指月末银行的存款和贷款数据。我国的金融机构主要有银行和非银行，向金融机构贷款主要是指向商业银行贷款，商业银行拥有雄厚的资金可提供各种类型的贷款。一般情况下，人均金融机构存贷款量是用金融机构的存贷款量除以地区的总人口数，金融机构的存贷款要用地区所有的金融机构的存贷款量相加，地区人口总数要用地方政府公布出来的人口总数，这样能够确保得到的平均每个人在金融机构存贷款量数据的准确性。金融能够为城镇输送大量的资金，满足城镇的基础设施建设和产业升级等各方面的资金需求，进而影响城镇化的质量。

通过梳理国内外文献，借鉴前人的研究成果，结合数据的可行性，本书将城镇金融发展水平分为三个维度：金融发展效率、金融发展结构和金融发展规模，可以从这三个维度进一步测量城镇金融发展水平，突出金融体系的服务功能。Ross 和 Sara（1998）构建了衡量金融发展的指标体系，主要包括资本化率指标（衡量股票市场规模）、流动性指标（衡量股票市场活跃度）。何茜和温涛（2018）选取县域金融发展效率、结构和规模等指标为自变量，探究金融发展对城镇化的影响。其中，金融发展规模选取地区的贷款总量与地区生产总值的比值，金融发展效率为地区贷款总量/存款总量，而金融发展结构则为银行的贷款量与贷款总量的比值。陈昱燃和熊德平（2021）在探究城镇金融发展规模时，借鉴国内学者的研究，将指标优化，选取城镇存贷款与城镇生产总值的比值来衡量城镇的金融发展规模。王策（2021）选取了金融业增加值、商业银行贷款增速、金融相关率和人均存款水平作为金融规模的子指标。赵语和杜伟岸（2017）探究金融供给对城镇化的影响，在确定金融供给规模指数时，选取了该地区的银行存贷款总额与地区的生产总值比值作为自变量。

基于上述文献的总结，本书结合数据可行性以及西南地区的金融发展情况，选择四川、重庆和广西的金融规模作为衡量地区兼容发展水平的指标，金融规模的衡量指标有金融机构数量、金融从业人数、金融机构的存贷款数额和上市公司等。基于金融机构的数量和从业人数并不能很客观地反映出地区的金融规模，原因是各个地区的金融机构运行效率不同。另外，西南地区的金融发展水平比东部地区低，该地区的投融资是以银行贷款融资为主要途径，为了数据的可得性以及可靠性，选取了统一口径的计算可得数据，将地区的年末每个人平均在金融机构的存贷款总额作为评价金融规模的子指标。

金融规模主要代表一个地区的金融总量的发展水平,反映地区的经济发展和金融发展之间的关系。该指标以地区平均每个人金融机构的存贷款余额来衡量,地区的金融机构的存贷款一般选取地区的银行存贷款总额,把地区的各个银行的存款数和贷款数额相加,得到地区银行存贷款总额。将得到的存贷款总额除以地区的总人数得到人均金融机构存贷款量,地区的总人数可以从年鉴中获得,数据准确可靠。这两个数据的比值能够较为客观地得出地区的金融规模发展的水平,从金融规模中进一步反映地区的投融资,探究城镇化的投融资和城镇化发展之间的关系。

(3)人均社会消费品零售总额(PTIFA)。

社会消费品零售总额是指经营企业将销售商品通过交易的方式售卖给组织以及个人所得全额;在非经营性、非生产性活动中使用的消费品金额;在餐饮行业、服务性行业获得的资金收入总额。此外,社会消费品零售总额还包括在移动互联网上进行实体商品售卖获得的销售金额,但不包含虚拟商品在移动互联网上的销售金额。近年来,国家在持续加大对民生的各种基本保障力度,财政政策也在向文化教育、医疗卫生服务、就业保障等领域倾斜。努力缩小城乡居民的收入差距是稳步提升人均社会消费品零售总额的关键(肖舟,2021)。

在消费升级的大趋势之下,居民的消费潜力得到了释放,为了适应居民新的消费需求,国家出台了一系列相应的经济发展政策,努力拓宽消费渠道,提升产品质量,优化消费供给侧改革,在多个层面上满足居民个性化、多元化的消费需求(Juemei,2022)。在消费需求得到满足的同时还要加大对消费售后维权机制的监管力度,坚决维护消费者的合法权益,只有给消费者创造一个安全可靠的消费环境,才能持续促进消费者的消费欲望。随着互联网行业和快递业的兴起,许多居民为了追求便利快捷的生活开始选择在虚拟网络购物,同时许多电商平台也会在节假日推出各种优惠的促销活动,进一步刺激了城镇居民的消费潜能,网络交易的零售额逐渐成为城镇居民社会消费品零售总额的重要组成部分。近年来,我国经济呈现相对稳定和持续增长的良好态势,居民消费结构逐渐由温饱型转向小康型,开拓了新市场的消费需求(董伟,2017)。城镇居民在升级类商品中的消费明显增加,其中包括娱乐用品、金银珠宝等方面。

社会消费品零售总额体现了整个城市的繁荣程度,居民消费能力的提升能够促进城市的经济发展，从而加快城市的基础设施建设，吸引更多的外来投资者，为提高城镇化质量提供基础，从而形成良性循环。在促进一个地区经济发展的过程中，要保持消费与投资之间的平衡关系，消费是吸引投资的前提和基础，拥有良好的消费潜力是获得理想投资的关键指标，提高消费水平也是获得投资、促进经济发展的最终目的；投资则为消费创造更多的发展空间，只有拥有稳定的经济基础才能持续扩大消费规模，不断提升居民的消费水平。当消费与投资达到合理的平衡状态时，居民将会从经济增长中获得更多的优惠。在政府的号召下，西南地区城镇化建设正在有条不紊地进行，但是相较于一些发展迅速的一线和二线城市，西南地区的城镇化建设还有较大的发展空间。薛雁丹（2018）在投融资对城镇化影响的分析中将人均社会消费总额作为一个代理变量，对城镇化空间进行了自相关性分析，建立了空间计量模型，通过实证分析表明人均全社会固定资产投资、人均 GDP 等均对城镇化建设起到显著的积极影响，鉴于此，本书采用同样的自变量以研究投融资对城镇化建设的影响机制。

（4）人均全社会固定资产总投资额（PTRSCD）。

全社会固定资产投资是指一定时期内全社会建造和购置固定资产的总量以及与此有关费用的总称。在国民经济发展要素中，投资是重要要素，其中资本性投资占重要位置，在资本性投资中固定资产的投资尤为重要。固定资产的投资能够促进出口、工业和建筑业的发展、提高地区消费水平，提供更多的就业岗位，缓解就业压力，推动当地经济的发展。我国的固定资产投资额与经济增长的关系是紧密相连的，呈正相关关系。我国固定资产投资额的增长能够促进社会增加固定资产、扩大生产规模，可以拉动我国经济的增长。故而，固定资产的投资额规模极为重要，是大部分学者要讨论的重点，而国内外的学者对固定资产投资额的结构的相关研究缺乏关注。因此，以实现经济的可持续性发展，应当聚焦在固定资产投资额的结构上，通过合理配置固定资产投资资源，推动经济增长。

固定资产的建造和投资需要资金的支持，固定资产投资的资金来源，主要包括以下几个方面：自筹资金、国内外贷款以及国家预算内资金等。一般情况下，自筹资金占总体固定资产的建造和投资资金比例较高，建造和投资固定资产的大部分资金来源于自己所筹资金。固定资产的种类有很多，但是房地产业、交通运输业、制造业、水利环境以及公共设施管理在固定资产投资份额中所占的比例较高，公共基础设施的效益性不高，故优化固定资产的投资结构能够提高地区的经济效益，稳定地区的经济发展。

在促进经济发展和劳动者增收中，人均全社会固定资产总投资额扮演着至关重要的角色，是拉动我国经济增长的"三驾马车"之一，然而固定资产投资对经济增长的推动并不是永无止境，而是具有一定条件限制的。我国是一个发展中国家，在经济发展的前期，固定资产投资是促进我国经济发展的重要手段，是我国摆脱贫困和快速发展的关键。但在经济发展高速增长的时期，过去的模式并不可取，若我国经济的增长仍然长期依靠固定资产投资，将会对经济发展带来许多不利影响。因而，我国应不仅依靠固定资产投资，还应在经济增长过程中发挥消费和出口的促进作用，将消费驱动型和出口驱动型经济增长方式作为主流经济增长方式。我国国民经济将会因国内消费需求的扩大和出口工作力度的加大得以快速运行。

自 1949 年后，固定资产投资呈现快速增长的趋势，是我国经济增长的重要驱动因素，也是我国经济增长的主要动力。影响固定资产投资的因素主要包括收入水平、经济增长水平等，其中，经济发展水平是最重要的因素，这在国内外学者的研究中都得到了广泛的认证。根据孔荣和梁永（2009）利用 1980~2005 年的有关统计数据进行实证检验的结果，揭示农村固定资产投资在整体上对农民收入具有积极影响，印证了固定资产投资额对城镇化的积极影响。周桃勤（2015）以宁波市为例研究城镇化与投融资问题，发现国民生产总值随着全社会固定资产投额的增加而增加。方骏华（2018）以广东省的固定资产投资额和 GDP 的面板数据分析得出，全社会固定资产投资额的增加有利于拉动经济的增长，对地区的经济有着促进作用。基于以上的文献分析，全社会的固定资产投资额对城镇化质量有着重要的影响，故本书选取全社会的固定资产投资额为自变量，探究全社会固定资产投资额与城镇化之间的关系。

5.3.2.3　控制变量

我国作为一个人口大国，拥有广阔的国土面积，各个地区由于受到地理位置、气候条件、交通运输等客观条件的影响，其发展速度和发展方式也不同。本书以广西、重庆和四川为例，研究了西南地区投融资对城镇化质量的影响，虽然这三个省份同为我国西南部地区，但其地理位置、居住人口、经济发展的情况还是存在较大的差距。重庆位于中国内陆的西南部以及长江中上游，是西部大开发的重点地区，也是国家重要的现代制造业基地，作为中国九大中心城市之一，重庆市也是全国综合交通的枢纽。四川位于中国西南腹地、长江上游、地貌较为复杂多样，省内经济发展不均衡，整体经济相对落后。广西位于中国南部边界，属于沿海地区，地貌呈盆地状，山多地少，广西作为我国脱贫攻坚战略的主要地区，其经济发展相较于其他两个城市相对落后，但其作为我国西部唯一的沿海地区，是西南地区最方便快捷的出海口。综上所述，本书关注的三个省份的经济水平存在差距，难以精准衡量，因此在城镇化质量的实证分析中，为避免经济水平对城镇化质量的提高产生影响，本书将各地区对应年份人均 GDP 作为控制变量。

5.3.3　描述性回归分析及相关结果

通过 2008~2017 年的面板数据，建立影响城镇化质量的计量模型。

$$QU_{it} = a_1 PPBE_{it} + a_2 PDLFI_{it} + a_3 PTIFA_{it} + a_4 PTRSCD_{it} + a_5 PGDP_{it} + a_6 RU_{it} + \varepsilon_{it} \quad (5-9)$$

其中，i 表示面板数据中的年份，i=1、2、3 分别代表广西、四川和重庆；t 表示所使用的面板数据中的年份，t=2008，2009，2010，…，2017；QU_{it} 表示面板数据中第 i 个省份第 t 年的新型城镇化质量综合分数；$PPBE_{it}$ 表示面板数据中第 i 个省份第 t 年的人均财政一般预算支出；$PDLFI_{it}$ 表示面板数据中第 i 个省份第 t 年的人均金融机构年末存贷款总额；$PTIFA_{it}$ 表示面板数据中第 i 个省份第 t 年的人均社会消费品零售总额；$PTRSCD_{it}$ 表示所使用面板数据中的第 i 个省份第 t 年的人均全社会固定资产投资；$PGDP_{it}$ 表示面板数据中第 i 个省份第 t 年的人均地区生产总值；RU 表示城镇化率；ε_{it} 表示面板数据处理中的系统误差。由于在建立权重模型时已经考虑了年份的影响，并且本书侧重于多元化的投融资体系对新型城镇化建设的影响，因此在模型构建时没有加入年份固定效应和个体固定效应这两个关键变量。

国内外学者通常根据地区的投融资对城镇化的影响机制，构建多元线性回归模型验证新型城镇化质量与地区投融资水平之间的关系。从实质来看，回归分析是研究一个或多个自变量 X 对一个因变量 Y（定量数据）的影响情况。回归性分析，又可分为多元线性回归和一元线性回归。一元线性回归又称为简单性回归，多元线性回归则是自变量为两个或两个以上。由于本书有多个自变量，所以采用多元线性回归模型。

根据描述性分析（见表 5-3）和回归分析（见表 5-4）的结果可以看出，在控制三个省份的人均 GDP 之后，本书选取的四个自变量，包括人均财政一般预算支出、人均金融机构存贷款量、人均社会消费品零售总额、人均全社会固定资产总投资额都会不同程度影响城镇化质量。数据显示，该四个自变量对我国新型城镇化质量有显著影响，超过了 1% 的区间。从数据上可以看出对新型城镇化质量影响最大的是人均社会消费品零售总额，其次是人均财政一般预算支出，人均全社会固定资产总投资额排在最后，而人均金融机构存贷款的总额系数则为负值，这表明人均金融机构存款贷款总额对城镇化质量并没有正向的影响。

表 5-3 描述性分析结果

变量	系数	T
PPBE	0.037***	3.05
PDLFI	−0.006***	−7.18
PTIFA	0.033***	11.30
PTRSCD	0.086***	10.89
PGDP	0.042***	8.32

注：***、**和*分别表示在 1%、5% 和 10% 的水平下显著。本章下同。

表 5-4 回归分析结果

变量	系数	T
PPBE	0.045**	2.36
PDLFI	−0.005***	−3.70
PTIFA	0.041***	10.78
PTRSCD	0.108***	9.17
PGIOV	0.049***	3.97

5.3.3.1 人均社会消费品零售总额对城镇化质量的影响

由表 5-3 可知，对城镇化质量影响最大的是人均社会消费品零售总额。提高城镇化质量，需要社会消费的带动，当社会消费提高时，能够吸引更多外部的投资者对城镇化建设投资，进而提高该地区的工业化水平，从而提高该地区的城镇化水平，提高城镇化质量。收入与消费有着良好的线性相关性，同时收入与城镇居民人均可支配收入也有着重要关系，在当前西南地区经济不发达的情况下，需要刺激西南地区的消费，提高社会消费品零售总额。若要社会消费品零售总额一直保持稳定增长态势，既要有支撑消费增长的基础因素（包括我国社会经济水平已进入新阶段和过去几年财富积累两个方面），也要有短期推动的新增因素以及消费自身特有的刚性因素，特别是一直以来国家采取的一系列扩内需、促消费的政策措施的积极推动，从而提高地区的城镇化水平。

5.3.3.2　固定资产投资对城镇化质量的影响

固定资产投资持续快速增长，在经济社会持续健康发展中起到了重要作用。近年来，在全社会固定资产投资中，投资增速明显加快，投资保持平稳增长，投资结构持续改善，投资质量不断提高。城镇的基础设施在固定资产中所占比例较高，随着基础设施投资额的增大，公共基础设施（运输、通信等），都得到一定的提高；教育、卫生、文化等公共基础设施以及城镇的公共服务能力得到明显提升，城镇的面貌发生翻天覆地的变化，城市和农村居民的环境和生活条件不断改善。基础设施投资为更好地满足人民日益增长的生活质量需求提供了强有力的支持和保障。全社会固定资产总投资额的提高势必会提高城镇建设、农村建设等的水平，从而促进城镇化质量提升。地方财政支出主要集中在科、教、医等公共事业，使人民生活得到改善，较为完善的基础设施建设能够进一步反作用于城镇，有利于该地区吸收更多的资金，建设该地区的城镇化，形成良性循环，提高地区的城镇化质量。

5.3.3.3　中央和地方财政对城镇化质量的影响

在城镇化建设过程中，资金的缺口很大，而且城镇的融资结构不够完善。中央和地方财政拨款有限，当城镇化建设过程中缺乏资金时，政府会通过融资平台的融资以及债券等其他融资方式获取相应的资金支持。地区的金融机构存贷款额也会对城镇化质量有着重要的影响，机构的贷款额越高，城镇化的建设会得到更多的资金支持。但是金融机构贷款有严重的弊端，贷款的金额需要按时偿还本金和利息，而城镇化建设过程中，贷款项目多用于基础设施建设，基础设施建设属于较为公益性的项目，且公共基础设施的投资回报率往往很低。某些地方政府为了提高政绩，为了追求更高质量的城镇化水平，而向金融机构进行大量的借款，使政府债务较高。此时为了偿还高额的债务，政府或许又会挪用其他用途的财政资金，财政资金的挪用，会造成政府建设其他方面资金的不足，对外部的投资者的吸引力减弱，使城镇化的建设越来越困难，无法使城镇化的质量提高。

5.3.4 稳健性分析

稳健性检验是使结论得到广泛接受的重要步骤之一。稳健性检验是通过改变某一个特定的参数，进行多项重复的实验——观察实验的结果是否会随着特定的参数的变化而发生变化，若发生变化则说明是不稳健的。为避免存在遗漏变量的问题，稳健性分析必不可少。

为了验证本书回归结果的可靠性，本书将选取两个对城镇化有影响的数据进行分析：地区工业化水平对新型城镇化质量的影响、地区城镇化率对新型城镇化质量的影响。

5.3.4.1 地区工业化水平对城镇化质量的影响

本书发现城镇化的提升与工业化水平有着密切关系，对一些典型的工业驱动型的小镇，工业化水平能够显著提升城镇化水平（谢亚和王钰，2021）。但是本书在构建回归模型时，忽略了地区的工业化水平，并没有考虑到工业化水平是否会影响城镇化的建设。为了验证工业化对城镇化质量的影响，本书选取了人均工业总产值（PGIOV）作为控制变量进行相应的分析。最后得出的稳健性结果显示，选取工业化水平作为控制变量，描述性分析统计和回归结果的结论依然成立。即自变量财政一般预算支出、全社会固定资产总投资额以及社会消费品零售总额对新型城镇化影响依旧存在正向相关关系，人均金融机构存贷款总额对城镇化质量的提高依然存在负作用。

5.3.4.2 地区城镇化率对城镇化质量的影响

过去五年，我国城镇基础设施水平明显提升，居民生活质量得到明显的改善，城市包容性得到大幅度的提高。新型城镇化发展不再是传统的单一模式，各地区结合了当地的自然资源优势和产业发展基础，一些特色城镇化的建设模式应运而生，推动了当地城镇化的健康发展。一个地区的城镇化率（RU）对城镇化质量有着非常重要的影响。若一个地区的城镇化率较高，该地区的基础设施会较完善，教育和医疗条件会较好，这些基础条件能够吸引更多的优秀人才，进一步建设城镇，提高城镇的质量水平。基于本书在进行回归分析时，并没有考虑到城镇化率对城镇化质量的影响。因此，为了验证本书结论的可靠性，本书选取了对城镇化质量影响较大的城镇化率作为控制变量进行稳健性检验。结果表明，上述研究中的四个自变量对新型城镇化的影响依旧显著，其中的财政一般预算支出、全社会固定资产总投资额以及社会消费品零售总额对城镇化质量的影响仍然具有正相关关系，但是金融机构年末存贷款总额对城镇化质量的影响仍然是负向的，故而上文所得出结果是可靠的、可信的。综上所述，本书通过工业化和城镇化率为控制变量的两次稳健性检验，验证了上述四个自变量与因变量之间的关系是可靠的（见表5-5）。

表 5-5　稳健性检验

变量	系数	T
PPBE	0.074 **	4.27
PDLFI	−0.009 ***	−4.93
PTIFA	0.045 **	13.11
PTRSCD	0.143 **	8.67
RU	12.796 ***	3.68

5.4　本章小结

本书通过采取 2008~2017 年广西、重庆和四川三个西南地区省份在新型城镇化进程中的各项数据作为研究样本，在构建城镇化质量评价体系时，选取三个地区共同存在的指标，在符合评估城镇化质量标准的前提下，从经济发展质量、社会发展质量、公共基础设施质量、城镇生活质量、生态环境保护质量、城乡一体化质量六个方面对西南地区三个地区的城镇化质量进行衡量。

首先，根据经济发展质量和社会发展质量等六个方面所构建的城镇质量指标体系，采用熵值法对 2008～2017 年的各指标进行权重赋值并计算，得出了三个地区的城镇化质量综合得分。由此可知，2008～2017 年，该三个地区的城镇化质量综合得分都呈现上升趋势，其中，重庆综合得分显著高于广西和四川两个省份，四川的城镇化质量得分比广西略高。本书选取了广西、四川和重庆的城镇化综合得分为因变量，选取人均财政一般预算支出（PPBE）、人均金融机构存贷款量（PDLFI）、人均社会消费品零售总额（PTIFA）以及人均全社会固定资产总投资额（PTRSCD）作为自变量，以人均国内生产总值作为控制变量，构建多元线性回归模型。研究表明，人均社会消费品零售总额、人均全社会固定资产总投资额、人均财政一般预算支出、人均金融机构存贷款量对城镇化的影响十分显著，其中，人均金融机构存贷款量对城镇化的影响有负作用。最后，为了验证描述性分析和回归分析结果的可靠性，选取人均工业总产值（PGIOV）和城镇化率（RU）进行稳健性检验，验证结论可靠。

第6章 西南地区新型城镇化多元化投融资体系构建的对策及路径

6.1 加大中央及地方财政支出

根据第4章模型1构建以及第5章实证分析中得出城镇化建设的资金缺口较大，且城镇的融资结构不够完善的研究结果，本书从调整各级政府职责划分和合理优化政府支出结构方面提出了相应的改进策略。

中央财政是由中央政府直接分配的国家财政，用来反映中央政府与地方政府之间的分配关系。中央财政主要由中央预算、中央各部门单位的财务以及中央各部门、单位的预算外资金组成。中央政府是我国最高的管理组织，其主要职能是维护国家的安全、保证社会的稳定发展、合理配置资源、协调各地区之间的利益关系。财政政策是中央政府在履行职责时的一种调控手段，它通过筹集和分配资金来调节和控制宏观经济的运行，也能监督各级单位部门以及地方政府在执行规程中是否遵守中央政府的财政法令和法规。由于各地经济发展速度存在差异化，为了保证各地区的均衡发展，财政收入较高的发达地区需要向中央政府上缴一部分收入作为公共财产，而经济发展相对落后的偏远地区，中央财政会给予适当的补贴和帮助。除此之外，地区在面临重大自然灾害或者开展重大专项工程时，也可以向中央政府申请协调与投资。通常来说，财政学理论认为财政在经济领域具有资源配置、促进经济增长的作用，并且随着中国特色社会主义的不断发展，逐渐形成了具有中国特色的宏观调控模式（中央党校"中国特色社会主义政治经济学研究"课题组等，2017）。

6.1.1 合理调整各级政府支出责任划分

在我国，中央财政的收入主要来源于各种类型的税收，如关税、国营企业所得税、工商税等。地方财政的收入也依赖于地方各级财政以及税务部门的税收。地方财政涵盖了中央财政以下的各级财政，是地方政府和当地企业、城镇居民之间分配关系的体现。分税制的改革重新划分了中央和地方之间的财政权力，加强了中央政府的宏观调控能力，并且进一步推进了市场经济体制的建立。在没有实行分税制之前，中央政府首先要满足自身运营所需要的财政支出，然而在保证本级财政支出之后很少有结余的资金用来补贴地方政府的发展；当分税制贯彻实行之后，中央政府拥有了集中财政的权利，在保证自身运行良好的前提下能够有充足的资金支持地方政府的发展，这为中央政府实现宏观调控、帮助地方政府实现脱贫攻坚奠定了坚实基础（丁赛，2022）。同时，市级政府和区级政府应当合理安排事权与支出责任的划分，市级政府应当加强在民生方面的财政支出，积极保障城镇居民社会福利及权益，减轻区级政府在财政支出方面的压力。

6.1.2 优化政府支出结构，增强统筹能力

地方财政是中央财政的基础，肩负着为中央财政筹集资金和为地方发展建设储备资金的重任。在满足中央政府的财政需求之后，地方政府需要用筹备的资金完成地方的基础设施建设，努力满足当地居民的物质文化需要，提高当地的城镇化质量。新型城镇化的发展倡导以人为本的发展理念，政府的财政支出结构会对当地经济增长产生影响（张虎和赵炜涛，2017）。政府财政支出结构会对就业、城乡收入差距等产生影响，政府加大在基础设施建设方面的投入会直接刺激经济的增长，创造更多的就业机会，缓解就业压力，因此，优化政府财政支出结构能够带动当地经济的发展，对城镇化建设起到关键性作用（郭新强和胡永刚，2012）。财政支出结构并不是一成不变的，不同地区应根据当地发展的现实情况对财政支出结构进行及时的调整。在科技、公共基础设施方面的财政投入对城镇

化发展有显著的推动作用，统筹在科技方面的投入且加大对公共服务方面的支持，协调城乡发展一体化，不断提升我国现代化水平。地方政府作为推进各种基础设施建设的实施者和监督者（刘顺飞等，2019），应当肩负起为人民创造美好生活的重任，扩大在公共服务方面的财政支出，形成以提高居民生活质量为目标的财政支出结构。合理有效的财政支出结构不仅能够提高当地的城镇化质量，同时也会产生大量的人才聚集效应，带动周边地区的经济发展，实现新型城镇化建设的高质量发展目标。

6.1.3　加大对社会福利方面的投入

关注民生领域是国家长期以来的任务，为了完善社会主义市场经济体制的建设，需要加强在收入和支出方面的改革，保证在税收方面的公平分配原则，通过财政支出的方式加强在教育、医疗、"三农"方面的投入。财政支出对城镇化的发展有着积极的影响，科学健康的财政结构能够促进经济的快速增长，从而对城镇化的发展提供有效的支撑（李晓鹏，2018）。对于一个城市的发展而言，基础设施建设是维持居民稳定生活的基石，而公共产品的建设主要依靠中央和地方政府的财政支出。此外，政府在公共服务方面的投入会对社会福利产生影响，如果地方财政难以促使当地经济的增长，那么就会带来社会福利降低的风险，这不利于城镇化质量的提升。因此，应加大中央财政及地方财政的支出，合理利用资源，积极听取当地居民的意见和建议，在基础设施建设过程中做出有效的投资。

6.1.4　均衡地区发展，弥补偏远地区发展短板

由于我国经济发展存在不均衡的现象，城镇化发展也呈现空间分布不均的问题，所以从公平发展的角度来说，应当加大对落后地区的财政投入，保证我国城镇化水平的均衡发展（Linying 和 Yuanying，2019）。自改革开放以来，我国为了补缺民族地区在经济发展上的短板，提出了西部大开发、脱贫攻坚等战略，加快了民族地区的经济发展，但是由于地理位置偏远、生态环境恶劣等问题，一些地区在经济发展水平上仍处于滞后的阶段，如果单纯依靠地方政府的力量，很难达到城镇化质量高速提升的状态，因此需要中央财政的大力支持。对于发展情况较

好的中部地区，应当着重考虑调整当地的产业布局，根据不同地区的现实情况给予合适的资金支持，全面提高我国城镇化水平。面对区域发展不均衡的问题时，应当积极推进公共服务在地区间的均等化，使城镇居民均能享受最基本的社会保障和公共服务，利用财政支出实现公平分配的基本原则，缩小城乡居民的收入差距（闫婷和龚辉，2021）。

6.1.5 注重人才引进与培养

我国西部地区城镇化质量整体较低，主要原因是人才流失，缺乏人才储备。在改革开放初期，由于自然条件优越、政策倾斜等因素，大量人才流向东部沿海地区，人才的聚集带动了当地产业的发展，快速提高了当地的经济水平，为之后的城镇化建设奠定了坚实的基础。因此，想要提高西南地区的城镇化质量，需要注重人才培养和人才引进。加大教育方面的财政投入能够为当地的人才培养计划提供保障，同时需提高教师的福利待遇，保证教育资源充足。中央政府还应加大在公共基础设施方面的支持，创造宜居舒适的生活环境，为吸引人才做足准备。完善住房政策和保障住房体系等社会福利问题也是引进人才的关键。解决住房困难，满足居民基本生活需求能够有效提升社会经济的发展，进而达到提高城镇化质量的目的。

6.2 完善政府申请贷款的制度

根据第 4 章的模型 2 构建以及第 5 章实证分析中自变量人均财政一般预算支出和人均全社会固定资产总投资额等，由于政府的贷款投资一般在公共基础设施上，故本书提出了相应的完善政府申请贷款的制度，规范政府的贷款，提高政府贷款资金的利用率等建议。

政府建设新型城镇化需要大量的资金，政府贷款是一种十分有效的融资方式，但由于我国政府贷款融资机制并不成熟，引发了诸多问题。某些政府为了完成城镇化指标，会出现盲目贷款等状况。地方政府经济情况有强弱之分，在向金融机构贷款的过程中，偿债能力弱的地方政府因其偿债能力小于财力，导致债台高筑。Alesina 和 Tabellini（1992）也认为贷款规模膨胀是引发政府债务风险的重要因素。在贷款过程中也会出现债务期限和政府任期不符等一系列问题对城镇化进程产生严重的影响，这些影响在前文的回归分析中也有所体现。对于政府贷款存在的这些问题，本书提出相应的建议，以其能够完善地方政府申请贷款的制度。

6.2.1　完善相关的法律法规

政府应该完善相关的法律法规，建立健全政府向金融机构申请贷款的机制。政府向金融机构贷款是我国政府贷款的重要方式之一，根据本书第 3 章提到的我国城镇化融资相关法律保障不全等问题，因此，我国政府在向金融机构贷款的申报、论证、管理、使用以及还贷等方面要建立健全的法律法规体系。现阶段我国政府关于金融机构贷款的法律法规并不完善，仅规定了政府融资租赁平台以及政府融资等相关问题，但对一些定性法律问题没有明确的规定，如政府担保的合法性和合规性等。法律没有明确规定这些问题，会造成对政府财力的误判，导致商业银行所放的贷款无法按时收回。

此外，我国要制定中央政府向金融机构贷款的制度，各地方政府要基于中央政府所制定的贷款制度，根据地方的经济情况制定更为适合的贷款机制。地方政府要出台一系列规范政府贷款的操作程序，对政府贷款项目的具体的申报情况、资金使用、还债情况等要进行操作和程序上的规范，在法律和法规的框架下，约束和规范地方政府向金融机构贷款的流程。对于政府出具的资产负债表、项目书以及贷款资金的使用用途，政府都应该在相应的网站上公布，使政府贷款的相关信息透明化，这些措施能够在一定的程度上减少政府盲目贷款、挪用贷款等情况的出现，提高政府贷款的使用效率。

6.2.2　规范政府贷款审核流程

金融机构应该在借款时充分评估所要借款的政府的综合实力，严格审核政府贷款。当地方政府向金融机构贷款时，金融机构必须要审核政府出具有关财力的证明，适当时可以借助第三方评估机构，准确评估政府的财力以及偿债能力，以防出现政府破产，无法偿还贷款的情况。金融机构对政府的贷款项目也要进行严格的审核，政府贷款项目的审核一般包括前期准备、采购贷款、合同签订以及合同执行等阶段。前期准备阶段主要是政府要按照金融机构提出的要求或者国内对于政府贷款的相关要求填写相关项目的资料以及当时政府的资产负债表或偿债能力报告等，金融机构要编制贷款项目可行性分析、采购计划等，把政府贷款项目精细化。在采购贷款阶段，政府应该与金融机构按照国家的相关贷款法律法规编制贷款文件，并签订贷款合同，合同中应该明确说明贷款的项目名称、贷款规模、贷款期限等主要问题。对于贷款的偿还期限问题，贷款期限要根据政府的任期做出相应调整，以防出现政府偿还债务压力下移的情况，把上一任政府的偿债压力转移到下一任政府。在合同签订及合同执行期间，金融机构与政府要签订执行和验收合同，在执行期间金融机构要随时检查政府贷款项目的完成情况，以防出现项目资金挪用或者项目建设进度太慢的情况。

此外，对于地方政府运用政府信用担保的情况要严加审核。政府可以引入专门的征信机构，对政府的信用进行合理的评估，按评估值划分等级的界限，达到安全的等级信用界限才能进行政府贷款。在贷款偿还期限内要定期评估政府的财力以及偿债能力，并向社会公布政府的财力，这样能够在一定程度上规范政府贷款行为，在一定程度上减少因政府财力不足而无法偿还债务的问题。

6.2.3　设置相应的风险控制机制

政府应该设置专门的风险管理部门，对风险进行实时的监控，对贷款过程中出现的风险要进行合理的处理。引入担保机构有利于风险的防控，能够降低政府的贷款风险，保护放贷机构的基本权益（Gai 和 Ielasi，2014）。此外，为了减少地方政府财力小于偿债能力等问题的出现，政府的风险管理部门应利用科学技术等手段，以管理当地政府债务风险为目标，收集社会上各种债务风险指标，筛选出与政府债务相关的重点指标，对收集到的指标进行分类管理，有针对性地对当地政府的借款进行实时的监测和评估。一旦监测到政府贷款有风险，监测机器会根据风险的大小发出相应的警报，保证所收集到的风险能够及时地传达到处理中心，然后相关人员将数据进行归纳处理，做出应对措施。故需要构建较为全面的风险预警机制，完善应对地方政府债务预警的处理程序，尽量将风险降到最低，分类化解地方政府债务风险，加强和规范地方政府融资平台的管理，保证政府的债务能够顺利按时偿还（Croce 等，2021）。同时，社会舆论是控制政府贷款风险的有效途径，在借款期间，政府应该把贷款项目的资金用途以及政府的资产负债表等报告公布在相关的网站上，让信息透明化，这样能够在一定程度上降低地方政府的贷款风险。

6.2.4　建立合理的偿还机制

对于偿还贷款问题，政府的相关部门要建立贷款项目重点抽查制度，对贷款期间发生的重点交易进行资金跟踪，精细化管理政府贷款项目，从源头上控制信贷资金的挪用，保障贷款的资金能够用在切实的项目上，提高资金的利用效率。政府要在贷款期间合理估计政府的财力，若出现政府财力远小于政府贷款的情况，政府应该要及时制定相应的措施增加政府的财政收入。同时引入相应的担保机构，融资的担保能够提升信用和减轻风险，保证贷款能够按时偿还，保障放贷金融机构的基本权益（Rubina 等，2016）。与此同时，当政府出现无法偿还债务的情况时，相关机构要及时追究领导人的责任，金融机构也要受到相应的惩罚，对于不按照相应机制认真审核放贷对象的银行金融机构等要给予警告和处罚。若是以政府信用担保的贷款，要限制该地方政府贷款的金额和次数。

贷款环境对于政府效率的提升有着重要的作用，倘若在一个相对宽松的贷款环境中，容易使政府的办事效率降低，不利于当地城镇化的建设（李万峰，2014）。因此，我国应该要制定中央以及地方相对应的政府贷款制度，要求金融机构在进行贷款时要严格对各地政府的财力以及偿债能力进行评估，对于已经出借的贷款要定期对当地政府的财力、偿还债务的能力等进行评估，对每一笔借款都要做出相应的评估记录。总之，要切实做到从源头上遏制贷款的数量，在贷款中要实时审核评估政府的财力和偿债能力，事后也要进行经验的总结，力求减少不良贷款的出现，完善政府申请贷款的制度。

6.3 吸引社会资本的有序投入

根据第 4 章的模型 3 构建以及第 5 章对于人均金融机构存贷款量的研究,本书发现我国新型城镇化中的投融资问题存在着融资主体单一和融资方式较为传统的问题。因此,社会资本的有效投入成为推动城镇化建设、缩小城乡差距的重要决定因素。

20 世纪 70 年代,研究者们陆续开始研究社会资本领域的课题,Bourdieu (1986) 首次系统地定义了社会资本,他认为社会资本是一种社会资源。社会资本能够增强社会责任意识,帮助特色小镇实现项目效益最大化 (万树等,2018)。吸收社会资本以投入城镇化建设,不仅有利于企业融资,还可以通过降低信息成本使交易成本减少,提升企业投资效率。在融资方面,Uzzi (1999) 通过研究社会资本对企业融资行为的影响,发现当企业的银行关系网络越多样,企业获得贷款的难度就越小。在投资方面,通过社会关系网络能够使信息的交流和传播速度加快,从而让社会关系网络的成员更快拥有社会资源,掌握主动权,降低交易成本,促进企业的投资 (Burt 和 Celotto,1992)。社会资本对国内投资和跨国投资都有一定促进作用,特别是对重视关系的中国企业,吸收社会资本能够促进公司的投资行为 (Guiso 等,2004)。

6.3.1 整合外部资源,降低农村市场成本

通过吸收社会资本能够有效整合农村的土地、人力等各种内部资源,同时,社会资本的介入还能够整合农村外部的资源,为农村引入先进技术、现代化交易市场模式,解决农村资金短缺,减少农村市场的交易成本 (姜睿,2021)。首先,投入足够的社会资本可以为乡村引入现代市场交易方式和产业发展模式,从而降低交易成本,还能够让农村技术人员拥有更高的技术。吸收足够多的社会资本可提高农村经济效率,通过提高农村经济效率便可促进农村现代化和城镇化。其次,吸收社会资本能够降低劳动者获取信息时所消耗的信息成本。从城镇化角度

出发，从农村地区转向城镇地区时要留意就业信息的收集，而收集信息即需耗费信息成本，仅凭一己之力收集信息所耗费的信息成本是巨大的，但如果拥有足够的社会资本，将大幅降低信息成本。通过降低农村市场的各项成本，弥补农村市场发展的各项短板，可以逐步打破传统城乡发展的平衡，促进新型城镇化建设进程。

6.3.2　丰富人力资本，增强风险抵御能力

社会资本可以丰富人力资本。劳动者想获取更优质的资源和更开阔的眼界，毋庸置疑取决于劳动者所拥有的社会资本数量。从城镇化的角度出发，从农村地区转向城镇地区时，人们会受到长期以来根深蒂固的思想观念和社会关系的影响，对陌生的环境不适应，影响人们的日常生活和心理状态等众多方面。因此，若想增强个人的风险抵御能力，劳动者不得不主动或被动地拥有更多的社会资本。当劳动者拥有的社会资本数量增多后，劳动者抵御风险的能力和处理风险的能力都会增强。同时，劳动者能够借助更完善的社会关系，了解诸多风险并增强对风险的预防意识。另外，吸收社会资本可有效降低劳动者的就业风险（Leila 等，2020）。在劳动者的就业过程中，通过劳动者自身可靠的社会关系网络，有助于劳动者及时、有效地获取就业信息，帮助劳动者规避因信息不对称导致的就业失败风险。

6.3.3　完善相关激励机制

为更好地引导和鼓励社会资本投资城镇化建设，完善社会资本投入城镇化的激励机制具有重要意义。过去，社会资本相关激励政策常常随着宏观经济的变化而变化，导致相关企业不适应不断变更的新政策。同时，社会资本的相关激励机制缺乏精确度和具体性，也导致社会资本无法更好地投入城镇化建设中。为完善社会资本的有关激励机制，建议城市与农村共同构建覆盖全面、体系健全、分级分类的城镇化项目库，制订城镇化建设专项计划，引导社会资本精准投向有关项目；充分发挥政策性银行信贷支持优势，为满足条件的社会资本提供长期稳定的金融产品和差异化服务；贯彻落实城镇化相关的各项优惠政策，切实降低社会资本参与新型城镇化建设的运营成本；创新社会资本参与新型城镇化发展体制，鼓

励社会资本以特许经营、参股、控股等多种形式，参与城镇化有关项目建设。通过完善与社会资本相关的激励机制，吸引社会资本投入新型城镇化建设，弥补政府资金的投入不足，促进产业创新发展，创造就业岗位。

6.3.4 健全相关法律体系

引导社会资本助力城镇化发展，不仅需要政府提供红利政策的支持，同时也需要相关法律的保障。如果一个企业或组织不切实保障社会资本的合法权益，将会导致社会资本的流失，造成该企业或组织最终走向灭亡。目前，为积极鼓励和引导社会资本投入城镇化建设，我国各部门都积极出台相关措施。例如：在水利工程建设方面，社会资本与政府就享有相同的政策福利。为完善社会资本的相关法律体系，应基于社会资本保障产权制度和政府信用的导向作用，建立与社会资本相适应的企业信用体系。首先，应通过推进企业征信立法工作的进程，发挥政府在企业信用中的引导地位，构建企业信用评价体系。其次，应采用分权制衡手段规避有关人员滥用国家权力，保障社会资本的合法权益。最后，通过政府依法行政、提高政策透明度和服务质量，使政府机关树立积极的形象，有利于政府的社会资本的积累。

投入良好的社会关系会使投资者拥有更好的社会资源，良好的社会资源会使投资者拥有更高的回报。社会资本在城镇化建设中，扮演着不可或缺的角色，通过提升社会资本的参与度，能够促进我国特色新型城镇化持续健康发展。

6.4 完善地方税收的有效征管

根据第 4 章的模型 4 构建以及与第 5 章的研究结果，本书发现我国对于城镇化融资过程的有关规定与法律保障尚不健全，对地方税收的征管也不完善。因此，完善地方税收的征管，也是我国城镇化建设进程中需解决的问题。

我国的税收收入主要包括中央税、地方税和中央地方共享税。地方税即归属于地方政府的财政收入，是地方发展的命脉，属于地方财政的固定预算收入，是我国税收的重要组成部分。地方拥有独立税收权利能够保证地方支出的基本需要，提高地方政府的运行效率（杨志勇，2000）。新型城镇化要求财税体制由"土地财政"格局转为"房产财政"、将"政府主导"转为"政府引导"（黄先明和肖太寿，2014）。通过完善地方税体系可进一步完善现代税收制度，缓解地方财政收支矛盾，调动地方政府的积极性，给予各地政府在教育、医疗等方面的权利保障，使中央政府为地方政府所制定的城镇化目标高效完成（黄燕芬等，2013）。通过积极推进税制改革，驱动产业活力与产业创新，提升就业吸纳能力。同时，通过健全地方税体系，从实现收支的数量的平衡转为实现收支权责的平衡（郝昭成，2018）。

自改革开放以来，具有中国特色的新型城镇化建设逐步推进（郑良海，2020）。但我国城乡经济发展极不平衡，导致我国经济发展二元结构矛盾扩大，而我国税收政策的扶持是解决城乡二元经济结构矛盾的前提（何涛，2016）。地方税的建设既不能损害中央利益，又要兼顾地方利益，是一项艰巨的工程。因此，运用科学的手段调控税收政策对完善地方税收的征管具有重要意义。

6.4.1　健全地方税收优惠政策

税收激励可以通过免税期限、加速折旧等措施，对生产、消费、投资等经济活动和行为产生激励作用。目前，我国部分税收政策设计并不恰当，税收优惠政策对于农业结构的导向作用不足，税收优惠政策对于农村剩余劳动力的支持力度也不足（宋永波和穆姗姗，2013），故地方税收优惠政策应被健全。应通过减税降费、财政补贴等措施解决小微企业融资困难的问题，吸纳更多的农村转移人口就业；在制定合理的征收率的同时，完善所得税优惠政策，确保税负公平；面对再就业及失地的农民这类弱势群体时，应利用税收优惠政策发展新的就业增长点，解决失业再就业的问题，促进城镇化健康发展。税收优惠措施对于相关机构创新发展有显著成效（张继彤和朱佳玲，2018）。加强流转税与所得税的激励力度能够促进相关机构高速发展（杨乐和宋诗赟，2020）。因此，给予相关机构税收优惠，可以引导农民利用税收优惠节税，实现农业规模化，提高农业效率，推动相关机构进行创新发展，进而提高城镇化水平。

6.4.2 明确中央与地方的财政事权

财政事权，是一级政府应承担的行政管理职责和应提供的公共管理服务。过去，中央一直享受我国税收收入的倾斜，但地方财政的支出责任却只增不减，导致地方财政日益紧缺，地方政府对于公共事业的履行力不从心。虽然我国已出台多项措施界定中央与地方财政的关系，但中央与地方财政事权划分依旧模糊。对中央和地方财政事权采用法律形式划分，是解决央地矛盾的重要手段，只有合理处理政府与市场的关系才能明确中央财政与地方财政的事权。中央财政需承担我国外交、国家安全、突发事件等涉及全局利益的职责，而地方财政需承担公共设施建设、社会治安、教育卫生等涉及局部利益的职责，对于需要中央和地方相互配合的职责，央地应积极响应号召，共同努力促使该职责圆满完成。明确中央和地方的财政事权，既可以保障中央与地方"在其职谋其事"，也可以避免"缺位"或"越位"情况出现。另外，通过适当增加中央财政事权、合理保障地方执行财政事权以及减少中央和地方共同财政事权，建立财政事权动态调整机制也是推进中央和地方财政事权划分的重要途径。

6.4.3 加速房产税改革步伐

新型城镇化进程首要任务是解决"住有所居"的问题。房产税改革主要运用税收杠杆来提高房产使用效率，实现住房合理消费、节约土地资源、收入公平分配。为满足人口城镇化统筹需要、土地城镇化发展需要、新型城镇化统筹需要、农业现代化发展需要、现代财税体制构建需要、现代社会治理制度供给需要，加速房产税改革十分必要（胡建美，2017）。房产税被官方定调为"缩小贫富差距，实现共同富裕"的税收，随着经济的发展，房产税最终将成为国家的基础税源，且房产税能够保证税源的稳定。此前，房产交易环节是我国房地产纳税的主要环节，因此，房产税难以助力税收规模扩大。为此，房产税改革的步伐急需加快，房产税征税范围也应扩大。由于城镇化的稳步发展，未来我国常住人口城镇化率和户籍人口城镇化率将达到60%和45%，以此为前提，将农村纳入房产税的征税范围成为我国经济发展的必经道路（李承益，2015）。另外，房产税计税依据应当更加完善，房产税计税依据应采用评估价值而非交易价值。通过优化纳税服务、加强相关平台的宣传与引导、加强税收管理员的责任意识等诸多措施，助力房产税改革，缩小城乡差距，推进城镇化发展。

6.4.4　调控宏观税负水平

宏观税负是一个国家的总体税负水平，一般由一个国家在一个时期内税收收入占同时期 GDP 的比重来表示。宏观税负水平不仅影响国家财政收入，也影响政府的支出能力，同时也影响社会经济资源的合理配置和国民经济的产出水平。一个时期内的宏观税负水平取决于诸多因素的共同作用，通过一段时间的经济增长、一段时期的国民收入、一些税收优惠政策的实施程度等诸多因素对地区宏观税负的影响，使宏观税负水平合理化，通过满足社会、政治、经济发展需求的合理宏观税负水平，有助于政府制定适合我国国情的税收优惠政策，从而完善税收的征管（杨白冰和王溪薇，2019）。

6.4.5　明确地方主体税种构成

在我国"营业税改增值税"政策施行前，我国的地方主体税种一直是营业税，随着"营改增"的逐渐推进，地方主体税种缺失，造成地方财政收入日益短缺。为让地方财政拥有稳定收入，应明确地方主体税种。首先，对于主体税种应稳妥选择，在直接税方面，地方政府的征收比例应适当提高，保障地方政府可运用资金充足；在间接税方面，在实行"营改增"后，建议按环节对增值税进行划分。其次，应逐步调整资源税和改革财产税制体系。在改革财产税制体系方面，对于房产税、车船税、印花税和城市维护建设税进行一定程度改革；在资源税方面，在西部地区以及房地产不发达的地区，应积极培养资源税，使其成为主体税种。最后，为调动地方政府部门的积极性，消费税下划地方是必要的。扩展消费税的征收范围，不仅可在一定程度上调节奢侈消费功能，还能提高人们的绿色消费意识，构建节约型社会，遏制高消费导致的铺张浪费。目前，虽然城乡间仍存在一定的税收结构发展不均衡问题，以间接税为主体的税收结构容易导致低收入人群承受过高的税收压力，但通过确定地方主体税种，可进一步降低城乡发展差距，推动新型城镇化的全面落实。

6.4.6　完善共享税及构成比例

在我国实行"营改增"后，一直作为我国地方税收主体的营业税被增值税所取代，因此，地方本级税收收入和共享税收入成为我国地方政府税收收入的主要来源。为完善共享税及构成比例，建议根据区域动态差异性划分增值税的收入，代替过去统一的按比例分享模式。通过优化共享税种和比例完善地方税体系，因为共享税由中央与地方共同管辖，所以通过共享税能够协调中央与地方的利益关系，适应新时代中央与地方的关系发展。例如，属于共享税的资源税具有一定的调节作用，随着中国经济的高速发展，自然资源在经济的发展中占据了重要地位，而通过资源税的调节能高效合理地运用自然资源，为此，建议将税基共享、比例分成模式作为资源税的主要模式。通过共享税模式的不断改革，中央与地方的关系更加密切，我国新型城镇化的发展也将更加顺利。

6.5　加强土地融资与公共服务联系

根据本书第4章的模型5构建以及第5章实证分析中得出固定资产投资对城镇化建设有正向影响的研究结果，本书从拓宽土地融资渠道和结合多种融资模式方面提出了改进策略。

土地融资作为地方政府筹集资金的主要融资渠道，对地区城镇化建设有着重要的影响。在城镇化加速推进的过程中，政府需要筹集大量的资金以保证相关工作能够有序进行。面临资金短缺带来的压力，地方政府需要合理解决城镇化的融资问题。新型城镇化建设需要新的土地融资方式作为保障，传统的土地融资方式不再适用，发掘多元化的土地融资模式是当前发展过程中的必经之路。在城乡结合的初期，政府可以通过较低的价格大量征收农村土地，再以垄断的形式在城市中通过招商、拍卖或者挂牌的方式出让土地使用权，利用这种方式实现了农村土地向国有土地的转变。

6.5.1　强化土地融资风险监管

地方政府依靠土地出让和土地抵押的方式解决了城镇化建设初期需要大量资金的问题，但是由于分税制的实行，地方政府拥有的财权和事权都受到一定的限制，难以维持城镇化快速发展的需要。由于土地价格波动以及土地融资带来的不确定性风险，地方政府需要承担较大的债务风险，这也为吸引外部投资增加了难度（Cheng 等，2022）。地方政府如果将土地出让金和储备用地抵押融资进行持续捆绑，那么土地价格波动带来的不确定性会增加当地政府的债务风险，如果政府财务收入难以弥补价格波动带来的资金漏洞，那么就会导致银行贷款出现危机，甚至诱发金融风险。地方政府与银行等金融机构进行合作，以政府信用为担保或以土地资源为抵押物，获得金融机构的资金支持，久而久之使融资平台对政府产生了依赖，由于地方政府没有稳定的资金来源，对金融平台只能给予"空头支票"，面对各项债务越来越多，地方政府只能利用转移支付或者再贷款的方式缓解危机，这种方式很难保证当地经济的稳定发展。

传统的土地融资模式存在许多问题，难以促进城镇化质量的正向发展，因此需要加强对土地融资的监管制度，构建健康稳定的土地融资模式（Zhou 和 Hui，2015）。对土地融资的风险监控应当从多方面入手，政府首先应该避免过度追求规模效应，将扩大土地融资的范围控制在合理的区间，保证政府有足够的能力偿还债务。其次，政府需要及时地了解市场动态，避免由于价格波动、宏观经济不稳定等因素导致政府资金链断裂的情况发生。最后，需要建立完善的信用担保体系，加强相关工作人员的专业技能培训，保证土地融资活动的每一步都在合理可控的范围之内。

6.5.2　健全土地融资监督体系

地方政府如果想拥有持续稳定的融资渠道，首先，需要建立一套完整合理的监督体系，保证地方政府在发生融资行为时能够受到监管制度的约束，避免政府在融资过程中产生过度融资、难以偿债的现象。工业企业大量占用土地资源，造成了土地资源浪费、资源配置扭曲的现象，城市产业发展难以获取适量的土地资源，导致产业用地出现资源紧缺的现象，抑制了城市地区商业、服务业等相关产业的发展（刘立峰等，2010）。其次，政府应当重新明确土地融资的目的，建立科学、民主的决策机制，加快推进基础设施建设的投资活动，顺应新型城镇化建设的需求。在进行土地融资的过程中要充分考虑各方的利益问题，尊重农民的意愿，使各个群体的基本生活问题和长久的发展问题得到保障。最后，政府需要建立一个专业的土地融资监管团队，专门负责监督管理土地融资过程中的各个环节，及时规避高风险行为，营造科学、健康的土地融资环境。

6.5.3 给予农民合理的社会保障

土地融资说到底是在城市中进行的，农村居民虽然能够收到政府占用土地的补贴收益，但这些金额对长远的发展情况来说只是杯水车薪。城镇化的快速发展必然会导致农村土地的大面积流失，中央政府为了保证人民的粮食安全问题，出台了一系列耕地保护政策，但是有些地方政府为了达到多占耕地的目的，会想方设法实现耕地占用最大化，损害了农民的合法权益。土地财政的收入更多地惠及了城市居民，而农村居民所能获得的利益相对较少，长此以往拉开了城乡居民的收入差距。为了缓解地方政府和农民在土地资源方面的利益冲突，政府应当加大对农村居民的生活保障，除了给予相应的土地收益补偿款之外，还应该建立完善的社会保障制度，尊重农民的土地财产权利，努力缩小城乡居民的收入差距。

6.5.4 拓宽地方政府融资渠道

在当前的发展模式中，土地是地方政府促进城镇化建设的发展工具，政府通过给予农民6~10年土地收益的方式获得土地的所有权，同时利用土地垄断的条件将土地的使用权以较低的价格转让给当地的企业进行工业发展，促进了当地的经济发展。由于政府给出的土地价格远低于市场价格，因此吸引了大量的新型企业前来投资，这就进一步带动了当地产业的发展，为当地居民提供便利的同时增加了更多的就业机会。政府将土地融资获得的收益投入到城市的基础设施建设，努力推动城镇化建设。随着工业化发展步入稳定阶段，劳动力成本等各种成本增加，给工业企业带来了较大的压力，为了引进更多的外来投资企业，政府不得不一再压低土地价格，这种举措在短期内虽然吸引了大量的投资商，但是由于企业质量普遍不高，在发展的过程中存在许多困难，甚至出现严重亏损的现象，对当地经济的发展并不能起到积极带动的作用。面对地方政府债台高筑的情况,应当给予其一定的债券发放权利,扩宽地方政府的融资渠道,降低土地融资的不确定性风险,同时缓解地方政府的债务压力。当前地方政府的融资渠道有限,融资活动对银行的依赖性过强,银行借贷虽然安全性较高,但其资金周转期长,难以满足政府融资需求。给予地方政府直接发放政府债券的权利,运用多种融资方式能够有效缓解政府资金短缺、债务过重的问题(Sun,2013)。当政府拥有充足的资金储备后便能够有效促进城镇化建设,进而提高城镇化质量。

6.5.5　扩大农村基础设施建设

为了全面提高城镇化质量的发展,首先要保证城乡发展的一致性,着力于保证农村的发展质量,保障农村居民的生活质量。促进农村经济增长的关键在于农村基础设施的建设,基础设施可以直接保障居民的生活质量,农村地区由于道路建设不够完善,时常会导致村落与村落、村落与城市之间的联系不够紧密,增加了物流、时间等方面的成本(张亦弛和代瑞熙,2018)。地方政府应适当增加土地融资收入在农村基础设施建设方面的投入,改善农村居民道路交通方面的问题,加强各个区域之间的流动性,在一定程度上加强农村劳动力进城务工的意愿,刺激居民的消费能力。启动农村市场首先要加强农村基础设施建设,用水、用电等与基本生活相关的设施建设项目相对较小、工期较短,完善这类基础设施建设可以有效改善农村居民的生活质量,缩小城乡之间的差距(林毅夫,2000)。基础设施建设方面的投资与农村经济增长呈现正相关的关系,基础设施建设的完善可以大幅降低农村居民的交易成本,提高农村居民的生产率以及交易效率,进而促进农村经济的快速增长(Qiuru,2021)。当地政府应当积极加强土地融资与基础设施建设之间的关联性,维护城市与农村基础设施建设之间的协调性,为农村经济发展铺设一条可行之路,实现城镇交通一体化的发展,改善居民的消费环境,缩小城乡收入差距,增加农村居民的财政性收入,实现提高城镇化质量的最终目标。

6.6 完善地方的债券融资制度

根据第 4 章的模型 6 构建以及第 5 章实证分析中自变量人均金融机构存贷款量以及实证研究的结果，人均金融机构存贷款量与城镇化质量有负相关关系，即多元化的投资可能有助于提高城镇化质量。同时，在第 3 章也提到我国新型城镇化进程中存在融资渠道不畅难以通过多元化渠道进行融资等问题。因此，本书提出地方政府应该积极运用政府债券融资方式，建立健全地方政府债券融资制度体系，提高城镇化质量。

在现阶段，我国用于城镇化基础设施的债券投融资方式主要有城投债以及地方债券两种方式。由于债券具有安全性高、收益较稳定等特点，政府债券广受欢迎。Frank 和 Faboz（2006）基于对市政债券的种类、特点等的分析，也认为发行市政债券利大于弊，当政府缺乏资金时，发行政府债券不失为一种政府融资的好渠道，政府债券能够在较短时间内获取大量的资金且资金的使用成本较低。由于我国政府债券的制度不够完善，一方面，某些地方政府会出现资不抵债的问题，政府没有足够的财力偿还政府债券的本金和利息；另一方面，某些地方政府也会存在发行债券时职责不分明无法追及直接负责人等问题。现行政府债券存在市场信息透明度不高、市场法制不完善等问题（温来成和翟义刚，2019）。孙妍（2013）在论述我国现行地方政府债券的发行制度中，发现了政府债券发行主体的法律资格障碍、发行审批程序不合理、债券资金用途规定不合理等问题。

针对上述问题，中央政府和地方政府要合力促进地方政府债券的健康发展。为此，本书提出相关建议，以期能够促进地方政府债券融资的健康发展。

6.6.1 建立健全地方政府债券市场

中央以及地方政府要建立科学、规范、透明的地方政府债券管理和运行体制。地方政府在发行政府债券融资时应该借鉴发达国家在城镇建设过程中政府融资的经验。英美等发达国家较早使用政府债券进行融资，拥有较为完整的政府债券市场机制。根据相关数据，1996~2013 年，美国城镇化率与发行的市政债券存在正相关关系，美国成立了市政债券委员会并对债券的发行规模、时间等进行了明确的规定，进一步保证市政债券的健康运行，促进城镇化建设。我国政府应当进一步完善政府的会计制度、信用和担保机制，加强信息披露和市场监管，完善政府债券的管理制度，减少不良债券的出现。地方政府可以按照适度原则发行政府债券，根据自身的需求发行相应的债券，其发行的规模和期限都要适度，在发行规模方面，要考虑政府财政是否有足够的资金偿还债券的本金和利息。在债券发行期限方面，地方政府债券的发债期限需要与项目成本回收期限一致或接近，能够把项目的成本和收益在期限内合理分摊与分配（张宗军和孙祁祥，2018）。

此外，成立专门的债券管理部门方面，Daniels 和 Vijayakumar（2002）认为应该借鉴美国等其他国家在市政债券的经验。韩国的市政债券成立了专门的管理机构 MOGAHA（Ministry of Government Administration and Home Affairs），严密监管市政债券，德国和日本也结合了本国的实际经济情况，设置了相应的市政债券管理部门。我国政府要设置相应的部门专门管理市政债券，在职权方面划分清楚，以防权责不分明；建立发行市政债券以及管理市政债券的制度，对债券发行的规模以及期限要有明确的规定，同时建立相应的问责制度，形成"有据可查、查实必究"的债券问责制度，防止以权谋私，保证政府债券健康稳定的运行。

6.6.2 建立地方政府债券的审批和用途管理制度

对于要发行地方债券的项目，要严格审批所要发行债券的类型以及资金的用途，力求提高资金的使用效率。在发行债券时要选择合适的债券类型，同时要评估发行的债券的项目，审核其是否能够按期偿还本金和利息。对于审批政府债券的发行，要建立相应的项目管理体制，区分发行债券和其他的贷款业务，发行时要严格挑选项目，项目要经过专门的评估机构进行可行性分析，确保能够按时还款，不能获得投资收益的项目不能通过评估发行债券。为了增强中央政府对地方政府债券的控制，可以采用"申请、审核、公开"的制度，对发行债券的项目要提交财务预测表、审计报告等资料，把项目的基本情况摸清，根据地方政府的实际情况确定市政债券发行的规模、价格和期限等。

6.6.3 建立政府债券风险防范机制

政府要建立健全政府债券风险防范机制。国外的市政债券体制较为完善，我国在建立风险防范机制方面可以借鉴美国等发达国家的市政职权风险机制。在风险评估时引入独立的评级机构，公布相应的评级流程，建立评级机构的信息披露制度。建立信用评级制度，即在政府债券发行之后，市场上的评级机构要对债券发行的主体进行信用评级。信用评级机构要依据所给的资料进行评级，评级的内容要符合真实性、可靠性、及时性和完整性原则。若评级机构出具的文件存在虚假陈述、重大遗漏等问题，给他人造成事实上的经济损失，评级机构要承担法律责任以及赔偿责任。在债券所有面临的风险中，信用风险是最主要的风险之一，要加强债券的信用风险管理，引入独立的评级机构能够进一步降低信用风险。同时政府可以利用风险管理相关理论，要建立相应的风险监测机构，从风险识别、监测、评估、预警等方面对政府债券进行有效的管控（刘松，2019）。建立相应的风险预警指标体系，把地方政府的负债规模、负债率、财政赤字率等作为指标，对政府债券的风险进行动态监测。一旦发生风险，面对不同的风险，要采取不同的措施。

此外，政府要建立相应的审计制度，要对市政债券融资进行专门的审查，全面审查政府的资产负债，防范资不抵债情况的出现。同时，应该大力倡导社会监督，调动社会的各界力量，鼓励社会机构和民众参与政府债券的监督，建立举报激励制度。政府相关部门可以开通专门的地方政府债券的网站，网站要清楚披露债券资金的用途等项目相关信息，同时在债券的网站上设置相应的匿名举报通道，方便民众通过网络直接监督政府债券资金的使用情况；政府可以设立专门的债券财政监督热线电话和匿名举报信箱，电话由专门负责的人接听，信箱的信件要做到每日清理，记录和受理各种举报信息，对举报人做好保密工作。对于发现政府机构挪用或者滥用等违法使用债券资金情况的举报机构或者举报者，经过上级机构调查情况属实的，政府要给予举报机构或举报者适当的奖励。

6.6.4 建立科学合理的偿债机制

政府应该建立科学合理的偿债机制，全面保障投资者的利益。政府需要根据债券发行的目的和方向，制定严格的审批制度，债券资金要按要求严格用在项目中，防止债券资金挪用。同时政府可以设置专门的偿债资金部门，专门负责各个项目的债券资金的偿还，确保偿还资金的独立性和延续性，进一步保障投资人的经济利益。

除此之外，政府可以借鉴美国的私人债券保险制度，私人债券保险制度主要是针对债券不能还本付息的情况，当发行方破产，无法还本付息时，保险公司承诺还本付息。债券保险制度可以有效降低市政债券的信用风险，有利于提升投资者的投资意愿（Kidwell 和 Wachowicz，1987）。私人债券保险制度有利于激发市场活力，同时能够尽可能地降低政府债券风险。对于某些政府出现无法偿还债券的情况，政府要建立相应的追责制度。如果地方政府债券的负责人在债券发行期间存在违法情况，如虚假填报项目资料、虚假披露项目信息、擅自挪用债券资金等，无论该负责人现在处于哪种职位，都应该依照相关法律追究其法律责任。如若地方政府集体做出违法的行为，上级政府应该取缔该地方政府发行债券的权力并追究主要负责人的行政责任或刑事责任。对上述所追究责任的个人或者机构的处理，上级机构都应该以书面形式向社会公众汇报。

地方政府应积极推进地方融资体系的不断完善，构建新型地方政府融资体系。就目前而言，我国的地方政府债券制度并不完善，在地方政府发行债券、债券偿还、债券监督等方面都存在着很多的问题，而且现行的市场机制对政府债券的作用并没有真正发挥。随着经济水平以及财政管理水平的提高，我国应该进一步规范政府债券的管理。首先，建立健全地方政府债券的管理制度是必要的，制定相关的债券法律法规，让政府债券有法可依，能够依法管理政府债券的相关事务。其次，建立严格的政府债券审批制度，对报请使用政府债券的项目要严格核实项目的内部情况，同时对地方政府的偿还能力做出评估，并向社会公布评估的结果。再次，政府的相关部门要做好政府债券的风险防范，政府内部要做好相应的审计，外部监督要利用好社会大众，开通多渠道的举报路径，对举报者给予相应的奖励。最后，建立政府债券的偿债机制，设置专门机构管理债务以及鼓励私人债券保险制度，对不能按时偿债的项目进行追责，切实保障债券的利益，保障政府债券健康运行。

第7章 结论与展望

城乡公共基础设施投资潜力巨大，加快投融资体制和机制的改革与创新，为西南地区的新型城镇化建设提供了一个新的发展思路。本书因地制宜地制定了西南地区新型城镇化建设中构建和完善多元化融资体系的实现路径，合理解决了资金投入问题，保持了城镇化的健康持续发展。

第一，本书从典型事实描述、理论构建、实证检验和政策设计四个方面，以西南地区新型城镇化建设中多元化融资体系的构建与完善为研究对象进行系统性研究。在此过程中，本书采用了文献研究法、知识图谱法、理论模型构建法和实证模型检验法。本书的学术价值主要体现在：丰富和发展了新经济地理学和金融发展理论的相关成果，丰富和拓展了当前城镇化建设融资模式的理论体系。应用价值主要体现在：有利于构建多元化的创新融资体系，支持西南地区的新型城镇化建设。

第二，本书对国内外城镇化融资研究的学术进程进行了梳理和回顾。本书阐述了城镇化相关概念的内涵，梳理了城镇化、投融资的理论基础，并回顾了国内外学者对城镇化融资理论、融资主体、融资渠道和融资模式的研究。从多元化融资体系模型构建来看，现有研究成果主要集中在城镇化基础设施、公共服务、公共产品等领域，对融资的影响因素、模式、问题和对策也有一些研究，但关于如何构建多元化的融资体系的研究成果相对较少；从研究方法来看，城镇化融资发展政策建议主要以定性分析为主，缺乏微观方面的定量分析，在单一领域取得的成绩较多；从建议和措施可行性角度来看，我国新型城镇化融资体系的研究时间短，缺乏对所提政策实施效果的定量评价分析和长期跟踪，研究深度不够。

第三，本书详细介绍了西南地区新型城镇化建设融资的研究状况。首先，提炼出西南地区新型城镇化融资需求的构成及特点，核心构成为基础设施、公用事业、公共服务、城市开发和其他，主要特点是新型城镇化建设资金需求总量大和资金需求多元化。其次，针对新型城镇化融资研究热点进行可视化分析，大致形成以中央政策、地方政府、银行贷款、投融资平台、债券融资、土地融资以及其他为关键词进行聚类的多中心研究格局集群。最后，归纳西南地区新型城镇化建设融资体系存在的问题，主要包括：融资主体的政府融资占比过高，融资渠道单一、融资方式传统，融资过程的有关法律保障不健全等。

　　第四，本书在研究内容的基础上，利用扎根理论对西南地区新型城镇化多元融资体系进行了详尽的分析。运用扎根理论，对原始资料中多元融资体系相关内容进行分类总结，提炼出经济结构调整、地区协调发展、宏观调控实施和社会保障事业发展等 18 个一级编码。通过对一级编码进行分析，发现它们确实存在内在联系，并根据其不同范畴之间的相互关系，归纳出六个主范畴，分别为：中央财政、地方税收、银行贷款、土地融资、债券融资和投融资平台。最后发现归纳出的范畴均与新型城镇化建设有直接关系，它们分别从公共服务、基础设施、资源环境和社会经济四个方面对城镇化建设产生了直接影响。

　　第五，本书利用实证分析法，选取 2008～2017 年广西、重庆、四川三个西南地区省份在新型城镇化进程中的各项数据作为研究样本，更进一步地研究投融资与城镇化之间的关系。其中，通过扎根理论的研究，构建了城镇化质量模型和城镇化质量体系，通过对多个关键指标进行分析，最终选择最低生活保障人数作为衡量城乡一体化的指标，并通过熵权法对各项指标的权重进行计算。然后将广西、重庆和四川的综合得分设为因变量，将人均财政一般预算支出（PPBE）、人均金融机构存贷款量（PDLFI）、人均社会消费品零售总额（PTIFA）和人均全社会固定资产总投资额（PTRSCD）作为自变量，将各地区对应年份人均 GDP 作为控制变量构建多元线性回归模型，探究投融资水平与城镇化质量的关系，得出社会消费品零售总额、全社会固定资产投资、财政一般预算支出对城镇化有正面影响，每人平均金融机构存贷款量对城镇化有负面影响。最后对分析结果进行稳健性分析，经验证，结论是可靠的。

　　第六，本书提出了西南地区新型城镇化多元融资体系的完善路径，根据第 3

章的现状问题、第4章的扎根模型构建和第5章的模型实证分析，从加大中央及地方财政支出、完善各地政府的贷款制度、吸引社会资本的投入、完善地方税收的征管、加强土地融资与公共服务之间的联系、完善地方政府的债券融资制度六个方面着手，解决我国城镇化进程中所面临的资金短缺问题。构建一个完善的多元融资体系，不仅要依靠现有的政府投入、土地财政及银行贷款等传统融资方式，还要借助现代金融市场，吸引更多的社会资本，社会资本不仅能直接为城市化建设提供帮助，还能从侧面解决目前中央和地方财政紧缩问题。我国城市化建设正处在关键时刻，多元化融资体系的构建与完善在现阶段尤为重要。

本书存在一些局限性，因研究人员能力有限、研究样本的丰富程度还不够，研究对象是西南地区新型城镇化建设中多元化融资体系构建与完善，使本书结论在一定区域有普适性。在未来的研究中，研究人员将继续深入调查研究，补充完善现有的融资体系。

参考文献

［1］ Alam M. Municipal Infrastructure Financing: Innovative Practices from Developing Countries ［M］. Commonwealth Secretariat, 2010.

［2］ Alesina A, Tabellini G. Positive and Normative Theories of Public Debt and Inflation in Historical Perspective ［J］. European Economic Review, 1992, 36 (02): 2-3.

［3］ Bin G. Sustainable Land Financing in a New Urbanization Context: Theoretical Connotations, Empirical Tests and Policy Recommendations ［J］. Resources, Conservation & Recycling, 2018, 128 (03): 336-344.

［4］ Blane D L. Urbanization and Economic Growth in Indonesia: Good News, Bad News and (Possible) Local Government Mitigation ［J］. Regional Studies, 2014, 48 (01): 23-24.

［5］ Bourdieu P. The Force of Law: Toward a Sociology of the Juridical Field ［J］. The Hastings Law Jourral, 1986 (38): 805-854.

［6］ Bradley R. The Urban Question: A Marxist Approach. By Manuel Castells. Translated by Alan Sheridan ［J］. Social Forces, 1981, 59 (03): 12-16.

［7］ Brenneman A, Kerf M. Infrastructure and Poverty Linkages: A Literature Review ［M］. Mimeograph, Washington, D. C: World Bank, 2002.

［8］ Burt R S, Celotto N. The Network Structure of Management Roles in a Large Matrix Firm ［J］. Evaluation & Program Planning, 1992, 15 (03): 303-326.

［9］ Carter R A. Innovation in Urban Systems: The Interrelationships between Urban and National Economic Development［J］.The Annals of Regional Science，1988，22（03）：66-79.

［10］Cheng Y D，Jia S H，Meng H. Fiscal Policy Choices of Local Governments in China：Land Finance or Local Government Debt？［J］.International Review of Economics and Finance，2022，80（01）：294-308.

［11］Clayton G，Nikolai B. Strategic Environmental Assessment of Urban Underground Infrastructure Development Policies［J］.Tunneling & Underground Space Technology Incorporating Trenchless Technology Research，1994（02）：469.

［12］Cohen J，Hammer S. Optimal Level Debt Schedules for Municipal Bonds［J］.Management Science，1966（13）：32.

［13］Croce M，Nguyen T T，Raymond S. Persistent Government Debt and Aggregate Risk Distribution［J］.Journal of Financial Economics，2021，140（02）：25-27.

［14］Daniels K N，Vijayakumar J. Municipal Bonds-international and Not Just in the Us Anymore［J］.Public Fund Digest，2002（01）：60-67.

［15］Deering K，Williams J. Approaches to Reviewing the Literature in Grounded Theory：A Framework［J］.Nurse Researcher，2020，12（05）：12-14.

［16］Dewick P，Green K，Fleetwood T，et al. Modelling Creative Destruction：Technological Diffusion and Industrial Structure Change to 2050［J］.Technological Forecasting and Social Change，2006，73（09）：1084-1106.

［17］Dorel B，Ion T. The Bonds Financing-An Financing Option for the Firm［J］.Finante：Provocarile Viitorului，2008，1（07）：67-73.

［18］Drucker J. An Evaluation of Competitive Industrial Structure and Regional Manufacturing Employment Change［J］.Regional Studies，2015，49（09）：1481-1496.

［19］Egger H. Labor Market Effects of Outsourcing Under Industrial Interdependence［J］.International Review of Economics & Finance，2005，14（03）：349-363.

［20］Elliott S. The Political Economics of Investment Utopia：Public-private

Partnerships for Urban Infrastructure Finance [J] . Journal of Economic Policy Reform, 2015, 18 (01): 34-36.

[21] Frank J, Faboz Z. Bond Markets: Analysis and Strategies [M] . Beijing: Peking University Press, 2006.

[22] Gai L, Ielasi F. Operational Drivers Affecting Credit Risk of Mutual Guarantee Institutions [J] . Journal of Risk Finance, 2014, 15 (03): 275-293.

[23] Gary S F. A Welfare Economic Analysis of Labor Market Policies in the Harris-Todaro Model [J] . Journal of Development Economics, 2004 (01): 18.

[24] Gautam B. Agrarian Efficiency Wages in a Dual Economy [J] . Journal of Development Economics, 1996, 49 (02): 12-15.

[25] Gibb M, Nel E. Small Town Redevelopment: The Benefits and Costs of Local Economic Development in Alicedale [J] . Urban Forum, 2007, 18 (02): 69-84.

[26] Gilbert A G, Gugler J. Cities, Poverty and Development: Urbanization in the Third World [J] . Population and Development Review, 1983, 9 (04): 575-577.

[27] Grimsey D, Lewis M K. The Economics of Public Private Partnerships [J]. Books, 2005, 30 (02): 135-154.

[28] Grimsey D, Lewis M K. Accounting for Public Private Partnerships [J]. Accounting Forum, 2002, 26 (3-4): 245-270.

[29] Guiso L, Sapienza P, Zingales L. The Role of Social Capital in Financial Development [J] . American Economic Review, 2004, 94 (03): 526-556.

[30] Ha Minh N, Le Dang N. The Relationship between Urbanization and Economic Growth: An Empirical Study on ASEAN Countries [J] . International Journal of Social Economics, 2018, 45 (02): 10-15.

[31] Hao, Lingxin. Cumulative Causation of Rural Migration and Initial Peri-Urbanization in China [J] . Chinese Sociological Review, 2012, 44 (03): 6-33.

[32] Haryanto T, Erlando A, Utomo Y. The Relationship between Urbanization, Education, and GDP Per Capita in Indonesia [J] . Journal of Asian Finance, Eco-

nomics and Business, 2021, 8 (05): 20.

[33] Henderson J V, Davis J C. Evidence on the Political Economy of the Urbanization Process [J]. Journal of Urban Economics, 2004, 53 (01): 98-125.

[34] James M, Buchanan M Z. A Note on Public Goods Supply [J]. The American Economic Review, 1963, 53 (03): 34-38.

[35] Jiang Z, He X. The Rural Cooperative Medical System in China: Background, Development, Achievement and Problems [J]. China Agricultural Economic Review, 2009, 1 (01): 76.

[36] Joseph S, Michael R. Equilibrium in Competitive Insurance Markets: An Essay on the Economics of Imperfect Information [J]. The Quarterly Journal of Economics, 1976, 90 (04): 76-77.

[37] Juemei P. Research on Characteristics and Influencing Factors of Consumption Upgrade of Urban Residents in Sichuan Province [J]. Frontiers in Economics and Management, 2022, 3 (02): 56.

[38] Julian B. What Public Service Means [J]. New Statesman, 2020, 149 (13): 33-38.

[39] Keim D A. Information Visualization and Visual Data Mining [C]. IEEE Transactions on Visualization and Computer Graphics (TVCG), 2002 (08): 34.

[40] Kenneth D, Demissew D E, Jayaraman V. Debt Maturity, Credit Risk, and Information Asymmetry: The Case of Municipal Bonds [J]. Financial Review, 2010, 45 (03): 34-35.

[41] Kidwell D S, Wachowicz S J. Estimating the Signaling Benefits of Debt Insurance: The Case of Municipal Bonds [J]. Journal of Financial & Quantitative Analysis, 1987, 22 (03): 22-24.

[42] King D. Contradictions in Policy Making for Urbanization and Economic Development: Planning in Papua New Guinea [J]. Cities, 1991, 8 (01): 44-53.

[43] Kingsley D. The Origin and Growth of Urbanization in the World [J]. American Journal of Sociology, 1955, 60 (05): 65-66.

[44] Krugman P. Increasing Returns and Economic Geography [J]. Journal of

Political Economy, 1991, 99 (03): 483-499.

[45] Laura K N. Computational Grounded Theory: A Methodological Framework [J]. Sociological Methods & Research, 2020, 49 (01): 23-27.

[46] Lee S C, Chong J. The Analysis of the Relationship between Urbanization and Economic Growth in India [J]. Ordo Economics Journal, 2018, 20 (04): 97-120.

[47] Leigland J. Accelerating Municipal Bond Market Development in Emerging Economies: An Assessment of Strategies and Progress [J]. Public Budgeting & Finance, 1997 (17): 5-7.

[48] Leila A, Ali H N, Geoff D. Organizational Culture, Social Capital, and Knowledge Management: An Integrated Model [J]. International Journal of Knowledge Management (IJKM), 2020, 16 (02): 32.

[49] Leruth L E. Public-Private Cooperation in Infrastructure Development: A Principal-Agent Story of Contingent Liabilities, Fiscal Risks, and Other (Un) pleasant Surprises [J]. Networks & Spatial Economics, 2012, 12 (02): 223-237.

[50] Linying Z, Yuanying J. Enhancing Urban Comprehensive Capacity for Urbanization Development: An Empirical Application of China's Southwest Ethnic Region [J]. Current Urban Studies, 2019, 7 (02): 247-264.

[51] Maria B. Opportunities for PPP in Culture [J]. Studia Commercialia Bratislavensia, 2011, 4 (14): 18.

[52] Marialaura D, Paul T, Helen H. Social Economy Involvement in Public Service Delivery: Community Engagement and Accountability [J]. Regional Studies, 2009, 43 (07): 33-36.

[53] Markus B. Economic Growth, Size of the Agricultural Sector, and Urbanization in Africa [J]. Journal of Urban Economics, 2012, 71 (01): 26-36.

[54] Michalos A C. Public Services and the Quality of Life [J]. Social Indicators Research, 1999, 48 (02): 125-156.

[55] Mohamed I S. Good Governance, Institutions and Performance of Public Private Partnerships [J]. International Journal of Public Sector Management, 1988,

12 (03): 39-41.

[56] Musgrave. The Theory of Public Finance [M]. New York: McGraw-Hill, 1959.

[57] Nikolai B. Strategic Environmental Assessment of Urban Underground Infrastructure Development Policies [J]. Tunnelling and Underground Space Technology Incorporating Trenchless Technology Research, 1994, 21 (03): 145-146.

[58] Nunzia C, Nicola C, Roberta P. Concession Period for PPPs: A Win-win Model for a Fair Risk Sharing [J]. International Journal of Project Management, 2014, 32 (07): 1223-1232.

[59] Pandey B, Brelsford C, Seto K C. Infrastructure Inequality Is a Characteristic of Urbanization [J]. Proceedings of the National Academy of Sciences of the United States of America, 2022, 119 (15): 43.

[60] Peter H. The Urbanization of Capital and Consciousness and the Urban Experience: Studies in the History and Theory of Capitalist Urbanization [J]. Economic Geography, 2016, 63 (04): 45.

[61] Popescu A I. Long-Term City Innovation Trajectories and Quality of Urban Life [J]. Sustainability, 2020, 12 (24): 10587.

[62] Qiuru Z. Research on Financial Support for Rural Infrastructure Construction [J]. Financial Engineering and Risk Management, 2021, 4 (06): 24-25.

[63] Raphael P. Are Local Tax Rates Strategic Complements or Strategic Substitutes? [J]. American Economic Journal: Economic Policy, 2019, 11 (02): 189-224.

[64] Ricardo de la E, Carlos G R. Grounded Theory [J]. Revista Colombiana De Psiquiatria, 2020, 49 (02): 89-92.

[65] Richard H F. The Hawthorne Experiments: Review [J]. American Sociological Review, 1979, 44 (05): 138.

[66] Ronald I M. Money and Capital in Economic Development [J]. The Economic Journal, 1974, 84 (334): 112-113.

[67] Ross L, Sara Z. Stock Markets, Banks and Economic Growth [J]. The American Economic Review, 1998, 23 (04): 34-61.

[68] Rubina C, Chiara D A, Giuliano M. Guarantees and Collaterals Value in NPLs [J]. Procedia-Social and Behavioral Sciences, 2016 (223): 77-82.

[69] Schwarcz S L. The Alchemy of Asset Securitization [J]. Social Science Electronic Publishing, 1994 (01): 24-26.

[70] Shaw E S. Financial Deepening in Economic Development [J]. Economica, 1973, 42 (167): 52.

[71] Shunfeng S. Urbanisation and City Size Distribution in China [J]. Urban Studies, 2002, 39 (12): 12-13.

[72] Small H. Paradigms, Citations, and Maps of Science: A Personal History [J]. Journal of the American Society for Information Science and Technology, 2003, 54 (05): 394-399.

[73] Soumyadip C. Financing India's Urban Infrastructure [J]. Journal of Infrastructure Development, 2015, 7 (01): 18-20.

[74] Sun T. Local Government Financing Platforms in China: A Fortune or Misfortune? [J]. IMF Working Papers, 2013, 13 (243): 23-25.

[75] Trehan B. Productivity Shocks and the Unemployment Rate [J]. Economic Review Federal Reserve Bank of San Francisco, 2003 (05): 13-28.

[76] Turner C, Astin F. Grounded Theory: What Makes a Grounded Theory Study? [J]. European Journal of Cardiovascular Nursing: Journal of the Working Group on Cardiovascular Nursing of the European Society of Cardiology, 2021, 20 (03): 145.

[77] Uzzi B. Embeddedness in The Making of Financial Capital: How Social Relations and Networks Benefit Firms Seeking Financing [J]. American Sociological Review, 1999, 64 (04): 481-505.

[78] Walter R S. Sustainable Development and Strategic Thinking [J]. China Population Resources and Environment, 1900 (04): 65-66.

[79] Werna E. Urban Management, the Provision of Public Services and Intraurban Differentials in Nairobi [J]. Habitat international, 1998, 22 (01): 16-26.

[80] White H D, Mccain K W. Visualizing a Discipline: An Author Co-citation

Analysis of Information Science, 1972-1995 [J]. Journal of the American Society for Information Science, 1998, 49 (04): 327-355.

[81] Xu L Y, Wang D D, Du J G. The Heterogeneous Influence of Infrastructure Construction on China's Urban Green and Smart Development—The Threshold Effect of Urban Scale [J]. Land, 2021, 10 (10): 1015.

[82] Yue G, Jing C H. Review of Fundamental Theories of Mega Infrastructure Construction Management: Theoretical Considerations from Chinese Practices by Zhaohan Sheng [J]. Journal of Construction Engineering and Management, 2020, 146 (05): 13-16.

[83] Zhou T T, Hui G P. Credit Risk Analysis of Local Government Financing Platform—An Empirical Study Based on KMV Model [J]. SHS Web of Conferences, 2015, 17 (01): 12-15.

[84] Zhu D. Three Critical Issues in Sustainable Development Studies and the Transition Development of China [J]. China Population Resources and Environment, 1900 (02): 102-104.

[85] Zouhair M, Mouyad A, Ali S S, et al. Urbanization and Non-renewable Energy Demand: A Comparison of Developed and Emerging Countries [J]. Energy, 2019, 170 (08): 42.

[86] 安国俊. 城镇化过程中融资路径的探讨 [J]. 银行家, 2014 (04): 106.

[87] 巴曙松. 从城镇化角度考察地方债务与融资模式 [J]. 中国金融, 2011 (19): 20-22.

[88] 保罗·萨缪尔森, 威廉·诺德豪斯. 经济学 [M]. 北京: 商务印书馆, 2012.

[89] 鲍健强, 苗阳, 陈锋. 低碳经济: 人类经济发展方式的新变革 [J]. 中国工业经济, 2008 (04): 153-160.

[90] 曹婧, 毛捷, 薛熠. 城投债为何持续增长: 基于新口径的实证分析 [J]. 财贸经济, 2019, 40 (05): 5-22.

[91] 陈包, 庞仙. PPP 模式下的旅游特色小镇必要性及可行性研究 [J].

旅游纵览（下半月），2017（07）：194-195.

［92］陈春锋．欧洲资产证券化市场监管政策及 STS 标准的制定与实施（上）［J］．债券，2020（03）：75-80.

［93］陈伦盛．"十三五"时期新型城镇化投融资模式的改革与创新［J］．经济纵横，2015（06）：6-9.

［94］陈伦盛．新型城镇化融资创新的资产证券化视角［J］．市场论坛，2015（05）：65-67.

［95］陈敏娟．西南民族地区新型特色城镇化与金融创新［J］．内蒙古科技与经济，2017（18）：34-36.

［96］陈明星，叶超，陆大道，隋昱文，郭莎莎．中国特色新型城镇化理论内涵的认知与建构［J］．地理学报，2019，74（04）：633-647.

［97］陈万基，吴敏慧，李敏，何俊锐．银行信贷支持欠发达地区城镇化建设的路径选择——基于贵港市的实证分析［J］．区域金融研究，2013（10）：24-30.

［98］陈昱燃，熊德平．中国城乡金融发展的包容性增长效应——基于省级面板数据的实证分析［J］．云南财经大学学报，2021，37（09）：63-79.

［99］陈悦，刘则渊．悄然兴起的科学知识图谱［J］．科学学研究，2005（02）：149-154.

［100］陈峥嵘．推出市政债券为新型城镇化建设融资［J］．科学发展，2013（08）：60-71.

［101］池密燕．新型城镇化建设融资模式比较研究［D］．大连：东北财经大学，2016.

［102］戴世明，陆惠民．城市基础设施投资主体多元化［J］．基建优化，2002（06）：27-29.

［103］戴双兴．新型城镇化背景下地方政府土地融资模式探析［J］．中国特色社会主义研究，2013（06）：73-77.

［104］戴永安．中国城市化效率及其影响因素——基于随机前沿生产函数的分析［J］．数量经济技术经济研究，2010，27（12）：103-117+132.

［105］单卓然，黄亚平．"新型城镇化"概念内涵、目标内容、规划策略及

认知误区解析［J］．城市规划学刊，2013（02）：16-22.

［106］丁赛．中央财政补助对民族地区经济发展的作用分析［J］．中央民族大学学报（哲学社会科学版），2022，49（01）：107-118.

［107］丁伊丽．我国居民收入水平对社会消费品零售量的影响分析［J］．云南农业大学学报（社会科学版），2015，9（02）：48-51.

［108］董仕军．新型城镇化建设中的融资组合［J］．银行家，2013，138（04）：51-52.

［109］董伟．我国经济发展现状及趋势分析［J］．中国商论，2017（36）：4-5.

［110］方达，张广辉．PPP模式与城镇化：土地、产业与人口的视角［J］．财经科学，2017（02）：64-74.

［111］方骏华．广东省全社会固定投资对GDP的影响［J］．中国商论，2018（24）：144-146.

［112］付敏杰，张平．财税改革推进新型城镇化之战略要点［J］．税务研究，2014（11）：6.

［113］付文林，沈坤荣．均等化转移支付与地方财政支出结构［J］．经济研究，2012，47（05）：45-57.

［114］干春晖，郑若谷，余典范．中国产业结构变迁对经济增长和波动的影响［J］．经济研究，2011，46（05）：4-16.

［115］高晨晨，孙永利，刘钰，张维，王诣达，刘静，郑兴灿．国际常用污水处理指标及其适用性分析［J］．给水排水，2019，55（11）：38-41.

［116］高培勇．由适应市场经济体制到匹配国家治理体系——关于新一轮财税体制改革基本取向的讨论［J］．财贸经济，2014（03）：5-20.

［117］高圣平．基础设施融资租赁交易：现实与法律困境——从基础设施投融资改革的视角［J］．中外法学，2014，26（03）：763-776.

［118］葛艳武．地方投融资平台公司转型发展的探讨［J］．商业会计，2021（05）：115-117.

［119］葛扬，朱弋．论我国城市化进程中土地融资运行模式［J］．现代城市研究，2013（09）：27-30.

［120］龚建平. 费景汉和拉尼斯对刘易斯二元经济模式的批评［J］. 求索，2003（03）：35-190.

［121］顾海，吴迪. "十四五"时期基本医疗保障制度高质量发展的基本内涵与战略构想［J］. 管理世界，2021，37（09）：158-167.

［122］管伟. 新型城镇化投融资模式研究［D］. 杭州：浙江大学，2014.

［123］广东省财政科学研究所课题组，郑贤操，刘华伟. 广东省财政收入与GDP 关系研究［J］. 财政研究，2015（12）：73-81.

［124］郭力娜，王刚，姜广辉等. 2005—2019 年辽宁省城镇化与生态环境质量耦合协调时空分异及影响因子研究［J］. 环境工程技术学报，2022（01）：14.

［125］郭新明. 金融支持我国城镇化战略的政策思考［J］. 西安金融，2004（09）：4-6.

［126］郭新强，胡永刚. 中国财政支出与财政支出结构偏向的就业效应［J］. 经济研究，2012，47（S2）：5-17.

［127］韩秉志. 调查失业率控制在 5.5% 以内意味着什么［N］. 经济日报，2021（03）：12-15.

［128］韩林飞，刘义钰. 对新型城镇化中"新"的解读［J］. 北京规划建设，2014，158（05）：17-21.

［129］郝昭成. 健全地方税体系的思考［J］. 国际税收，2018（06）：12-16.

［130］何茜，温涛. 县域金融发展与城镇化进程的分层化差异研究［J］. 重庆社会科学，2018（07）：84-94.

［131］何涛. 促进新型城镇化发展的财税政策问题研究［J］. 农业经济，2016（11）：91-93.

［132］胡凡. 新型城镇化背景下地方政府投融资机制创新研究［J］. 商业经济研究，2015（06）：47-49.

［133］胡海峰，陈世金. 创新融资模式化解新型城镇化融资困境［J］. 经济学动态，2014（07）：57-69.

［134］胡建美. 房产税改革应跟上新型城镇化步伐［J］. 地方财政研究，

2017（09）：84-91.

[135] 黄国平．财政分权、城市化与地方财政支出结构失衡的实证分析——以东中西部六省为例［J］．宏观经济研究，2013（07）：70-77.

[136] 黄国平．促进城镇化发展的金融支持体系改革和完善［J］．经济社会体制比较，2013（04）：56-66.

[137] 黄景贵．罗斯托经济起飞理论述评［J］．石油大学学报（社会科学版），2000（02）：27-31.

[138] 黄娟．生态文明时代新型城镇化道路的战略思考［J］．管理学刊，2015，28（01）：60-66.

[139] 黄先明，肖太寿．我国新型城镇化建设中的财税支持体系设计［J］．税务研究，2014（11）：28-31.

[140] 黄燕芬，陆俊，杨宜勇．中国新型城镇化过程中的财税制度取向与配套改革［J］．经济研究参考，2013（67）：21-25.

[141] 冀云阳，付文林，杨寓涵．土地融资、城市化失衡与地方债务风险［J］．统计研究，2019，36（07）：91-103.

[142] 贾康，孙洁．城镇化进程中的投融资与公私合作［J］．中国金融，2011（19）：14-16.

[143] 贾康，孙洁．公私合作伙伴关系（PPP）的概念、起源与功能［J］．中国政府采购，2014，157（06）：12-21.

[144] 贾康，孙洁．公私合作伙伴机制：新型城镇化投融资的模式创新［J］．中共中央党校学报，2014，18（01）：64-71.

[145] 贾旭东，衡量．基于"扎根精神"的中国本土管理理论构建范式初探［J］．管理学报，2016，13（03）：336-346.

[146] 贾旭东，谭新辉．经典扎根理论及其精神对中国管理研究的现实价值［J］．管理学报，2010，7（05）：656-665.

[147] 江思南．马克思恩格斯选集［J］．博览群书，1998（06）：14-15.

[148] 姜睿．乡村振兴战略下社会资本投资对农业转型升级的影响逻辑［J］．农业经济，2021（12）：98-99.

[149] 蒋彬，王胡林．西南民族地区新型城镇化研究分析与展望［J］．西

南民族大学学报（人文社会科学版），2018（06）：41-47.

［150］蒋旭成，梁才，蔡维菊等．借鉴国际经验完善我国城镇化建设融资体系：以广西为例［J］．区域金融研究，2014，501（08）：62-67.

［151］蒋煦霖．基于PPP模式特色小镇融资模式研究——以东台市安丰镇为例［J］．北方经贸，2018（05）：86-88.

［152］孔德继．新中国70年国家战略对城镇化的影响［J］．科学社会主义，2019（05）：108-114.

［153］孔荣，梁永．农村固定资产投资对农民收入影响的实证研究［J］．农业技术经济，2009（04）：47-52.

［154］李宝庆．城市化发展中的地方投融资体系构建研究［D］．杭州：浙江大学，2011.

［155］李承益．我国房产税改革研究［J］．宏观经济研究，2015（01）：103-108.

［156］李程，贺凯然．影子银行与地方政府债务杠杆率结构性风险的关系研究［J］．数量经济研究，2021，12（01）：73-91.

［157］李锦旋，尹宗成，刘满丹．我国GDP、CPI对社会融资规模的影响研究——基于VAR模型的实证分析［J］．长沙大学学报，2015，29（02）：88-92.

［158］李苏，董国玲．新型工业化与新型城镇化发展的互动关系研究——基于宁夏2005-2019年数据的实证分析［J］．价格理论与实践，2021（04）：157-160.

［159］李万峰．新型城镇化的投融资体制机制创新［J］．经济研究参考，2014（08）：46-54.

［160］李伟，张洋洋．中国地方政府融资平台债务风险化解问题探析［J］．西安财经学院学报，2019，32（01）：25-31.

［161］李晓鹏．财政支出对中国城镇化发展的影响研究［J］．经济研究参考，2018（50）：68-72.

［162］梁瓒．我国分税制下地方政府投融资中的城投债问题研究［D］．上海：复旦大学，2010.

[163] 林峰. 特色小镇的"生命力"之产业的选择、培育与导入 [J]. 中国房地产, 2017 (08): 20-23.

[164] 林雪. "特色小镇"浪潮下的旅游业发展反思 [J]. 中国管理信息化, 2018, 21 (15): 131-134.

[165] 林毅夫. 加强农村基础设施建设启动农村市场 [J]. 农业经济问题, 2000 (07): 2-3.

[166] 蔺雪芹, 王岱, 任旺兵, 刘一丰. 中国城镇化对经济发展的作用机制 [J]. 地理研究, 2013, 32 (04): 691-700.

[167] 刘国斌, 高英杰, 王福林. 中国特色小镇发展现状及未来发展路径研究 [J]. 哈尔滨商业大学学报 (社会科学版), 2017 (06): 98-107.

[168] 刘国艳, 王蕴, 徐策. 规范发展地方政府融资的若干建议——对 HN 省 PY 市地方政府融资平台的调研 [J]. 经济研究参考, 2012, 2418 (02): 81-88.

[169] 刘立峰, 许生, 王元京, 罗松山, 林勇明, 钟国强, 娄振华, 张同功. 地方政府融资研究 [J]. 宏观经济研究, 2010 (06): 6-11.

[170] 刘沛林. 新型城镇化建设中"留住乡愁"的理论与实践探索 [J]. 地理研究, 2015, 34 (07): 1205-1212.

[171] 刘芹. 国外市政债券运行模式探究及对我国的启示 [J]. 现代商业, 2010 (33): 15-17.

[172] 刘尚希. 我国城镇化对财政体制的"五大挑战"及对策思路 [J]. 地方财政研究, 2012, 90 (04): 4-10.

[173] 刘顺飞, 谢圣远, 汪发元. 科技投入、公共支持对城镇化的影响——来自长江经济带 11 省市空间杜宾模型的实证 [J]. 科技进步与对策, 2019, 36 (01): 51-58.

[174] 刘思华. 对可持续发展经济的理论思考 [J]. 经济研究, 1997 (03): 46-54.

[175] 刘思艺. 我国企业债券融资监管问题及完善建议 [J]. 齐齐哈尔大学学报 (哲学社会科学版), 2021 (07): 30-34.

[176] 刘松. 我国地方政府债务风险及防范研究 [D]. 武汉: 中南财经政

法大学，2019.

[177] 刘薇，李桂萍．国外资本成本宏观应用研究述评 [J]．经济研究参考，2012，2473 (57)：65-71.

[178] 刘肖，金浩．产业协同集聚与城镇化耦合的经济增长效应 [J]．西北人口，2021，42 (05)：16-29.

[179] 刘艳，张腊梅．农村土地金融服务供给体系问题分析——基于新型城镇化发展视角 [J]．福建农林大学学报（哲学社会科学版），2017，20 (05)：1-7.

[180] 刘则渊．科学学理论体系建构的思考——基于科学计量学的中外科学学进展研究报告 [J]．科学学研究，2006 (01)：1-11.

[181] 龙寒英．长沙新型城镇化建设投融资策略研究 [D]．长沙：湖南大学，2014.

[182] 罗纳德·I. 麦金农．经济发展中的货币与资本（新1版）[M]．上海：三联书店，1997.

[183] 吕丹，汪文瑜．中国城乡一体化与经济发展水平的协调发展研究 [J]．中国软科学，2018 (05)：179-192.

[184] 马青，蒋录升．欠发达地区金融支持城镇化建设的调查与思考——基于铜仁地区个案分析 [J]．区域金融研究，2011 (01)：59-62.

[185] 马庆斌，刘诚．中国城镇化融资的现状与政策创新 [J]．中国市场，2012 (16)：34-40.

[186] 马彦伟．农村最低生活保障对象认定问题研究 [D]．太原：山西财经大学，2015.

[187] 毛腾飞．中国城市基础设施建设投融资模式创新研究 [D]．长沙：中南大学，2006.

[188] 蒙荫莉．金融深化、经济增长与城市化的效应分析 [J]．数量经济技术经济研究，2003 (04)：138-140.

[189] 苗丽静，李爽爽．新常态下我国发行市政债券研究——兼论饶会林教授城市建设投融资思想 [J]．城市，2016 (07)：29-32.

[190] 牛东旗．城镇化下多元投资主体战略联盟动态博弈研究——帕累托有

效协同视角 [J]. 经济问题, 2014 (06): 20-24.

[191] 彭江波, 王媛. 新型城镇化融资中的财政与金融协调模式研究——基于土地增值收益管理视角 [J]. 理论学刊, 2013 (11): 52-56.

[192] 齐恩泽. 我国城镇化过程中的基础设施建设融资模式研究 [D]. 哈尔滨: 黑龙江大学, 2015.

[193] 乔恒利. 基础设施项目多元投融资模式选择研究 [D]. 上海: 上海交通大学, 2009.

[194] 邱俊杰, 邱兆祥. 新型城镇化建设中的金融困境及其突破 [J]. 理论探索, 2013 (04): 82-86.

[195] 任映红, 奚从清. 推进以人为核心的城镇化: 核心要义和现实路径——《国家新型城镇化规划 (2014—2020 年)》中以人为本的深刻意蕴 [J]. 温州大学学报 (社会科学版), 2016, 29 (02): 4-12.

[196] 沈和. 当前我国城镇化的主要问题与破解之策 [J]. 世界经济与政治论坛, 2011 (02): 162-172.

[197] 沈坤荣, 孙占. 新型基础设施建设与我国产业转型升级 [J]. 中国特色社会主义研究, 2021 (01): 52-57.

[198] 沈正平. 优化产业结构与提升城镇化质量的互动机制及实现途径 [J]. 城市发展研究, 2013, 140 (05): 70-75.

[199] 石清华. 西部大开发以来西部地区经济收敛性及影响经济增长的因素分析 [J]. 经济问题探索, 2011 (08): 71-76.

[200] 石依禾. 广西新型城镇化建设投融资分析 [J]. 广西城镇建设, 2020 (01): 83-87.

[201] 世界银行. 1994 年世界发展报告: 为发展提供基础设施 [M]. 北京: 中国财政经济出版社, 1994.

[202] 宋永波, 穆姗姗. 新型城镇化导向下涉农税收支撑体系的构建 [J]. 税务研究, 2013 (09): 32-34.

[203] 苏海红, 王松江, 高永林. 特色小镇 PPP 项目运作模式研究 [J]. 项目管理技术, 2017, 15 (06): 13-17.

[204] 孙东琪, 陈明星, 陈玉福, 叶尔肯·吾扎提. 2015-2030 年中国新型

城镇化发展及其资金需求预测［J］．地理学报，2016，71（06）：1025-1044.

［205］孙赫骏，杨颖．吉林省新型城镇化融资模式创新路径研究［J］．纳税，2018（02）：190-191.

［206］孙建飞，袁奕．财政分权、土地融资与中国城市扩张——基于联立方程组计量模型的实证分析［J］．上海经济研究，2014（12）：50-59.

［207］孙妍．我国发行地方政府债券若干问题的法律思考［D］．南宁：广西大学，2013.

［208］孙震．新型城镇化进程中的地方政府融资问题研究［D］．北京：中央民族大学，2015.

［209］孙志豪．探讨地方政府投融资平台的风险成因与规范建设［J］．商业观察，2021（29）：44-46.

［210］唐建．西部县级城市城镇化建设融资模式初探——以贵州省开阳县为例［J］．经济研究导刊，2010，104（30）：132-135.

［211］唐晓旺．河南省新型城镇化投融资机制创新研究［J］．管理学刊，2012，25（05）：48-52.

［212］唐晓旺．中原经济区空间规划与开发战略探析［J］．城乡建设，2012，459（12）：29-31+4.

［213］田春艳．城镇化发展与国民经济增长关系的动态分析——以信阳为例［J］．信阳农林学院学报，2014，24（03）：51-53.

［214］万树，徐玉胜，张昭君，张欣．乡村振兴战略下特色小镇 PPP 模式融资风险分析［J］．西南金融，2018（10）：11-16.

［215］王保安．积极推广运用 PPP 模式全面提升政府公共服务水平［J］．中国财政，2014（09）：11-13.

［216］王斌，唐洁．基础设施建设引入融资租赁的模式研究［J］．知识经济，2014（21）：52-53.

［217］王策．我国新型城镇化与金融支持耦合关系研究［J］．河北金融，2021（09）：42-47.

［218］王辰．政策性金融与产业政策导向［J］．经济改革与发展，1998（05）：17-20.

［219］王国敏．城乡统筹：从二元结构向一元结构的转换［J］．西南民族大学学报（人文社会科学版），2004（09）：54-58.

［220］王静．新型城镇化发展中贫困地区融资模式创新［J］．财会通讯，2016（35）：28-31.

［221］王蕾，赵敏，彭润中．基于 ANP-Shapley 值的 PPP 模式风险分担策略研究［J］．财政研究，2017（06）：40-50.

［222］王璐，高鹏．扎根理论及其在管理学研究中的应用问题探讨［J］．外国经济与管理，2010，32（12）：10-18.

［223］王素斋．新型城镇化科学发展的内涵、目标与路径［J］．理论月刊，2013，76（04）：165-168.

［224］王鑫．居民消费扩张与城市化质量提升互动关系实证分析——基于空间联立方程模型［J］．商业经济研究，2021，820（09）：60-63.

［225］王秀云，王力，叶其楚．我国基础设施投融资体制机制创新研究——基于高质量发展视角［J］．中央财经大学学报，2021，412（12）：25-33.

［226］王业辉．房地产投资调控与 GDP 稳态增长相关性实证分析［J］．宏观经济研究，2019（03）：47-58.

［227］温来成，翟义刚．地方政府债券市场发展问题研究［J］．财政科学，2019（01）：27-33.

［228］吴娟．河南省新型城镇化建设与投融资机制创新研究［J］．宜春学院学报，2018，40（08）：49-53.

［229］吴客形．政府支出结构对中国城镇化质量的影响［D］．南宁：广西大学，2016.

［230］吴亮析，田鹏．我国城投债的风险分析及对策探讨［J］．债券，2013（08）：39-44.

［231］吴伟，丁承，龙飞．城镇化融资问题的投行视角［J］．新金融，2014（02）：16-21.

［232］向丽．西南民族地区市域新型城镇化质量评价及比较［J］．江苏农业科学，2017，45（03）：276-280.

［233］向林生．新型城镇化建设中多元融资体系探讨［J］．前沿，2015，

382（08）：54-58.

［234］项勇，魏瑶，熊仁恺，杨丽娟. PPP 模式下地方政府财政承受能力影响因素研究［J］. 会计之友，2018（22）：108-113.

［235］晓兰，王丹丹，额日德木图. 浅析 2000～2014 年内蒙古工业固体废弃物变化趋势［J］. 唐山师范学院学报，2016，38（05）：55-57.

［236］肖舟. 新时代农村经济发展现状及对策探讨［J］. 中国产经，2021（18）：42-43.

［237］谢亚，王钰. 西南山地小城镇的工业化与城镇化困境探讨——基于重庆白马镇的案例研究［C］. 面向高质量发展的空间治理——2020 中国城市规划年会论文集，2021.

［238］熊湘辉，徐璋勇. 中国新型城镇化水平及动力因素测度研究［J］. 数量经济技术经济研究，2018，35（02）：44-63.

［239］徐策. 我国 P2P 的风险及财务规范机制［J］. 金融会计，2014，244（03）：26-30.

［240］徐国贞. 以持续投融资模式推进新型城镇化建设［J］. 上海经济研究，2015（03）：40-46.

［241］徐绍史. 精准调控扩投资积极作为稳增长［J］. 宏观经济管理，2015（10）：4-6.

［242］徐绍史. 创新求实谋发展敢于担当促改革以优异成绩迎接党的十九大胜利召开［J］. 宏观经济管理，2017（01）：4-13.

［243］徐生霞，刘强，陆小莉. 中国区域发展不平衡时空演进特征及影响效应分析——基于产业结构转型升级的视角［J］. 财贸研究，2021，32（10）：14-26.

［244］徐维祥，周建平，周梦瑶，郑金辉，刘程军. 数字经济空间联系演化与赋能城镇化高质量发展［J］. 经济问题探索，2021（10）：141-151.

［245］徐雪梅，王燕. 城市化对经济增长推动作用的经济学分析［J］. 城市发展研究，2004（02）：48-52.

［246］徐延明. 新型城镇化中的财政支持效果评价与优化对策研究［D］. 大连：东北财经大学，2017.

［247］徐展峰.城镇化与经济发展相关问题研究——基于江西的实证分析［J］.金融与经济，2013（12）：28-33.

［248］许余洁.以资产证券化为城镇化融资［J］.中国经济报告，2013（08）：62-65.

［249］薛雁丹.基于空间计量模型的西部地区投融资对城镇化的影响研究［D］.贵阳：贵州财经大学，2018.

［250］薛阳，秦金山，李曼竹，冯银虎.人力资本、高技术产业集聚与城镇化质量提升［J］.科学学研究，2022（01）：16.

［251］亚当·斯密.国富论［M］.唐日松，杨兆宇译.北京：华夏出版社，2013.

［252］闫婷，龚辉.地方财政本质与地方财政支出职能新论［J］.经济研究导刊，2021（12）：31-33.

［253］杨白冰，王溪薇.我国宏观税负合理水平及区域差异问题研究［J］.中国物价，2019（07）：26-29.

［254］杨传开，宁越敏.中国省际人口迁移格局演变及其对城镇化发展的影响［J］.地理研究，2015，34（08）：1492-1506.

［255］杨根全，李圣军，李靓.新型城镇化建设融资渠道研究［J］.农业发展与金融，2015（11）：48-51.

［256］杨菊华.中国流动人口的社会融入研究［J］.中国社会科学，2015，230（02）：61-79.

［257］杨钧.农村产业结构调整对城镇化的影响效应研究［J］.经济经纬，2018，35（06）：87-93.

［258］杨乐，宋诗赟.税收激励对企业技术创新的影响研究［J］.中国注册会计师，2020（07）：69-74.

［259］杨佩卿.马克思主义城镇化理论的中国特色新发展［J］.人文杂志，2016（10）：54-59.

［260］杨伟.新型城镇化，"新"在何处——《国家新型城镇化规划（2014—2020年）》解读［J］.金融博览（财富），2014（04）：42-44.

［261］杨志勇.地方税体系构建的基本理论分析［J］.税务研究，2000

（07）：49-51.

［262］姚东旻，许艺煊，赵江威，高秋男.我国地方政府预算支出的类型、特征及其影响因素［J］.中国人民大学学报，2021，35（05）：70-83.

［263］姚尚建.城乡一体中的治理合流——基于"特色小镇"的政策议题［J］.社会科学研究，2017（01）：45-50.

［264］姚洋.我国未来城市化的两个趋势［N］.北京日报，2021（011）：7-10.

［265］叶继红，项金玉.长三角城市群新型城镇化质量综合评价研究［J］.山东行政学院学报，2021（04）：73-84.

［266］易善策."双重转型"背景与中国特色城镇化道路［J］.济南大学学报（社会科学版），2008，18（06）：9-14.

［267］尹成远，仲伟东.城乡居民基本养老保险制度效率省域差异及其影响因素［J］.现代财经（天津财经大学学报），2021，41（08）：51-63.

［268］于佳.融资租赁在城市基础设施建设中的运用［J］.中外企业家，2019（13）：99-100.

［269］余波.中外图书情报领域知识经济研究态势可视化分析与对比研究［J］.情报科学，2019，37（04）：150-156.

［270］余晨阳，邓敏婕.市政债券：城镇化融资的新渠道［J］.学术论坛，2013，36（03）：137-141.

［271］余峰.如何正确测度我国农村居民的恩格尔系数？——基于宏观和微观视角的实证研究［J］.经济问题，2021（07）：37-44.

［272］袁丹，雷宏振.西部地区财政支出、城镇化与经济增长关系的实证研究［J］.经济经纬，2015，32（04）：19-24.

［273］曾小春，钟世和.我国新型城镇化建设资金供需矛盾及解决对策［J］.管理学刊，2017，30（02）：26-39.

［274］张弛.我国民企债券融资支持机制持续完善［N］.金融时报，2022-03-08（007）.

［275］张菲菲.贵州省新型城镇化建设融资缺口预测研究［D］.贵阳：贵州大学，2019.

[276] 张虎，赵炜涛．财政支出、城市化与经济增长的空间特征研究——基于空间相关性和空间异质性的实证分析［J］．经济问题探索，2017（04）：66-75.

[277] 张继彤，朱佳玲．税收政策对我国制造业创新激励的影响研究［J］．南京审计大学学报，2018，15（06）：47-54.

[278] 张景波．影响区域经济高质量发展的五大发展理念：文献综述［J］．经济管理文摘，2020（04）：1-3+7.

[279] 张敬伟，马东俊．扎根理论研究法与管理学研究［J］．现代管理科学，2009（02）：115-117.

[280] 张军民，荣城，马玉香．新疆城镇化绿色发展时空分异及驱动因子探究［J］．干旱区地理，2022（01）：13.

[281] 张军岩，王国霞，李娟，鲁奇．湖北省随州城市化进程中人口变动及其对土地利用的影响［J］．地理科学进展，2004（04）：87-96.

[282] 张梅，李丽琴．传统城镇化融资模式下的地方债务问题研究——基于31个省市的实证分析［J］．福建论坛（人文社会科学版），2018（06）：37-43.

[283] 张淑欣．推进城镇化发展的财税政策［J］．湖北经济学院学报（人文社会科学版），2008，5（10）：103-104.

[284] 张亦弛，代瑞熙．农村基础设施对农业经济增长的影响——基于全国省级面板数据的实证分析［J］．农业技术经济，2018（03）：90-99.

[285] 张颖举，程传兴．中西部农业特色小镇建设的成效、问题与对策［J］．中州学刊，2019（01）：50-55.

[286] 张云．构建城镇化多元融资模式［J］．中国金融，2014，776（02）：12-14.

[287] 张占斌．中国经济政策若干重大问题分析——以2012-2016年中央经济工作会议为重点［J］．国家行政学院学报，2017（01）：14-19+125.

[288] 张照琳．财政支出结构对新型城镇化水平的影响路径研究［J］．商讯，2021（23）：173-175.

[289] 张宗军，孙祁祥．外生型城镇化发展的驱动机制与融资路径转换——基于SDM的实证检验［J］．经济科学，2018（05）：56-67.

［290］赵浩然．我国 GDP 影响因素计量分析［J］．中国集体经济，2021（30）：12-14.

［291］赵丽丽．新形势下低碳城市与低碳经济发展初探［J］．中国管理信息化，2012，15（16）：54.

［292］赵娜娜，王志宝，李鸿梅．中国能耗模式演变及其对经济发展的影响［J］．资源科学，2021，43（01）：122-133.

［293］赵蓉英，郭月培．近 10 年我国信息可视化研究的计量分析［J］．情报科学，2014，32（05）：3-6.

［294］赵语，杜伟岸．金融供给规模对民族地区人口城镇化的影响——以广西为例［J］．财会月刊，2017（23）：118-123.

［295］郑良海．促进我国城镇化发展的财税政策议［J］．税务研究，2020（02）：111-117.

［296］郑鑫．城镇化对中国经济增长的贡献及其实现途径［J］．中国农村经济，2014（06）：4-15.

［297］中国经济增长前沿课题组，张平，刘霞辉．城市化、财政扩张与经济增长［J］．经济研究，2011，46（11）：4-20.

［298］中央党校"中国特色社会主义政治经济学研究"课题组，韩保江，张慧君．中国特色社会主义政治经济学对西方经济学理论的借鉴与超越——学习习近平总书记关于中国特色社会主义政治经济学的论述［J］．管理世界，2017（07）：1-16.

［299］仲德涛．马克思恩格斯城镇化理论基本思想及当代价值［J］．现代管理科学，2018（04）：85-87.

［300］周德，戚佳玲，钟文钰．城乡融合评价研究综述：内涵辨识、理论认知与体系重构［J］．自然资源学报，2021，36（10）：2634-2651.

［301］周林洁．城镇化投融资体系改革的经验借鉴［J］．金融发展研究，2019，445（01）：80-84.

［302］周桃勤．新型城镇化投融资供求平衡研究——以浙江宁波市为例［J］．浙江金融，2015（04）：74-79.

［303］周小川．中国金融业改革的过去与未来［J］．紫光阁，2011，212

（08）：16-19.

[304] 周业安，章泉．财政分权、经济增长和波动 [J]．管理世界，2008（03）：6-15.

[305] 周一星．城市化与国民生产总值关系的规律性探讨 [J]．人口与经济，1982（01）：28-33.

[306] 朱海波．城市基础设施建设投融资体制改革的法律原则、问题及路径 [J]．行政法学研究，2011（04）：40-45.

[307] 朱孔来，李静静，乐菲菲．中国城镇化进程与经济增长关系的实证研究 [J]．统计研究，2011，28（09）：80-87.

[308] 朱锐芳，钱海燕．城市消费差异对我国城镇化率的影响——基于泰尔熵法分析 [J]．喀什大学学报，2020，41（02）：27-31.

[309] 朱晓龙．新型城镇化进程中的城市财政体制问题研究 [J]．经济研究参考，2016（70）：29-34.